# 경매
# 권리분석
## 이렇게
## 쉬웠어?

# 경매 권리분석
# 이렇게 쉬웠어?

**초판  발행** 2019년  1월 15일
**109쇄 발행** 2025년  2월  6일

**지 은 이** 박희철(파이팅팔콘)
**감      수** 송희창
**책임편집** 김혜진
**기획/총괄** 배희원
**편집진행** 최상진
**펴 낸 곳** 도서출판 지혜로

**출판등록** 2012년 3월 21일 제 387-2012-000023호
**주      소** 경기도 부천시 원미구 길주로 137, 6층 602호(상동, 상록그린힐빌딩)
**전      화** 032-327-5032
**팩      스** 032-327-5035
**이 메 일** book@jihyerobook.com
          (독자 여러분의 소중한 의견과 원고를 기다립니다.)

**ISBN** 979-11-87799-07-8 13320
**값** 18,000원

**도서출판 지혜로**는 경제 · 경영 서적 전문 출판사이며, '독자들을 위한 책'을 만들기 위해
객관적으로 실력이 검증된 저자들의 책만 엄선하여 제작합니다.

생초보도 할 수 있는 **초간단 권리분석법** 대공개!

# 경매 권리분석

## 이렇게 쉬웠어?

**박희철(파이팅팔콘)** 지음

**송희창** 감수

지혜

# 초보도 쉽게 정복할 수 있는 권리분석 책이 나오다!

**송희창**(송사무장)

『엑시트 EXIT』,
『송사무장의 부동산 경매의 기술』,
『송사무장의 실전경매』,
『송사무장의 부동산 공매의 기술』,
『셀프소송의 기술』 저자

대부분 경매 투자를 하면 큰 수익을 올릴 수 있다는 소식을 접하고 설레는 마음으로 이 시장에 진입을 한다. 그런데 막상 경매 공부를 시작한 많은 사람들이 권리분석의 문턱을 넘지 못해 중도 포기하는 것이 현실이다. 필자도 처음 경매 공부를 시작했던 시절 권리분석을 공부하며 법률용어와 경매 절차를 제대로 이해하기가 어려워 도중에 포기했던 적이 있었다. 이는 경매라는 것은 큰돈이 투입되는 게임이기에 하나라도 확실하게 알지 못했을 때의 두려움이 커서 조금만 복잡하게 느껴져도 어렵다고 여기고 그만두기 때문이다. 그래서 경매 공부를 완성하기 위해선 처음에 쉽게 정복할 수 있는 책이 필수라고 할 수 있겠다.

사실 경매는 어려운 물건이라고 더 큰 수익이 나는 것은 아니다. 투자를 잘하는 사람은 쉬운 물건으로도 수익을 낼 수 있는 사람이라고 할 수 있는데, 이 책의 저자가 바로 그런 투자방법의 달인이다. 복잡한 특수물건으로 수익을 내는 것이 아닌, 아파트 투자만으로 꾸준히 수익을 거두고 있다. 그래서 이 책 역시 쉽게 공부하며 쉽게 실전 투자에 도전할 수 있도록 쓰여졌다.(경매 책 중에는 의외로 베낀 책들이 많고, 그런 책들로는 초보가 공부하기는 어렵다. 내용을 쉽게 풀어내려면 그만큼 저자가 지식과 실력을 갖춰야 가능하다.) 또한, 이 책은 이론만 정립한 것이 아니라 저자가 꾸준하게 실전에서 수익을 거둔 노하우를 진하게 담아냈기에 초보뿐 아니라 투자 경험이 있는 사람에게도 실력을 늘리기에 충분할 것이다.

책을 감수하다가 보면 독자들이 이 책을 읽으며 어떤 느낌을 받게 될지를 절로 알 수 있는데, 이 책은 오래도록 많은 이들에게 사랑받으며 바이블로 자리매김을 할 것이라 생각한다.

경매 투자는 첫발이 가장 중요하다. 경매로 성공하려면 공부단계에서 멈추지 않고 첫 수익을 맛봐야 한다. 실제 수익을 경험한 사람만이 그다음 더 어려운 부분도 즐겁게 공부할 수 있기 때문이다. 그래서 공부는 쉽고 재밌게 해야 하는 것이다. 이 책은 여러분들이 공부단계에서 중도 포기하지 않도록 해줄 것이라 생각된다. 독자분들의 건승을 진심으로 기원한다.

# 제3장 경매 실전 4 STEP

## 제4장 낙찰 후 수익 3 STEP

 제5장 차별화된 수익을 내는 고수의 노하우

### 1. 쉬우면서 돈 되는 물건을 찾는 방법 • 266

# 제 1 장

# 경매 공부, 1주일이면 충분하다

1. 월급쟁이에게는 부동산 경매가 정답이다
2. 쉬운 경매로도 충분히 수익을 낼 수 있다
3. 경매를 시작하기 전에 알아야 할 것들

## 월급쟁이에게는 부동산 경매가 정답이다

### 월급만으로는 힘든 경제적 자유를 꿈꾸다

필자는 부동산 경매에 관한 칼럼을 쓰고 강의도 하고 있는 투자자이다. 그래서 전업 투자자라고 생각하는 사람들도 많지만, 사실은 평범한 직장인이기도 하다. 지금의 직장을 다니기 전에는 직업 군인으로 10년 정도 근무를 했었는데, 집안의 도움을 기대하기 어려웠기 때문에 빠듯한 군인 월급만으로 4인 가족의 생계를 책임져야 했다. 먹고 싶은 것, 하고 싶은 것들을 맘껏 누리며 사는 건 사치라고 생각했고, 아등바등 아끼고 아껴 저축하는 것이 최선이라 여기며 살았다.

그러던 중 군대에서 훈련을 하다가 허리를 다쳤다. 수술을 받았으나 재발해서 입원 치료를 반복해야 했던 당시에는 이러다 평생 장애인으로 살아야 하는 건 아닐까라는 생각에 두려웠다. 그뿐 아니라 무일푼으로 시작해서 한 푼 두 푼 모았던 돈을 병원비로 지출해야 했기에 앞날에 대한 걱정이 이루 말할 수 없이 컸다. 그렇게 10년의 군 생활을 하고 남은 전 재산은 8천만 원이었다.

제대 후에는 새로운 직장으로 옮기면서 서울과 가까운 김포로 오게 되었다. 잠시 동안은 직장에서 제공하는 사택에서 살았는데 군 생활을 하던 지방에서 살 때보다 생활비 지출이 크게 늘었다. 아이들이 성장하는 만큼 돈이 더 필요했고, 사택에서 계속 살 수는 없었기에 이사할 집도 구해야 했다. 그런데 내가 가진 돈으로는 집을 사기는커녕 대출 없이 전셋집을 구하기도 어려웠다. 정말 서럽고 답답했다.

엎친 데 덮친 격으로 허리 통증은 수시로 재발했다. 평소 운동을 꾸준히 하면서 관리했지만 한 번씩 삐끗하면 온몸에 전기가 흐르는 것처럼 통증이 번지고 식은땀이 흘렀다. 어느 날은 걸을 수도 없을 만큼 허리가 아파 구급차에 누운 채 병원으로 실려 가서 한 달가량 입원하게 되었는데, 허리가 무너지니 모든 것이 무너지는 것만 같아 미칠 듯이 괴로웠다.

그러나 젊은 나이에 아무 것도 할 수 없다고 포기하고 누워만 있을 수는 없었다. 병원비 및 생활비 걱정과 전세 보증금 마련에 대한 부담감 등 한 가정의 가장으로서 짊어지고 있는 짐의 무게를 덜어 내려면 무언가를 해야 했다. 허리 때문에 육체적인 활동이 자유롭지 않은 상황에서 할 수 있는 일을 찾다보니 예전에 잠깐 관심을 가졌다가 어렵다고 포기한 '부동산 경매'가 떠올랐다. 인터넷으로 물건 검색과 분석을 하고 허리 상태가 좋을 때 무리하지 않을 정도로 현장 조사를 하면 될 거라는 생각에 바로 병원에서 경매 책을 집어 들고 공부하기 시작했다.

처음에 경매를 통해 얻고자 했던 것은 그리 거창한 것이 아니었다. 군대에서는 재테크나 부동산에 대해 아무것도 모르고 살다가 이제는 사회에 나와 직접 집을 구해야 하는 상황이었기 때문에 '부동산 경매를 알아 두면 적어도 보증금을 지키는 데 도움이 되지 않을까?'라는 생각이 먼저 들었다. 그리고 한 달에 100만 원이라도 저축하려면 항상 제한된 예산 내에서 빠듯하게 생활해야 했으므로 월급 이외의 수입이 절실했다. '한 달에 100만 원만 더 벌 수 있으면 얼마나 좋을까?'라는 소박한 목표가 경매를 시작하게 된 계기였다. 한 달에 100만 원이면 1년에 1,200만 원이다. 경매로 1년에 1,200만 원만 더 벌 수 있다면 가족들과 먹고 싶은 것, 하고 싶은 것을 참지 않고 다 누릴 수 있을 것 같았다. 생각만으로도 정말 행복했다.

그런데 말이다. 경매를 시작한 지 딱 1년이 지나고 보니 1,200만 원을 버는 것은 너무 쉬운 일이었다. 전 재산 8천만 원으로 시작해서 6년이 지난 지금은 단기 매도했던 부동산을 제외한 자산의 평가액이 100억 원에 이르고 월세로 2,500만 원을 받고 있다. 말로만 듣던 '경제적 자유'를 이룬 것이다.(이것으로 끝이 아니라 지금부터가 진정한 시작이다. 현재의 자산은 구르는 눈덩이처럼 시간이 지남에 따라 더 쉽고 빠르게 증식될 것이다.) 어릴 적부터 여유 있는 삶을 부러워만 했고, 열심히 일하고 저축하는 것이 전부라고 생각했던 필자에게 경제적인 자유라는 것은 그냥 남의 일일 뿐이었다. 그러나 짧은 시간에 나 자신뿐 아니라 주변 상황이 완전히 달라졌다. 부동산 경매는 월급만으로는 꿈꿀 수 없었던 새로운 삶을 선물로 주었다.

# 한 달 만에 3천만 원! 경매로 얻은 첫 수익

　부동산 경매를 시작하고 처음으로 수익을 얻었던 물건은 두 번째로 낙찰을 받은 것이었다. 첫 낙찰 물건을 월세로 임대해 주고 매월 일정한 현금 흐름을 얻을 수 있었지만 매도를 통해 차익을 실현한 것은 아니었기 때문에 아직 경매 투자에 대한 확신이 서지 않은 상황이었다. 당시에는 필자도 나중에 팔 때 손해를 보는 것은 아닐지 걱정부터 앞서는 초보 투자자였다. 그렇지만 꾸준히 공부하며 물건을 검색했고, 그러던 중에 처음 낙찰을 받았던 아파트와 같은 단지의 물건을 발견했다.

| 한 달 만에 3천만 원의 수익을 낸 낙찰 아파트 |

입주한 지 3년이 된 일산의 아파트로 감정가는 6억 원이었는데 한 번 유찰*된 후 4억 8,300만 원에 낙찰을 받았다. 권리분석을 하면서 문제가 될 만한 사항은 없었지만, 임차보증금 전액을 배당받지 못하는 임차인이 있었다. 그 보증금을 낙찰자가 대신 물어줘야 하는 상황은 아니었지만 아무래도 살고 있는 사람이 쉽게 집을 비워주지 않을 거라는 생각이 들었다.

낙찰을 받고 3일째 되는 날 바로 아파트로 찾아갔다.(상황에 따라 다르지만, 필자는 임차인이 어떤 사람이고 무엇을 원하는지 그리고 혹시나 이사를 가기 위해 준비하고 있는 것은 아닌지 궁금해서 일찍 방문하는 편이다.) 임차인과의 첫 만남은 무척 부담이 되었지만 일단은 벨을 누르고 기다렸다. 문을 두드려도 보았지만 아무런 반응이 없어서 메모를 남겨놓고 나왔다. 그렇다고 그냥 돌아갈 수는 없어서 주변의 부동산 중개사무소를 들러 얘기를 나누다가 저녁이 되어 다시 방문했으나 여전히 인기척이 없었다. 어쩔 수 없이 뒤돌아서려는 찰나 임차인 할머니와 아들 내외로 보이는 사람들이 승강기에서 내려 다가왔다.

임차인의 아들과 현관문 앞에서 이야기를 나누며 알게 된 사실은 어머니 명의로 임차계약을 했던 아버지가 돌아가시고 집이 경매로 넘어가자 이를 해결하기 위해 일본에 살고 있던 아들이 한국에 온 것이고 다음 주에는 다시 일본으로 가야 한다는 것이었다. 임차인은 어차피 보증금을 돌려받을 수 없다는 것을 잘 알고 있었고 빨리 정리하기를

---

* 유찰
입찰자가 없어서 낙찰이 결정되지 않고 무효가 되는 일을 말한다. 다음 입찰 기일에는 20% 또는 30% 낮춰진 최저매각가격으로 경매가 다시 진행된다.

원하고 있었다. 문제는 이사비 협상이었다.

　낙찰자가 이사비를 반드시 주어야 할 법적 책임이 있는 것은 아니고 정해진 금액이 있는 것도 아니다. 그러나 낙찰자 입장에서는 점유자가 이사를 빨리 나갈수록 이자를 비롯한 비용을 줄일 수 있고 해당 부동산의 처분을 앞당길 수 있다. 점유자와 원만하고 빠르게 명도를 합의하는 것이 낙찰자에게도 유리하기 때문에 적정한 선에서 이사비를 주고 해결하는 경우가 많다.

　임차인의 아들은 처음에 500만 원을 요구했는데 협의를 거쳐 최종적으로는 300만 원의 이사비를 주기로 약속했다. 이사 당일 이사비를 주고받고 밀린 관리비 100만 원은 임차인이 정산하는 조건이었다. 낙찰을 받고 8일째 되는 날(임차인과 첫 대면하고 6일 후) 이사하기로 했는데 잔금도 치르기 전에 명도를 완료하게 된 것이다. 이사비로 적은 금액은 아니었지만 보증금을 돌려받지 못하는 임차인의 사정을 고려했고 시간을 버는 것이 돈을 버는 것이라 생각했다.

　이사를 약속한 날, 임차인 측에서 먼저 연락을 해왔다. 이사를 끝내고 다른 약속이 있어 장소를 옮겼는데 집이 아닌 그곳에서 바로 만나자고 했다. 이사가 완료되고 집이 훼손된 곳은 없는지 직접 확인한 후에 이사비를 주겠다고 미리 이야기했었는데, 사진을 모두 찍어 두었으니 믿어 달라며 사정을 했다. 그동안 합의를 진행하면서 서로의 신뢰를 강조해 왔기 때문에 임차인의 부탁을 거절하지 못하고 약속 장소로 가서 집 내부 사진을 확인하고 열쇠들을 받은 뒤 이사비를 건네주었다.

서로의 안녕을 기원하며 따뜻한 분위기에서 헤어지고 나서 드디어 집 안으로 들어갔다. 다행히 이사는 잘 마무리되어 있었다. 그런데 조금 이상한 점을 발견했다. 주방 가구의 문에 테이프가 둘러져 있었던 것이다. 경첩이 고장 나거나 떨어진 건가 생각하며 테이프를 뜯고 열어보니 속이 비어 있었다. 분양받을 때 제공되었던 빌트인 오븐과 서브 냉장고를 가져간 것이었다. 정석대로 집 상태를 직접 눈으로 확인하고 이사비를 줬어야 했는데 상대방을 너무 믿었던 것이 화근이었다.

| 빌트인 오븐과 냉장고가 비어 있는 주방 |

일단 바로 매도할 목적으로 낙찰을 받았기 때문에 뒤늦은 후회를 뒤로하고 오븐과 냉장고를 새것으로 들여놓았다. 그리고 결로의 흔적이 있는 작은 방 하나를 도배한 뒤 깨끗하게 청소하고 바로 공인중개업소에 의뢰했다. 오븐과 냉장고를 일부러 새것으로 교체했다고 강조했더니 중개인은 매매 가격을 더 올려 받을 수 있겠다며 흡족해했다.

| 간단한 수리 및 청소 후 사진 |

그렇게 집을 내놓고, 정말 경매로 수익을 낼 수 있을 것인지 궁금하기도 하고 기대가 되기도 하던 중에 중개인으로부터 연락이 왔다. 3일 만에 처음으로 방문한 사람이 집이 너무 예뻐서 마음에 든다며 바로 가계약금을 보내겠다고 한 것이다. 이후에 다른 중개업소에서 더 좋은 조건으로도 연락이 왔지만 처음 매수 의사를 밝힌 사람과 계약을 했다.

결과를 정리하자면, 낙찰을 받은 후 경락 대금을 납부하기도 전에 명도가 완료되고 매매계약까지 하게 되었다. 그래서 우선 경락 대금을 납부하고 소유권을 이전한 뒤 바로 다음 날 매수자로부터 잔금을 받기로 했다. 보통 경락잔금대출을 받아서 납부하고 매매가 되기까지의 공실 기간 동안 대출 이자를 부담해야 하지만 이 물건은 그럴 필요 없이 빠르게 마무리되었다.

이렇게 낙찰 후 한 달 만에 매도 잔금을 받고 집으로 돌아오면서 나는 만감이 교차하는 것을 느꼈다. 한 달에 100만 원을 저축하기 위해서는 정말 많은 것을 참고 아끼며 살아야 했고 그렇게 힘들게 10년 동안 일하면서 모은 전 재산이 8천만 원이었다. 그런데 고작 한 달 만에, 그것도 실제로 움직인 것은 24시간도 채 되지 않는 그 짧은 시간에 3천만 원이라는 수익을 얻게 되었다. 사회초년생의 연봉에 가까운 돈을 말이다. '만약 한 달에 여윳돈 100만 원이 더 있다면 얼마나 마음이 편하고 좋을까?'라는 소박한 목표로 시작한 경매 투자였는데, 3천만 원은 매월 100만 원씩 2년 6개월을 쓸 수 있는 큰돈이었다. 직장 생활을 열심히 하는 것만이 최선이라고 생각했던 편견이 깨지고 경매 투자에 대한 확신을 가지게 된 소중한 경험이었다.

| 월 | 화 | 수 | 목 | 금 | 토 | 일 |
|---|---|---|---|---|---|---|
| 3/3 | 4<br>낙찰 | 5<br>관리<br>사무소<br>전화 | 6<br>임차인과<br>첫 번째<br>대면 | 7<br>임차인과<br>두 번째<br>대면 | 8<br>임차인과<br>통화 | 9<br>임차인과<br>통화 |
| 10 | 11 | 12<br>이사 완료<br>(명도) | 13<br>물건지<br>방문 | 14<br>냉장고 및<br>오븐 설치 | 15<br>중개업소에<br>매도 의뢰 | 16<br>청소 |
| 17<br>도배<br>및 청소 | 18 | 19 | 20<br>가계약금<br>수령 | 21<br>대출 자서 | 22 | 23 |
| 24<br>가계약서<br>작성 | 25<br>경락 대금<br>납부 | 26 | 27<br>매매계약<br>체결 | 28 | 29 | 30 |
| 31<br>매매 대금<br>수령 및<br>소유권 이전 | | | | | | |

| 낙찰부터 매도까지 한 달이 걸린 두 번째 낙찰 물건 처리 과정 |

# 쉬운 경매로도 충분히 수익을 낼 수 있다

## 1주일만 공부하면 투자할 수 있는 경매

필자가 경매를 시작하게 된 계기는 이러하다. 지금으로부터 약 10년 전에 경매 투자로 큰 수익을 냈다는 경험이 담긴 책 한 권을 읽게 되었다. 그 책을 읽은 후에 흥분되는 마음과 기대를 안고 다른 경매 책을 찾기 위해 서점으로 향했고, 이왕 하는 거 제대로 공부해야겠다는 생각에 두껍고 법률 용어가 가득한 책들을 양손에 무겁게 들고 돌아왔다. 혹여 권리분석을 잘못하거나 실수해서 돈을 벌기는커녕 그나마 가진 것도 전부 잃진 않을까 두려운 마음에 이해하기 어려운 용어와 설명에도 불구하고 꾸역꾸역 읽어 내려갔다. 그러나 2주 동안의 짧고 힘들었던 공부는 '경매는 아무나 하는 것이 아니다.'라는 편견을 갖게 했고, 결국에는 경매를 포기하고 익숙한 직장 생활에 다시 전념하게 만들었다.

그로부터 4년 뒤, 병상에서 다시 경매 책을 집어 들었을 때는 절박함과 간절함이 4년 전과는 달랐는데, 문득 '쉬운 경매를 하자. 모든 것을 다 알고 시작하려 하지 말고 초보 수준에 맞게 투자하자!'라는 생각이 들었다. 그래서 이전에 실패했던 공부 방식과는 다르게 쉬운 것부터 시작해서 실제로 경험을 쌓으며 한 단계 한 단계 수준을 높이는 방법으로 접근해 보자고 마음먹고 실행에 옮겼다. 용어가 생소하거나 어렵지 않은 간단한 내용의 책 위주로 사서 읽기 시작했고, 일단 쉬운 물건 하나를 직접 처리하기 위해 꼭 필요한 수준의 지식만 공부했다.

그렇게 쉬운 경매로 시작해서 지금까지 많은 부동산을 낙찰받고 처리해 왔는데 그중 주거용 부동산은 특수물건이 단 한 건도 없었다. 전부 낙찰을 받으면 인수되지 않고 소멸되는, 권리분석을 하는데 5분도 채 걸리지 않는 쉽고 안전한 물건들이었다. 신기하게도 그것들은 초보자가 1주일만 공부하더라도 쉽게 처리할 수 있는 수준이었지만 필자에게 꾸준히 안정적인 수익을 안겨 주었다.

부동산 경매에 대한 모든 것을 공부하고 투자하려고 한다면 시작도 못 해 보고 포기할 가능성이 높다. 그렇다고 공부를 소홀히 해도 된다는 의미가 아니라 공부 자체가 목적이 되어서는 안 된다는 말이다. 공부는 꾸준히 해야 하는 것이지만, 시기에 맞게 꼭 필요한 수준으로 공부하면서 실제 투자로 이어지도록 해야 한다. 그렇게 한 단계씩 올라가다 보면 언젠가는 법정지상권, 지분, 유치권 등과 같은 특수물건을 다룰 수도 있고, 남들과는 차별화된 수익을 얻을 수도 있을 것이다.

이제 막 부동산이나 경매 투자에 관심을 갖기 시작한 사람이라면 조급하게 욕심내지 않기를 바란다. 권리분석이나 명도가 어렵지 않으면서도 곧바로 수익을 낼 수 있는 경매 물건들은 많다. 이런 물건들을 낙찰받기 위해 꼭 해야 할 경매 공부는 1주일이면 충분하다.

## 부동산 경매에 대한 오해와 진실

투자 목적이 아니더라도 안정적인 주거 생활을 위해 부동산 거래는 필수적인 것이다. 부동산 거래는 소유권의 이전 여부에 따라 크게 매매와 임대차로 구분할 수 있는데, 부동산 경매는 소유권을 취득할 수 있는 매매의 한 방법이다. 그러나 매도인과 매수인이 직접 매매계약서를 작성하고 매매 대금을 주고받는 일반 매매와는 달리, 부동산 경매는 법원에서 채무자의 부동산을 공개 입찰을 통해 매각하고 그 매각 대금으로 채권자에게 빌려준 돈을 반환해 주는 절차다.

요즘은 경매가 대중화되었다고 말하기도 하지만, 그 절차상의 특징으로 인해 아직도 잘못된 인식을 갖고 멀리 하려는 사람들이 상당히 많다. 경매에 대한 진실이 무엇인지 살펴봐야 하는 이유가 여기에 있다.

### 1. 경매 물건은 하자가 있어서 나온 것이 아니다

경매로 나온 대부분의 부동산은 채무자가 돈을 빌릴 당시에 담보로 설정된 것이다. 채무자가 빌린 돈을 갚지 않을 경우 채권자에게 돈을 돌려주기 위해 담보 부동산을 처분하는 것이지, 그 부동산이 안 좋은 물건이어서 경매로 나오는 것은 아니다.

공인중개업소를 통해 거래되거나 직거래로 나오는 일반 매물과 마찬가지로 경매 물건 역시 가치가 없는 것도 있지만 돈이 되는 알짜 물건도 상당히 많다. 입지가 좋은 역세권의 아파트가 나올 수도 있고, 상권이 잘 형성되어 있는 지역의 유명한 상가나 노른자위 땅이 나올 수도 있다. 그리고 볼품없는 부동산이더라도 시세보다 싸게 살 수 있다면 수익을 낼 수 있고, 남들이 모르는 숨겨져 있던 가치를 찾아 탈바꿈하거나 하자를 해결한다면 새로운 인생을 맞이할 기회를 얻을 수도 있다. 이것이 바로 경매의 매력이다.

## 2. 쉬운 권리분석으로도 수익이 나는 물건이 많다

'권리분석'이란 경매로 진행되는 부동산에 '인수되는 권리'가 있는지 없는지를 판단하는 것이다. 경매 물건의 특성상 권리관계가 복잡한 사건도 있지만, 기본 원리만 알면 아무 문제가 없거나 쉽게 해결할 수 있는 물건들이 대부분이다. 권리분석의 난이도와 수익은 정비례하지 않는다. 권리분석이 어려운 물건이라고 무조건 큰 수익을 얻을 수 있는 것은 아니고, 쉽고 간단한 분석만으로도 돈이 되는 물건은 많다. 처음에는 쉬운 물건부터 시작해서 점차 경험과 실력을 쌓아 나가다 보면 수익은 저절로 따라오게 된다.

경매에 대해 관심을 갖는 대중이 늘어나면서 관련 책이나 강의도 시중에 상당히 많이 나와 있고 질적 수준도 높아지고 있다. 부동산이나 경매에 대해 전혀 모르는 초보자도 책과 강의, 그리고 커뮤니티 등을 잘 활용하여 꾸준히 공부한다면 누구나 안전하게 경매 투자를 할 수 있다.

기본적으로 경매가 진행되는 절차와 방식을 알고, 법원에서 제공하는 사건 정보와 관련 서류를 통해 권리관계를 분석하는 과정을 거쳐야 한다. 그리고 현장에 직접 찾아가서 분석한 내용을 다시 확인하고 물건 자체의 하자는 없는지 살피고 시세를 조사하면 된다. 앞으로 이 모든 과정들을 쉽고 자세하게 풀어 설명할 것이므로 이 책을 읽은 독자라면 더 이상 경매가 두렵게 느껴지거나 어렵지 않을 것이다.

## 3. 명도*에 대한 법적 절차가 잘 마련되어 있다

살던 집이나 운영하던 상가 등이 경매되어 나가야 하는 상황인데 버티고 있는 '점유자'(전 소유자 또는 임차인)와 주인이 바뀌었으니 나가라고 압박하는 '낙찰자'의 대립 구도는 TV 드라마에서 흔히 보게 되는 설정이다. 특히 전자는 억울하고 불쌍한 주인공으로, 후자는 매정하고 욕심이 많은 주변 인물로 묘사되는 경우가 대부분인데, 실제로도 점유자와 낙찰자의 관계에 대해 잘못된 편견을 가지고 있는 사람들이 상당히 많다.

부동산 경매는 국가 기관인 법원에서 시행하는 법적 제도다. 빌린 돈을 갚지 못하는 채무자를 대신해서 법원이 담보 부동산을 처분해 채권자에게 돈을 돌려줌으로써 국민 개개인의 경제생활, 더 나아가 나라의 경제를 원활하고 튼튼하게 하는 것이다.(채무자가 빌린 돈보다 더 높은 금액에 낙찰되면 빌린 돈과 비용을 제하고 남은 돈을 돌려받을 수 있다.) 이 과정에서 낙찰자는 수요자로서 경매 시장의 거래를 원활하게 할 뿐만 아니라 낙찰 부동산을 임대나 매매로 부동산 시장에 다시 내놓는 공급자로서의 역할도 한다. 그러므로 명도에 대해 죄책감이나 부담을 느낄

---

\* 명도
낙찰받은 부동산을 점유하고 있는 사람에게 해당 부동산을 인도받는 일련의 과정을 말한다.

필요가 없다.

경매 부동산의 임차인 입장에서도 살펴보면, 보증금을 전혀 돌려받지 못하고 억울하게 쫓겨나는 경우는 거의 없다. 정당한 임차인이라면 보증금 전액이나 일정액을 받을 수 있도록 주택 임대차보호법*이 시행되고 있기 때문이다. 물론 계약 기간을 다 채우지 못하고 집이나 상가를 비워야 하는 상황에서는 부당하다고 생각할 수도 있지만, 경매는 하루아침에 끝나는 것이 아니다. 임차인을 비롯한 사건 당사자가 해당 경매 사건에 대해 알고 대비할 수 있도록 법원에서 정해진 절차에 따라 고지하고 진행하므로 경매가 개시된 후 낙찰과 배당까지 전 과정이 마무리되려면 상당한 시일이 걸린다. 따라서 낙찰자가 잔금을 납부하고 소유권을 이전한 후에는 계속해서 점유할 수 없다는 사실을 전 소유자나 임차인도 충분히 잘 알고 있다.

점유자가 낙찰자에게 과도한 이사 비용을 요구하면서 부동산을 비워 주는 것을 거부하는 경우에도 크게 걱정할 필요는 없다. 경매에는 '부동산 인도명령'이라는 제도가 있는데, 절차가 간편하고 시간도 많이 걸리지 않는다. 인도명령이 결정되면 법원의 집행관들이 낙찰받은 부동산의 점유자를 직접 내보내 주는 강제집행을 신청할 수 있다. 이처럼 법적으로 마련된 제도를 잘 활용하면 점유자와의 원만한 협의를 이끌어내는 것도 어렵지 않다.

이와 같이 부동산 경매에 대해 오해하거나 잘못된 인식을 갖고 있었

---

**\* 주택 임대차보호법**
국민 주거 생활의 안정을 보장하기 위한 법률로 주택 임차인이 보증금을 반환받을 수 있도록 민법에 특별히 규정하고 있다.(상가 임차인을 보호하기 위한 상가 건물 임대차보호법도 있다.)

다면 지금까지 좋은 기회를 놓친 셈이다. 경매는 일반 매매에 비해 더 많은 시간과 노력이 필요한 것은 사실이지만 그만큼 더 저렴한 가격에 부동산을 살 수 있고, 경락잔금대출을 이용해 적은 돈으로도 내 집 마련을 하거나 투자할 수 있다는 장점이 있다. 부동산 경매의 장점을 효과적으로 활용하여 안전하게 큰 수익을 낼 수 있는 방법에 대해서 자세히 알고 싶다면 이 책을 끝까지 읽어보기 바란다.

# 경매를 시작하기 전에
# 알아야 할 것들

| 부동산 경매의 전체 과정 |

# 한눈에 보는 경매 진행 절차

이제 본격적으로 부동산 경매에 대해 설명하려고 한다. 부동산 경매는 법원에서 정해진 절차에 따라 진행한다. 가장 먼저 경매에 참여하는 투자자 입장에서 꼭 알아야 하는 기본적인 절차를 살펴보자.

## 경매 절차 1  법원의 경매개시결정 및 매각 준비

채권자가 경매를 신청하면 법원은 검토 후 '경매개시결정'을 내린다. 그 후 법원에서는 매각할 부동산의 현재 상태 등에 대해 조사하고, 감정평가사가 매각 부동산의 가치를 평가하도록 한다.

## 경매 절차 2  배당요구 종기 결정 및 신청

경매 매각 대금으로 채권자에게 돈을 나누어 주는 것을 '배당'이라고 하는데, 해당 부동산과 관련하여 돈을 받아야 하는 권리자들은 법원이 정한 배당요구 종기일까지 필요 서류를 첨부해 배당요구 신청을 해야 한다.

매각기일은 곧 입찰하는 날이다. 해당 물건지의 지방 법원에서 매각을 실시하는데, 입찰자는 오전 11시 20분경(마감 시각은 법원마다 다르므로 반드시 미리 확인해야 한다.)까지 입찰서와 보증금을 제출해야 한다.

법원은 입찰 금액을 비교해 공개(개찰)하는데, 이때 최고가로 입찰한 사람이 최고가매수신고인(낙찰자)이 된다.

경매 절차 4 매각허가결정 및 확정

'매각허가결정'은 낙찰일로부터 7일 후에 내려진다. 그 기간 동안 최고가매수신고인의 결격 사유나 경매 매각 절차상의 하자 여부를 심사해 문제가 없으면 매각허가결정이 된다. 이 시기가 중요한 이유는, 낙찰을 받고 나서 해당 물건에 중대한 하자가 있거나 법원 서류 및 절차에 문제가 있다는 것을 발견한 경우에 낙찰자는 매각불허가신청을 할수 있기 때문이다.

매각허가결정 후 1주일 이내에 이의 신청이나 즉시 항고가 없으면 비로소 매각허가결정이 '확정'되고, 최고가매수신고인은 매수인이 된다. 그후 법원은 대금 지급 기한을 정해 통지서를 매수인에게 발송한다.

## 경매 절차 5 │ 잔금 납부와 소유권이전등기

매수인은 매각허가 확정일로부터 통상 4주 안에 낙찰 잔금을 납부해야 한다. 낙찰자가 잔금을 모두 납부하면 해당 부동산의 소유권을 취득한다.

## 경매 절차 6 │ 배당

낙찰자가 매각 대금을 모두 납부하면 법원은 배당 기일을 정해 이해관계인과 배당을 요구한 채권자에게 통지하고 배당을 실시한다. 배당 기일은 보통 잔금 납부로부터 약 1개월 뒤이다. 이로써 경매 절차가 마무리된다.

지금까지 부동산 경매의 전반적인 절차를 살펴보았다. 생소한 용어 때문에 어렵게 느껴질 수도 있지만 처음에는 대략적인 흐름만 이해하면 된다. 이 책을 다 읽고 나면 용어뿐 아니라 경매와 관련한 대부분의 내용에 익숙해질 것이다.

**KEY POINT**

경매 절차, 이것은 꼭 기억하자!

1. 경매 신청 단계부터 전체 절차가 완료되기까지 보통 6개월 정도 걸린다.
2. 낙찰받고 나서 중대한 문제를 발견한 경우에는 낙찰 후 1주일 내에 불허 가 신청을 할 수 있다.

## 경매 정보를 쉽게 검색하는 방법

　요즘은 인터넷에 각종 정보들이 넘쳐난다. 더욱이 스마트폰 앱이 발달하면서 언제 어디서나 쉽고 빠르게 정보를 검색할 수 있게 되어 경매 투자를 하는 데에도 매우 편리한 세상이 되었다. 경매와 관련한 정보를 얻기 위해 법원을 방문하거나 신문 공고문을 직접 찾아보지 않아도 이제는 인터넷 연결만으로 모든 정보를 검색하고 저장할 수 있다.

　경매에 관한 정보를 찾는 가장 기본적인 방법은 '대법원 경매정보 사이트'를 이용하는 것이지만, 최근에는 관련 서류와 정보들을 좀 더 간편하고 빠르게 찾도록 정리해서 보여 주는 '유료 경매정보 사이트'를 많이 이용하는 추세이다.

## 1. 대법원 경매정보 사이트 활용하기

대법원 경매정보 사이트(www.courtauction.go.kr)는 경매를 주관하는 법원에서 직접 경매를 공고하는 곳이기 때문에 가장 빠르고 정확한 정보를 제공한다. 모든 경매 물건을 검색할 수 있을 뿐만 아니라 경매 관련 용어와 지식, 절차 및 통계 등을 참고할 수 있다. 다음은 대법원 경매정보 사이트에서 정보를 검색하는 방법이다.

### [1] '경매물건' 하단 메뉴에서 '물건상세검색' 클릭

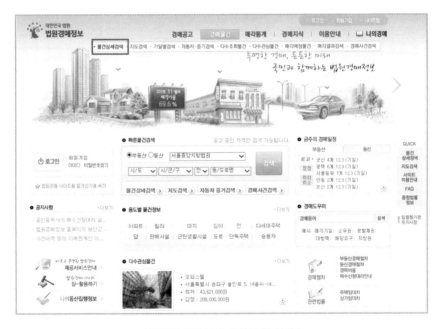

| 대법원 경매정보 사이트 첫 화면 |

첫 화면의 상단 메뉴에서 '경매물건'에 마우스를 올려놓으면 지도 검색이나 기일별 검색 등 다양한 검색 방법을 확인할 수 있다. 그중에서

'물건상세검색'을 클릭하면 다음과 같이 원하는 조건을 선택해서 그에 맞는 물건을 검색할 수 있는 창이 뜬다.

## [2] 해당 부동산의 법원/소재지 및 용도 선택

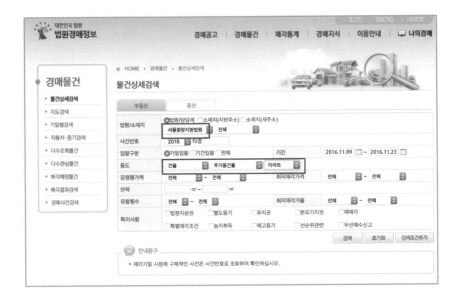

'부동산' 탭을 클릭하면 부동산 경매 물건의 조건을 검색할 수 있는 여러 옵션을 볼 수 있는데, 그중 필요한 옵션만 선택해서 검색하면 해당 조건에 부합하는 물건 목록이 아래에 나타난다. 예로 '서울중앙지방법원'이 관할하는 물건 중에서 용도를 '건물 〉 주거용건물 〉 아파트'로 입력해 보자.

## [3] 검색 목록 중 물건 선택

목록 화면에서는 각 물건의 사건 번호, 용도, 소재지, 비고, 감정평

## 물건상세검색

> 검색조건 법원 : 서울중앙지방법원 | 매각기일 : 2016.11.09 ~ 2016.11.23 | 용도 : 건물 > 주거용건물 > 아파트 [총 물건수 : 35건]

물건비교 | 관심물건등록 | 인쇄 | < 이전

| | 사건번호▲ | 물건번호 용도 | 소재지 및 내역 | 비고 | 감정평가액▲ 최저매각가격▲ (단위:원) | 담당계 매각기일▲ (입찰기간) 진행상태▲ |
|---|---|---|---|---|---|---|
| | 서울중앙지방법원 2015타경 | 1 아파트 | 서울특별시 서초구 방배동 725 [집합건물 철근콘크리트조 185.46㎡] | | 1,350,000,000 1,350,000,000 (100%) | 경매5계 2016.11.22 신건 |
| | 서울중앙지방법원 2015타경 2015타경 2015타경 (중복) | 1 아파트 | 서울특별시 강남구 언주로30길 13, [ ] | - 대금납부기일(기한) 이후 지면이자 : 연1할5 푼 | 1,450,000,000 1,160,000,000 (80%) | 경매8계 2016.11.17 유찰 1회 |
| | 서울중앙지방법원 2015타경 2015타경 (중복) | 1 아파트 | 서울특별시 강남구 압구정로11길 17, [집합건물 철근콘크리트조 105.62㎡] | | 1,150,000,000 1,150,000,000 (100%) | 경매11계 2016.11.10 신건 |
| | 서울중앙지방법원 2015타경 2016타경 (중복) | 1 아파트 | 서울특별시 중구 다산로 56, [집합건물 철근콘크리트조 84.841㎡] | -대금지급기간(기한) 이후 지면이자 : 연1할5푼 -임대차:물건명세서와 같음 특별매각조건 매수보증금 20% | 540,000,000 176,947,000 (32%) | 경매8계 2016.11.17 유찰 5회 |
| | 서울중앙지방법원 2015타경 | 1 아파트 | 서울특별시 동작구 보라매로5가길 16, [집합건물 철골철근콘크리트조 132.69㎡] | | 633,000,000 506,400,000 (80%) | 경매9계 2016.11.15 유찰 1회 |

가액, 매각기일 등 기본적인 정보를 제공한다. 살펴보면서 관심이 가는 물건을 클릭하면 상세한 내용과 관련 자료 및 서류를 볼 수 있다. 목록 중 네 번째 물건을 클릭해 보자.

## [4] 상세 화면에서 정보 확인

다음의 그림과 같이 서울시 중구에 있는 한 아파트의 경매 기본 정보가 자세히 펼쳐진다. 이 물건은 감정평가액이 5억 4천만 원이고, 몇차례 유찰되어 최저매각가격이 1억 7천만 원대로 떨어졌다. 화면에 나와 있는 매각기일에 관할 법원 법정에서 최저매각가격 이상의 금액을 써서 입찰하면 된다. (①번 메뉴들은 해당 물건과 관련하여 조사한 내용과 서류를 링크해 둔 것으로 권리분석에 필수적인 자료이다. 이러한 자료들을 분석하는 방법은 뒤에서 자세히 다룰 것이다.)

**물건상세검색**

▶ 검색조건    법원 : 서울중앙지방법원 | 사건번호 : 2015타경[    ]

🖶 인쇄    ＜ 이전

▌ 물건기본정보

| 사건번호 | 2015타경[   ] | 물건번호 | 1 | 물건종류 | 아파트 |
| --- | --- | --- | --- | --- | --- |
| 감정평가액 | 540,000,000원 | 최저매각가격 | 176,947,000원 | 입찰방법 | 기일입찰 |
| 매각기일 | 2016.11.17 10:00 제4별관 제211호법정(2층) | | | | |
| 물건비고 | -대금지급기간(기한) 이후 지연이자 : 연1할5푼<br>-임대차:물건명세서와 같음<br>② 특별매각조건 매수보증금 20% | | | | |
| 목록1 소재지 | (아파트) 서울특별시 중구 [                 ]    🖼 🧲 🌐 | | | | |
| 담당 | 서울중앙지방법원 | 경매8계 | 전화번호 : 530-1820(구내:1820) | | |
| 사건접수 | 2015.07.01 | | 경매개시일 | 2015.07.02 | |
| 배당요구종기 | 2015.09.24 | | 청구금액 | 20,000,000원 | |

개황도<1>
전경도<2>
위치도<1>
관련사진<6>

❶ 🗂 현황조사서    📑 감정평가서    사건상세조회    관심물건등록

🖼 : 등기기록 열람    🧲 : 전자지도 보기    🌐 : 온나라(토지이용계획)

　　물건 기본 정보 화면에서 아래로 스크롤을 내리면 다음과 같이 첨부 문서를 간략하게 요약한 정보나 인근 매각 물건 사례 등도 제공한다. 인근 매각 물건 사례를 통해서는 해당 사건 주변 물건의 실제 낙찰가 및 낙찰가율을 확인할 수 있으므로 입찰가를 산정하는 데 도움이 된다.

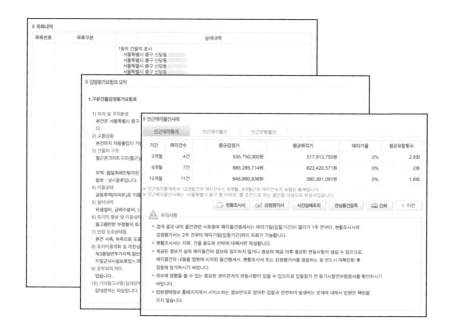

　　지금까지 대법원 경매정보 사이트에서 물건을 검색하는 기본적인 방법을 살펴보았다. 법원에서 제공하는 정보의 가장 큰 장점은 '무료'이면서 '공신력'(법률적인 효력)이 있다는 것이다. 회원 가입을 하지 않아도 무료로 물건을 검색할 수 있고, 법원 정보에 잘못 기재된 점이 있거나 중대한 사항이 누락된 경우 낙찰자는 그것을 바탕으로 매각불허가를 신청할 수 있다.

경매 물건에 입찰하기 위한 계약금을 말한다. 보통 최저매각가격의 10%로 책정되고, 낙찰받았으나 잔금을 미납할 경우에는 몰수된다.

앞에서 살펴본 대법원 사이트의 물건 상세 화면에서 ②번을 보면 "특별매각조건 매수보증금 20%"라는 문구가 있다. 매수보증금(입찰보증금)을 종전의 10%가 아닌 20%로 증액하는 이유는 이 사건이 매각되었다가 다시 진행되는 재매각 물건이므로 좀 더 조사하고 검토해서 입찰에 신중을 기하라는 의미로 생각하면 된다.

(1) 법정매각조건(일반적인 조건): 최저매각가격의 10%
(2) 특별매각조건: 최저매각가격의 20% 또는 30%(법원마다 다름)

## 2. 유료 경매정보 사이트 활용하기

대법원 경매정보 사이트의 장점에도 불구하고 많은 사람들이 돈을 내고 유료 경매정보 사이트를 이용하는 이유는 무엇일까? 법원 사이트에서는 원하는 조건에 적합한 물건을 검색하기가 다소 불편하고, 권리관계를 파악하는 데 필요한 등기부등본과 같은 서류를 매번 직접 발급받아야 하는 번거로움이 있다. 특히 초보자는 법원이 제공하는 정보들을 어떻게 활용하고 분석해야 하는지, 그리고 추가적으로 확인해야 할 사항은 무엇인지 잘 알지 못하기 때문에 더욱 어렵게 느껴질 수 있다.

반면, 유료 경매정보 사이트는 이런 불편한 점들을 개선해서 각 사건과 관련한 모든 정보와 서류들을 한 번에 손쉽게 파악할 수 있도록 구성해 놓았다. 클릭만 하면 법원에서 제공하는 기본 정보뿐 아니라 등기부등본, 건축물대장, 전입세대 열람 내역 등 유·무료로 직접 발급받아야 하는 서류를 바로 찾아볼 수 있다. 그리고 동일 번지 낙찰 사례, 부동산 실거래가, 지도 및 로드뷰 등과 같은 유용한 서비스와 직접 조사해 작성한 현장 보고서까지 제공하기도 한다. 무엇보다 말소기준권리를 쉽게 파악할 수 있도록 권리들을 정리해서 보여 주므로 초보자도 기본적인 권리분석을 쉽고 빠르게 할 수 있다.

가입비가 아깝다는 생각이 들 수도 있지만 가입비 역시 투자비다. 투자를 해야 얻는 것이 있지 않겠는가? 경매로 부동산 한 채를 저렴하게 낙찰받으면 적어도 몇 백만 원에서 몇 천만 원 이상의 수익을 얻을 수 있으므로 적은 돈을 무조건 아끼려고 하기 보다는 효율적으로 소비하여 시간과 에너지를 낭비하지 않기 바란다.

그렇지만 처음부터 전국 연 회원으로 가입하는 것은 부담이 될 수도 있다. 결제하는 방법이 다양하므로 우선은 관심 지역의 물건만 소액으로 결제해 보고 본인에게 맞는 사이트를 찾은 후에 적극적으로 활용할 것을 권장한다.

경매 투자자들이 많이 사용하는 유료 사이트로는 지지옥션(www.ggi.co.kr)과 옥션원(www.auction1.co.kr) 등이 있다. 각 사이트마다 구성은 다소 다르지만 제공하는 정보는 거의 비슷하다. 여기서는 유료 사이트 중 한 곳인 옥션원을 예로 들어 실제로 물건을 검색해 보자.

## [1] 회원가입 및 결제 〉 경매검색 〉 종합검색

옥션원 사이트의 첫 화면 하단에는 달력이 있고 선택한 날짜에 경매
가 진행되는 법원 목록을 보여 주고 있으므로 '경매일정'에 따른 검색이
가능하고, 중앙의 '주소별 검색'이나 '법원별 검색'을 이용해 물건을 찾
아볼 수도 있다. 그리고 상단 좌측에는 대법원 경매정보 사이트와 유사
하게 상세 조건별로 물건을 검색할 수 있는 '경매검색' 메뉴가 있다.

| 유료 경매정보 사이트 옥션원의 첫 화면 |

## [2] 종합검색 〉 법원 및 물건종류 선택 〉 검색

'경매검색'을 클릭하면 종합 검색, 법원별 검색, 소재지 검색 등 하부 메뉴가 나타난다. '종합검색' 옵션에서 법원과 물건종류를 각각 선택해 보자.

## [3] 검색 목록 중 물건 선택

목록 화면이 나오면 법원 사이트에서와 마찬가지로 스크롤을 내리면서 관심이 가는 물건을 클릭해 상세 정보를 확인하면 된다. 빨간색으로 표시한 물건을 선택해 살펴보자.

## [4] 물건 선택 후 상세 정보 확인

상세 정보 화면으로 들어가면 해당 사건에 대한 모든 정보를 편하게 확인할 수 있도록 정리가 되어 있다. 구성은 다음과 같다.

① **사건 번호 및 소재지 등 기본 정보와 물건 사진**
② **링크 메뉴**: 법원 문서 및 관련 자료와 지도 정보 등을 확인할 수 있다.
③ **물건현황**: 부동산의 가치를 평가해 금액으로 환산한 감정평가서의 내용 중에서 중요한 부분만을 정리한 것이다.
④ **임차인현황**: 임차인의 대항력과 보증금 인수 여부 및 금액을 보여 준다.
⑤ **등기부현황**: 등기부등본에 명시된 권리들을 시간 순서대로 기재하

| 물건 상세 정보 화면 |

여 말소기준권리와 소멸 또는 인수되는 권리를 쉽게 확인할 수 있도록 해 놓았다.

⑥ **지자체 정보 및 기타현황**: 기타 정보는 입찰가 산정에 도움이 된다.

이와 같이 유료 경매정보 사이트를 이용하면 직접 발품과 손품을 팔아야 얻을 수 있는 정보들을 쉽고 빠르게 찾아 활용할 수 있으므로 매우 편리하다. 하지만 주의해야 할 것이 있다. 유료 사이트에서 제공하는 권리분석 정보가 100% 정확한 것은 아니라는 점이다. 각 사건마다 법률 규정을 일일이 적용하여 직접 분석하는 것이 아니라 컴퓨터 프로그램에 의해 자동으로 거르고 분류하여 그 결과를 등재하기 때문에 간혹 오류가 생기는 경우가 있다.

따라서 편리한 유료 사이트의 정보를 참고는 하되 맹신해서는 안 된다. 특히 권리분석이 까다로운 특수물건의 경우에는 잘못 기재된 정보가 없는지 더욱 주의를 기울이고, 입찰자 본인이 직접 권리분석을 정확하게 할 수 있도록 기본 실력을 갖춰야 한다.

**KEY POINT**

**경매 정보 검색, 이것만은 꼭 기억하자!**
1. 대법원 경매정보 사이트는 공신력이 있고, 무료이다.
2. 유료 경매정보 사이트는 매우 편리하지만, 공신력이 없다.

## 실전꿀팁 경매 공부, 이렇게 해라!

이 책을 읽고 있는 대부분의 독자들은 이제 막 경매에 대해 호기심을 갖게 되었거나 공부를 시작한 지 그리 오래되지 않았을 거라 생각한다. 현재 필자의 경매 강의를 수강하고 있는 대다수의 사람들 역시 초보 투자자인데, 그들로부터 자주 듣게 되는 질문이 있다.

"팔콘님(파이팅팔콘은 필자의 닉네임)은 어떻게 공부하셨어요?"
"어떻게 해야 경매 투자로 꾸준히 수익을 낼 수 있을까요?"

필자도 과거에 같은 의문을 가졌었다. 학생 시절에는 선생님과 선배들로부터 교육을 받고 조언을 얻는 것이 자연스럽고 익숙했지만, 성인이 되고 사회로 나와 주변 사람들은 잘 알지 못하는 분야에 관심을 갖게 되면서 막막한 마음이 드는 건 당연한 일이다. 어떻게 경매 공부를 시작해야 하는지 알고 싶고, 지금 하고 있는 방법이 제대로 된 건지 확인하고 싶을 것이다.
앞에서 경매 공부를 1주일만 해도 충분히 낙찰을 받고 수익을 낼 수 있다고 말했지만, 단 1주일로 공부를 끝내라는 의미는 아니다. 공부를 위한 공부만 하다가 입찰도 한번 못 해 보고 포기하는 것을 경계하기 위한 것임을 간과해서는 안 된다. 중요한 것은 경매 공부에 대한 기준과 방향을 잘 잡고 이를 바탕으로 경험을 쌓아 나가다 보면 투자가 쉬워지고 좋은 결과를 얻을 수 있다는 것이다.
그렇다면 경매 공부의 올바른 기준과 방향은 어떻게 잡아야 할까? 그 답은 우리보다 앞서 경매 투자로 성공한 사람들로부터 찾아야 한다. 그들이 직접 공부하고 경험하면서 얻은 성공 노하우를 담은 '책'과 '강의'를 통해 배우고, 같은 길로 향하고 있는 사람들과 '함께' 나아가는 것이야말로 최선의 방법이자 지름길이다.

### 1. 기초 지식을 다져라

어느 분야에 대한 기본적인 지식을 다지는 데 책만큼 도움이 되는 것은 없다. 요즘은 경매의 인기에 힘입어 시중에는 다양한 경매 서적이 나와 있는데, 독자의 입장에서 당연히 좋은 일이긴 하지만 초보자라면 어떤 책부터 읽어야 할지 막막하고 혼란스럽게 느껴질 수 있다. 어느

| 부동산 재테크 관련 서적들 |

분야도 마찬가지겠지만 책은 많이 읽을수록 좋다. 그렇지만 아무 책이나 마구잡이로 골라 읽는다면 효율적이지 않을 뿐 아니라 과거의 필자처럼 제대로 알기도 전에 흥미를 잃고 포기할 수도 있다.

### – 첫 책은 경험서 위주로

경매는 부동산 투자의 한 분야이기 때문에 경매를 잘하려면 부동산에 대해서도 알아야 한다. 따라서 경매 투자자가 읽어야 할 책은 부동산을 보는 안목을 키울 수 있는 책과 경매를 전문적으로 다루고 있는 책으로 크게 나누어 볼 수 있다. 그 각각의 범주에서도 분류 기준은 다양한데, 초보자라면 지식과 정보만을 나열하거나 세부적인 분야를 전문적으로 다루고 있는 책보다는 전반적인 흐름을 파악할 수 있고 생생한 경험담이 담겨 흥미를 가질 수 있는 책이 적합하다. 이후에 경매 용어와 기본 지식을 공부할 수 있는 책을 읽으면서 직접 경험을 쌓고, 점차적으로 특수물건을 다루고 있는 권리분석 책과 세분화된 영역(예를 들면, 상가, 토지, 세금 등) 중 관심이 가는 분야의 책을 선택해 공부하면 된다.

### – 모르는 내용은 인터넷으로 검색

좋은 책, 본인에게 맞는 책을 선택하는 것 못지않게 그 책을 어떻게 읽을 것인가도 중요하다. 아무리 쉬운 책이라 하더라도 모든 내용이 한 번에 이해가 되지는 않을 것이다. 읽다 보면 단어나 문구의 의미가 무엇인지 모를 때가 있는데 그냥 지나치지 말고 인터넷으로 검색하기 바란다. 지면의 한계로 모든 것을 일일이 다룰 수는 없기 때문에 책에서는 상세한 내용이 생략될 수 있다. 인터넷 블로그나 카페의 정보는 책처럼 체계적으로 정리되어 있지는 않지만 설명이 쉽고 사례가 풍부해서 막히는 부분을 그때그때 해결하는 데 도움이 된다.

### – 경매는 오픈 북 시험

책을 열심히 읽었다고 해서 모든 지식이 본인의 것이 되는 것은 아니다. 정보는 넘쳐나고, 기억력에는 한계가 있다. 그러니 무작정 암기하려고 하지 마라. 경매를 시험에 비유하자면 오픈 북 시험이다. 기본적이고 필수적인 정보 외에는 필요할 때마다 그 내용이 어디에 있는지 바로 찾아볼 수 있으면 된다. 따라서 책을 읽을 때 유용하거나 관심이 가는 부분이 있으면 나중에 찾기 쉽도록 표시를 해 두고, 자주 참고할 만한 내용이라면 잘 정리해 놓는 것이 좋다. 필자는 유치권, 법정지상권 등과 같은 특수물건을 분석하고 해결하는 데 필요한 내용을 정리해서 쉽게 찾아볼 수 있게 했고, 물건 조사 및 권리분석 체크리스트를 만들어 투자할 때 유용하게 활용하고 있다.

### – 배운 내용은 실행으로

여기서 짚고 넘어가야 할 중요한 점은 책을 통해 배운 내용을 반드시 실전에 접목시키면서 공부해야 한다는 것이다. 직접 경매 물건을 검색해 보고, 관심이 가는 물건이 있으면 현장에 나가 조사하고 부동산에도 들러 본다. 모든 것을 다 알고 준비한 후에 경매 투자를 하겠다고 생각하면 절대 시작할 수 없다. 책에 있는 내용은 남의 지식일 뿐, 진정한 나의 것으로 만들기 위해서는 직접 몸으로 부딪쳐야 한다. 완벽하지 않고 부족한 점이 있다면 그것은 경험을 통해서 채워질 것이다.

## 2. 실전 기술을 익혀라

책에서 공부한 대로 검색하고, 조사하고, 분석해 봐도 실제로 법원에 나가 입찰까지 하기는 두렵고 불안할 것이다. 적지 않은 돈을 투자해야 하므로 혹시나 잘못해서 손해를 보는 것은 아닐까 걱정이 앞서는 것은 당연한 일인지도 모른다. 이처럼 경험이 없는 초보자의 입장에서 느낄 수 있는 걱정과 부담감을 극복하는 데 가장 큰 도움이 되는 두 가지를 꼽는다면 경매 관련

'인터넷 카페'와 '강의'가 있다.

### – 인터넷 카페에서 정보 공유

앞에서도 언급했지만 공부하다 모르는 부분을 해결할 때 블로그나 인터넷 카페의 글들을 참고하면 도움이 된다. 특히 인터넷 카페는 개인이 운영하는 블로그와는 달리 수많은 회원들이 모여 정보를 공유하는 공간이므로 그 정보의 양이 방대하고 다양하다. 따라서 필요할 때마다 검색하는 것도 도움이 되긴 하지만 가입해서 게시글을 꾸준히 읽으면 더욱 좋다. 초보 투자자에서 고수에 이르기까지 다양한 사람들이 자신이 공부한 내용과 수익을 낸 경험담을 상세하게 보여 주기 때문에 재미있고 생생하게 간접 경험을 할 수 있으며 '나도 할 수 있다!'는 용기를 얻을 수 있다. 그리고 카페에서 공유하는 모든 정보들은 컴퓨터나 스마트폰만 있으면 본인이 원하는 시간과 장소를 선택해 자유롭게 볼 수 있을 뿐 아니라 무료라는 장점도 있다.

| 부동산 경·공매 분야 커뮤니티 중 최고로 인정받고 있는 카페 '행복재테크' |

### – 강의를 통해 강사의 노하우 전수

이렇게 열심히 공부하고 간접 경험을 하더라도 여전히 걱정이 앞서 시작조차 못 할 수도 있고, 막상 입찰을 여러 번 시도해 봤지만 낙찰이 쉽게 되지 않아서 무언가 잘못하고 있는 건 아닌지 의구심이 들 수도 있다. 이때 필요한 것이 바로 경매 강의다. 강의는 책과 현실 사이의

갭을 메우는 데 매우 큰 도움을 준다. 강의를 통해 본인이 알고 있는 지식이 맞는지 확인하고, 부족한 부분이 있다면 채워 넣을 수 있다. 물론 단순 지식을 얻는 것만이 전부는 아니다. 책에서 다루어지지 않은 다양한 경매 사례를 접할 수 있고, 그에 대한 해법과 강사만의 노하우를 전수받을 수도 있다.

요즘에는 오프라인 강의뿐 아니라 바쁜 사람들을 위한 온라인 강의도 잘 구축되어 있으니 적극 활용하기 바란다. 대표적인 온라인 경매 강의 사이트로는 행크에듀(www.hank-edu.com)가 있다.

### – 성공한 멘토의 투자 포인트 습득

그리고 강의를 들을 때 무엇보다 중요하게 생각해야 할 점은 이미 경매 투자로 수익을 내고 있는 강사들이 남들과는 어떻게 다른 생각을 하고 차별된 수익을 얻는지 그 '생각의 차이'를 파악하고 '투자 포인트'를 배우는 데 중점을 둬야 한다는 것이다. 창조는 모방에서 시작한다고 하지만, 사실 그들과 똑같은 방식으로 수익을 내는 것은 쉽지 않다. 단순히 지식이나 기술만을 배워서 실제 투자에 활용하는 데에는 한계가 있다. 경매 투자자로서의 생각의 틀을 갖추고 꾸준히 수익을 얻고 싶다면 실제로 성공적인 투자를 이어 나가고 있는 강사를 멘토로 삼을 수 있는 기회를 놓치지 말자.

## 3. 함께 나아갈 동료를 만들어라

강의를 들으면 좋은 점이 또 한 가지 있다. 그것은 경매 투자에 대해 같이 고민하고 상담할 수 있는 스터디 모임이나 투자 파트너를 쉽게 만들 수 있다는 점이다.

### – 효과적인 공부를 위한 스터디 활용

스터디를 하면 혼자서 할 때보다 효과적으로 공부할 수 있다. 예를 들어, 유치권 물건을 해결하기 위해 그와 관련한 판례를 찾는다고 가정해 보자. 수많은 판례들을 혼자서 찾아 공부하고 분석하는 일은 쉽지 않다. 시간도 많이 걸릴 뿐 아니라 무슨 내용인지 제대로 이해하기가 어려울 것이다. 그러나 스터디 구성원들이 각각 유용한 판례를 몇 개씩 공부하고 모여서 함께 공유하며 의논한다면 어렵고 많은 양의 공부도 쉽고 빠르게 할 수 있다. 경매 강의를 함께 듣는 동기생들은 경매에 대한 지식의 수준이나 열정이 비슷하기 때문에 서로 이야기도 잘 통하고 더욱 효율적으로 공부할 수 있다. 스터디를 구성해 강의 내용을 함께 공부하고 강의가 끝난 이후에도 지속적인 모임을 가진다면 혼자서 끙끙거리다 포기하는 일은 없을 것이다.

### – 경험을 공유하며 실력 향상

스터디는 다른 사람의 경험을 내 것으로 만들기도 좋다. 만약 회원이 10명인 스터디 모임에서 각자가 적어도 1년에 한 건씩 낙찰을 받는다면 어떨까? 본인이 직접 처리하는 물건은 비록 한 건이지만, 나머지 9명이 낙찰받은 물건을 명도하고, 수리하고, 매도하는 전 과정을 함께 공유할 수 있기 때문에 1년에 10개의 물건을 경험하는 것과 같은 효과를 얻을 수 있다. 경험을 많이 할수록 실력이 높아지는 건 당연한 결과가 아니겠는가.

### – 지치지 않고 꾸준히 나아갈 수 있도록 하는 투자 파트너

그리고 무엇보다 중요한 것은 스터디를 통해 서로 힘이 되는 사람들을 만날 수 있다는 점이다. 지치거나 힘들 때 같이 고민하고 도움을 주는 사람이 곁에 있으면 정말 든든하다. 또한 다른 사람들이 낙찰을 받아서 많은 수익을 내고 있는 모습을 보면 자극을 받아서 저절로 열심히 할 수밖에 없다. 서로에게 좋은 기운을 계속 주고받으면서 경매 투자를 꾸준히 할 수 있고, 더 나아가 공동 투자를 할 수 있는 파트너로 관계가 발전될 수도 있다. 필자 역시 초보 시절부터 스터디 모임을 해왔고, 이를 통해 최고의 투자 파트너를 만나 지금까지도 함께 성공적인 투자 사례들을 만들고 있다.

무조건 열심히 하는 것보다 올바른 방향으로 효율적인 공부를 해야 지치지 않고 꾸준히 좋은 결과를 얻을 수 있다. 필자의 경험에서 비롯된 몇 가지 공부 방법이 처음 시작하려는 분들에게 유용한 길잡이가 되었으면 한다.

# 제 **2** 장

# 권리분석
## 4 STEP

step 1 말소기준권리 찾기
step 2 인수되는 권리 찾기
step 3 임차인 권리분석
step 4 경매 서류 및 기타 권리 확인

## step 1 말소기준권리 찾기

지금까지 경매의 기본 절차와 경매 물건을 찾는 방법에 대해 알아보았다. 실제로 부동산을 매입하려면 그 전에 해당 부동산이 법률적 하자가 없는지 살펴보아야 하는데 이것을 '권리분석'이라고 한다. 권리분석은 경·공매뿐 아니라 일반 매매에서도 필수적으로 거쳐야 하는 과정이므로 부동산 투자자라면 반드시 공부해야 한다. 그런데 처음부터 어려운 내용까지 익혀야 한다고 욕심내거나 모든 것을 암기해야 한다고 생각하는 사람들이 많이 있는데 절대 그럴 필요 없다. 실전에서 필요한 권리분석의 기본 원리만 이해해도 알짜배기 물건을 선별해 좋은 투자를 할 수 있다.

# 4단계로 끝내는 권리분석

권리분석은 크게 네 단계로 구분할 수 있다. 첫 번째는 말소기준권리를 찾는 것이고, 두 번째는 인수되는 권리를 찾는 것이다. 그리고 세 번째로는 임차인(점유자) 권리를 분석하고, 마지막으로 법원 경매 서류(매각물건명세서 등) 및 기타 인수 조건을 확인하면 된다. 이러한 과정을 통해 매각 후 낙찰자에게 인수되는 권리와 소멸되는 권리가 무엇인지를 파악하여 수익성을 판단하고 투자 여부와 입찰 금액을 결정할 수 있다.

**KEY POINT**

권리분석 4 STEP

1. 말소기준권리 찾기
2. 인수되는 권리 찾기
3. 임차인 권리분석
4. 서류 및 기타 권리 확인

## 말소기준권리의 의미

무슨 일이든 첫 단추를 잘 끼워야 하듯이, 권리분석을 제대로 하려면 첫 단계인 '말소기준권리'를 잘 찾아야 한다. 말소기준권리는 법적으로 정의된 용어는 아니지만, 통상적으로 해당 경매 절차에서 매각으로 소멸되거나 낙찰자에게 인수되는 권리를 판단하는 기준이 되는 권리를 말한다. 쉽게 말해서, 말소기준권리 '이전'의 권리는 낙찰자에게 '인수'가 되어 낙찰자가 부담해야 하고, '이후'의 권리(말소기준권리 포함)는 매각 후 전부 '소멸'되어 낙찰자가 부담하지 않아도 된다.

말소기준권리가 될 수 있는 것은 근저당권, 가압류(압류), 담보가등기, 경매기입등기, 전세권(임의경매를 신청하거나 배당요구한 선순위전세권)인데, 위의 권리가 2개 이상인 경우에는 가장 앞선 순위의 것이 말소기준권리가 된다. 그렇다면 이 다섯 가지가 말소기준권리가 되는 이유는 무엇일까?

부동산의 권리는 거의 대부분 '돈'을 목적으로 하는 것들이다. 돈을 받는 것이 목적인 권리들은 부동산이 경매로 낙찰된 후 매각 대금으로 돈을 나누어 주고 나면 그 목적이 충족된다. 따라서 돈 받을 권리들은 경매 매각 후에는 더 이상 효력이 없다.

근저당권, 가압류(압류), 담보가등기, 경매기입등기, 배당요구한 전세권은 돈을 받는 것이 목적인 권리이기 때문에 말소의 기준이 되는 권리가 될 수 있고, 낙찰 후 소멸된다.

| ◆ 등기부현황 (채권액합계 : 278,866,871원) | | | | | | |
|---|---|---|---|---|---|---|
| No | 접수 | 권리종류 | 권리자 | 채권금액 | 비고 | 소멸여부 |
| 1(갑1) | 2001.01.11 | 소유권이전(매매) | 이 근 | | | |
| 2(을16) | 2009.06.30 | 근저당 | 도화2동새마을금고 | 210,600,000원 | 말소기준등기 | 소멸 |
| 3(갑8) | 2010.04.27 | 가압류 | 나 문 | 24,000,000원 | 2010카단50078 | 소멸 |
| 4(갑15) | 2012.12.03 | 가압류 | 서울보증보험(주) | 33,200,000원 | 2012카단11327 | 소멸 |
| 5(갑16) | 2013.01.15 | 가압류 | 서울신용보증재단 | 3,000,000원 | 2013카단31497 | 소멸 |
| 6(갑18) | 2014.07.23 | 가압류 | 하나에스케이카드(주) | 8,066,871원 | 2014카단656 | 소멸 |
| 7(갑19) | 2014.09.18 | 임의경매 | 도화2동새마을금고 | 청구금액: 161,000,000원 | 2014타경 | 소멸 |
| 8(갑21) | 2016.07.18 | 압류 | 광주시 | | | 소멸 |

배당을 받지 못하더라도 전부 소멸

# 사례로 보는 말소기준권리

## 1. 근저당권(저당권)

김○○은 매매가가 3억 원인 아파트를 사면서 그 집을 담보로 하여 부족한 자금 1억 원을 A 은행에서 빌리게 되었다. A 은행이 아파트를 담보로 저당권*을 설정하면 만약 김○○이 이자나 원금을 납부하지 않는 경우에 빌려준 돈을 회수하기 위해 담보 부동산을 경매 신청할 수 있다. 그러면 A 은행은 경매 매각 대금으로 김○○에게 빌려준 돈을 돌려받을 것이다.

중요한 것은 저당권(근저당권)이 돈을 받는 권리라는 점이다. 부동산에 설정된 권리 중 가장 앞선 순위의 근저당권은 말소기준권리가 되

---

\* 저당권

'저당'이란 부동산 등을 담보로 하여 돈을 빌려주는 것을 말한다. 그리고 '저당권'은 채무자가 빚을 갚지 않는 경우에 채권자가 경매 등의 절차를 통해 돈을 돌려받을 수 있는 권리를 뜻한다.

고, 나머지 후순위 근저당권 및 돈을 목적으로 하는 권리와 함께 모두 소멸된다.

| No | 접수 | 권리종류 | 권리자 | 채권금액 | 비고 | 소멸여부 |
|----|------|---------|--------|---------|------|---------|
| 1(갑2) | 2008.12.18 | 소유권이전(매매) | 한 숙 | | | |
| 2(을3) | 2013.04.04 | 근저당 | 대구은행<br>(울산북지점) | 348,000,000원 | 말소기준등기 | 소멸 |
| 3(을4) | 2013.05.02 | 근저당 | 한국자산관리공사 | 3,240,000,000원 | | 소멸 |
| 4(갑3) | 2014.02.17 | 가압류 | 신용보증기금 | 85,000,000원 | 2014카단10061 | 소멸 |
| 5(을5) | 2014.05.02 | 근저당 | 전 철 | 130,000,000원 | | 소멸 |
| 6(갑4) | 2014.05.16 | 임의경매 | 대구은행<br>(여신관리부) | 청구금액:<br>295,845,087원 | 2014타경 | 소멸 |

| 근저당권이 말소기준권리인 사례 |

위의 사건은 소유자 한○숙이 집을 담보로 은행에서 돈을 빌리고 갚지 않자 은행이 임의경매를 신청한 것이다. 등기부등본상의 권리를 순서대로 정리한 표를 보면, 순위 번호 2번(을구 3)의 대구은행 근저당권이 말소기준권리이고, 이후에 오는 모든 권리와 처분들이 소멸되는 것을 알 수 있다.

---

참고✓ **근저당권**

김○○이 A 은행에서 돈을 빌린 후에 일부를 갚으면 채권액이 줄어들 수도 있고, 반대로 이자가 밀려 채권액이 더 늘어날 수도 있다. 채권액이 변동될 때마다 저당권 설정과 등기를 다시 해야 하는 번거로움을 해결하기 위해 일반적으로 저당권보다 '근저당권'을 설정한다. 실제로 빌려준 돈의 120 ~ 130%에 해당하는 금액을 '채권최고액'으로 근저당권을 설정해 두면 이자가 밀려 채권액이 늘어나더라도 채권액의 최대한도 금액 내에서 변제받을 수 있고, 채권액이 달라져도 저당권 설정과 등기를 다시 하지 않아도 된다.

## 2. 가압류(압류)

채권자가 빌려준 돈을 돌려받기 위해 소송을 제기하여 승소하더라도 채무자가 재산을 숨기거나 팔아 버리면 그 돈을 회수할 수 없다. 판결이 나서 돈을 돌려받기 전에 채무자가 재산을 빼돌릴 수 없도록 법원이 채무자의 재산을 임시로 확보하는 것을 '가압류'라고 한다.

채권자가 가압류를 신청하면 법원은 빠른 시간 내에 확인해서 등기부등본에 기재하고, 추후 재판에서 채권자가 승소하면 가압류를 압류로 바꾸어 경매를 신청하게 된다. 가압류 역시 돈을 받기 위한 것이므로 근저당권처럼 말소기준권리가 될 수 있고, 배당 여부와 상관없이 소멸된다.

| No | 접수 | 권리종류 | 권리자 | 채권금액 | 비고 | 소멸여부 |
|---|---|---|---|---|---|---|
| 1 | 2004.03.06 | 소유권보존 | 권 안 | | | |
| 2 | 2009.11.23 | 가압류 | 이 학 | 600,000,000원 | 말소기준등기 | 소멸 |
| 3 | 2009.12.01 | 가압류 | 김 경 | 750,000,000원 | | 소멸 |
| 4 | 2010.01.25 | 가압류 | 안 환 | 360,000,000원 | | 소멸 |
| 5 | 2010.02.10 | 가압류 | 이 학 | 500,000,000원 | | 소멸 |
| 6 | 2010.10.04 | 가압류 | 권 범 | 570,000,000원 | | 소멸 |
| 7 | 2010.12.03 | 근저당 | 김 록 | 300,000,000원 | | 소멸 |
| 8 | 2011.03.11 | 가압류 | 박 전 | 160,000,000원 | | 소멸 |
| 9 | 2011.11.14 | 강제경매 | 김 경 | 청구금액: 750,000,000원 | 2011타경 | 소멸 |

| 가압류가 말소기준권리인 사례 |

사례를 보면, 순위 번호 2번의 가압류, 즉 권○안이 소유한 부동산에 이○학이 설정한 가압류가 말소기준권리가 된다. 이 말소기준권리 이후의 가압류 및 근저당권 역시 돈을 받기 위한 권리이므로 경매 매각 후 모두 소멸된다.

## 3. 경매기입등기

'경매기입등기'는 채권자의 신청에 의해 경매가 진행된다는 것을 알리는 역할을 하는 것으로 그 자체가 돈을 받기 위한 권리는 아니지만

처분을 금지하는 압류 효과가 발생하게 된다. 즉, 법원에서 경매를 진행하고 있으니 마음대로 처분해선 안 된다고 공시하는 것이다.

경매기입등기는 그에 앞선 근저당권이나 가압류, 담보가등기 등이 없는 경우에 말소기준권리가 되는데, 경매 시작을 알리기 위해 기입한 것이므로 경매가 종료되면 당연히 말소된다.

| No | 접수 | 권리종류 | 권리자 | 채권금액 | 비고 | 소멸여부 |
|----|------|---------|--------|---------|------|---------|
| 1(갑3) | 2015.04.06 | 소유권이전 (매매) | 김 자,박 규 | | 김 자,박 규 각 1/2 | |
| 2(갑4) | 2016.06.22 | 김 자지분강제경매 | 희망모아유동화전문유한회사 (희망모아관리팀) | 청구금액: 62,012,323원 | 말소기준등기 2016타경 | 소멸 |
| 관련정보 | | 〔관련사건〕 양수금 - 진천군법원 2008가소 | | 판결정본 내용보기 사건검색 | | |

| 경매기입등기가 말소기준권리인 사례 |

앞의 사례는 유동화 전문 유한 회사가 김○자의 지분에 대해 강제경매를 신청한 것으로 경매가 개시되기 전에 돈을 목적으로 하는 권리가 설정되지 않았으므로 경매기입등기가 말소기준권리가 된다. 만약 순위번호 2번 이후에 다른 권리들이 설정되었더라도 매각으로 전부 소멸되어 낙찰자에게 인수되지 않는다.

## 4. 전세권(경매 신청하거나 배당요구한 경우)

부동산 소유자에게 보증금을 맡기고 일정 기간 동안 그 부동산을 빌려 쓰는 임대차계약을 '전세'라고 한다. 그리고 이 전세계약에 대해 건물등기부등본에 등록하면 '전세권'이 된다. 즉 전세권은 당사자들 사이에 계약을 하고 '등기'를 갖춰야만 성립이 된다.

등기한 전세권은 다음과 같은 특성을 갖는다. 전세권자는 임대인의 동의 없이도 해당 부동산을 타인에게 양도 또는 임대할 수 있으며, 전세 보증금을 반환받지 못할 경우 법원의 확정 판결이 없어도 바로 경

매(임의경매) 진행을 청구할 수 있다.

중요한 것은 전세권자가 배당요구(또는 경매 신청)를 했을 경우의 전세권은 말소기준권리가 된다는 점이다. 이때 전세권 이후에 설정된 권리들은 전부 말소된다.

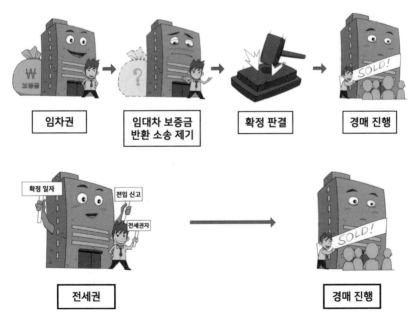

| 확정 판결 없이도 바로 경매를 신청할 수 있는 전세권 |

다음 사건은 선순위전세권자 박ㅇ혁이 임차보증금을 돌려받지 못하자 경매를 신청한 것으로, 2번의 전세권(전부)은 해당 경매 절차에서 돈을 받고자 하는 권리이므로 말소기준권리가 되고, 후순위 권리들은 모두 소멸된다.

| No | 접수 | 권리종류 | 권리자 | 채권금액 | 비고 | 소멸여부 |
|---|---|---|---|---|---|---|
| 1(갑3) | 2011.10.05 | 소유권이전(매매) | 이 숙 | | 거래가액:51,156,000 | |
| 2(을7) | 2012.06.20 | 전세권(전부) | 박 혁 | 65,000,000원 | 말소기준등기<br>존속기간:<br>2012.06.20~2014.0<br>6.19 | 소멸 |
| 3(갑8) | 2012.07.31 | 압류 | 정읍세무서 | | | 소멸 |
| 4(갑8) | 2013.11.12 | 공매공고 | 정읍세무서 | | 한국자산관리공사 201<br>3-10639- | 소멸 |
| 5(갑10) | 2014.06.10 | 압류 | 국민건강보험공단 | | | 소멸 |
| 6(갑11) | 2016.04.26 | 임의경매 | 박 혁 | 청구금액:<br>65,000,000원 | 2016타경 | 소멸 |
| 7(갑12) | 2016.06.28 | 압류 | 정읍시 | | | 소멸 |

| 전세권이 말소기준권리인 사례 |

## 5. 담보가등기

　　채권자가 빌려준 돈을 받기 위해 채무자의 부동산에 근저당권을 설
정하는 것과 마찬가지로 가등기<sup>*</sup>를 설정하기도 하는데 이를 '담보가등
기'라 한다. 담보가등기 역시 돈을 받기 위한 권리이므로 말소기준권리
가 될 수 있으며 매각으로 소멸된다.

---

\* **가등기(임시 등기)**
본등기(진짜 등기)를 할 요건이 갖춰지지 못한 경우에 본등기의 순위를 보전하기 위해 임시로 하
는 등기를 말한다.

| No | 접수 | 권리종류 | 권리자 | 채권금액 | 비고 | 소멸여부 |
|----|------|---------|--------|----------|------|---------|
| 1 | 2005.09.22 | 소유권이전 (매각) | 김 록 | | 강제경매로 인한 매각 | |
| 2 | 2007.04.12 | 소유권이전 청구권가등기 | 조 경 | | 말소기준등기 | 소멸 |
| 3 | 2007.05.04 | 근저당 | 조 경 | 400,000,000원 | | 소멸 |
| 4 | 2008.04.18 | 주택임차권 (전부) | 김 현 | 60,000,000원 | 전입 : 2006.05.26 확정 : 2006.05.26 차임금170,000원 | |
| 5 | 2009.02.26 | 강제경매 | 김 현 | 청구금액: 63,387,273원 | 2009타경 | 소멸 |

| 담보가등기가 말소기준권리인 사례 |

위 사례의 2번 가등기는 조ㅇ경(채권자)이 배당요구를 한 담보가등기
이다. 따라서 이 가등기는 말소기준권리가 되고 나머지 후순위 권리와
함께 매각으로 소멸된다.

KEY POINT

**말소기준권리가 될 수 있는 것**

1. 근저당권
2. 가압류(압류)
3. 경매기입등기
4. 전세권(경매 신청 또는 배당요구한 경우)
5. 담보가등기

이 5가지 중에서 가장 먼저 설정된 것이 말소기준권리이고,
이후에 설정된 모든 권리는 소멸된다.

유료 경매정보 사이트에서는 등기부현황을 순서대로 정리해 표로 제공하므로 말소기준권리를 바로 파악할 수 있어 편리하다. 이러한 이유로 앞에서는 유료 사이트의 등기부현황을 활용해 말소기준권리 사례들을 살펴보았는데, 유료 정보를 이용하지 않거나 좀 더 확실하게 분석하고 싶다면 직접 등기부등본(등기사항전부증명서)을 발급받아 확인하면 된다. 등기부등본은 경매가 아닌 일반적인 매매나 임대차계약에서도 반드시 확인해야 하는 중요한 문건이므로 기본적인 내용은 알아 둘 필요가 있다.

## 1. 등기부등본 열람/발급

| 대법원 인터넷 등기소 – 등기부등본 열람 또는 발급 |

등기부등본은 대법원 인터넷 등기소(www.iros.go.kr)에서 열람하거나 발급받을 수 있다.

## 2. 등기부등본의 내용

'등기부등본'이란 부동산에 관한 권리관계를 적어 두는 공식적인 장부를 말한다. 종류로는 '토지'와 '건물' 등기부 두 가지가 있으며 각기 표제부와 갑구, 을구로 구성되어 있다. 가장 흔히 접하는 집합건물 등기부등본의 내용을 살펴보자.(집합건물이란 한 동의 건물에서 구조상 구분된 몇 개의 부분이 독립된 공간으로 사용되며 각기 별도의 등기부를 갖는 건물을 말한다. 종류로는 아파트, 다세대 주택, 연립 주택, 오피스텔 등이 있다.)

### 등기사항전부증명서(말소사항 포함) - 집합건물

[집합건물] 서울특별시 은평구 대조동　　　　제401호.　　　　　　　고유번호 1147-1996-

| 【　표　　제　　부　】 | | | ( 1동의 건물의 표시 ) | | |
|---|---|---|---|---|
| 표시번호 | 접　수 | 소재지번, 건물명칭 및 번호 | 건 물 내 역 | 등기원인 및 기타사항 |
| 1<br>(전 1) | 1994년10월1일 | 서울특별시 은평구 대조동 | 철근콘크리트조 및 벽돌조 평슬래<br>브지붕 4층 다세대주택(7세대)<br>1층 68. 99㎡<br>2층 78. 47㎡<br>3층 71. 78㎡<br>4층 51. 64㎡<br>지층 68. 99㎡<br>(구조: 지층·1층: 철근콘크리트조,<br>2층·4층: 벽돌조) | 도면편철장 제4책제1326장부터<br>제4책제1332장까지 |
| | | | | 부동산등기법 제177조의 6 제1항의<br>규정에 의하여 2001년 07월 18일<br>전산이기 |

| ( 대지권의 목적인 토지의 표시 ) | | | | |
|---|---|---|---|---|
| 표시번호 | 소 재 지 번 | 지목 | 면 적 | 등기원인 및 기타사항 |
| 1<br>(전 1) | 1. 서울특별시 은평구 대조동 | 대 | 132㎡ | 1994년10월1일 |
| | | | | 부동산등기법 제177조의 6 제1항의<br>규정에 의하여 2001년 07월 18일<br>전산이기 |

│ **등기부등본의 '표제부'** │

먼저 표제부에는 부동산의 주소, 지목, 면적, 그리고 건물의 구조 등이 기재되어 있어 외형적인 부분을 파악할 수 있다.

| 【　갑　　　　구　】 | | | ( 소유권에 관한 사항 ) | |
|---|---|---|---|---|
| 순위번호 | 등 기 목 적 | 접　수 | 등 기 원 인 | 권 리 자 및 기 타 사 항 |
| 1<br>(전 1) | 소유권보존 | 1994년10월1일<br>제51595호 | | 소유자　400228-*******<br>서울 은평구 대조동 |
| 2 | 임의경매 | 2000년5월20일 | 2000년5월13일 | 관리자 (주)국민은행 |

│ **등기부등본의 '갑구'** │

**70  경매 권리분석 이렇게 쉬웠어?**

갑구에는 소유권에 관련된 변동 사항이 모두 나와 있어 소유권이 언제, 누구에게 이전되었는지 알 수 있다. 그리고 가압류(압류), 가처분, 가등기, 경매기입등기 등 권리관계에 영향을 미치는 내용들도 기재된다.

| 【　　을　　　　구　　　】 | | | ( 소유권 이외의 권리에 관한 사항 ) | |
|---|---|---|---|---|
| 순위번호 | 등 기 목 적 | 접　수 | 등 기 원 인 | 권 리 자 및 기 타 사 항 |
| 1<br>(전 1) | 근저당권설정 | 1998년12월8일<br>제51934호 | 1998년12월8일<br>설정계약 | 채권최고액  금20,400,000원정<br>채무자<br>　　서울 은평구 대조동<br>근저당권자  주식회사국민은행  110111-0015655<br>　　서울 중구 남대문로 2가 9-1<br>　　( 오정등지점 ) |
| 2<br>(전 2) | 주택임차권 | 2001년5월12일<br>제22625호 | 2001년4월6일<br>서울지방<br>법원 서부지원의<br>주택임대차등기 | 임차보증금  금55,000,000원<br>임대차계약일자  1996년6월9일<br>주민등록일자  1996년6월26일<br>점유개시일자  1996년6월25일 |

| 등기부등본의 '을구' |

을구에서는 소유권 이외의 권리(근저당권, 전세권, 임차권, 지상권 등)의 설정 및 변경 사항을 보여 준다. 말소되지 않은 권리들은 주의해서 살펴보자.

## 3. 등기부등본에서 말소기준권리 찾기

매각 물건의 권리분석을 하기 위해서는 갑구와 을구의 사항들을 확인해야 한다. 우선은 갑구와 을구에 기재된 권리들을 순서대로 나열하는 것이 권리분석의 첫 번째다. 다른 구(갑구와 을구)를 비교할 때는 접수한 날짜 순서대로 정리하면 되고, 같은 구에서는 순위 번호에 따른다. 만약 같은 구에서 동일한 날짜에 접수한 권리가 있다면 순위 번호가 빠른 것이 먼저 설정된 것이다. 이렇게 순서대로 나열한 권리 중에서 가장 앞선 근저당권, 가압류(압류), 담보가등기, 경매기입등기, 전세권(임의경매 신청)이 말소기준권리가 된다.

| 【　　갑　　　구　　　】 | | | （소유권에 관한 사항） | |
|---|---|---|---|---|
| 순위번호 | 등 기 목 적 | 접 수 | 등 기 원 인 | 권 리 자 및 기 타 사 항 |
| 1 | 소유권보존 | 2011년10월11일<br>제64619호 | | 공유자<br>지분 2분의 1<br>강　　 570209-*******<br>제주특별자치도 제주시 애월읍 ████<br>지분 2분의 1<br>박　　 600807-*******<br>경기도 용인시 수지구 상현동 ████ |
| 2 | 공유자전원지분전부이전 | 2012년2월24일<br>제10816호 | 2011년9월27일<br>매매 | 소유자 박　　 580201-*******<br>서울특별시 강북구 솔매로 ████ |
| 3 | 압류 | 2013년1월11일<br>제1970호 | 2012년11월27일<br>압류(세무과-39638) | 권리자 서울특별시강북구 |
| 4 | 3번압류등기말소 | 2013년2월13일<br>제7714호 | 2013년2월13일<br>해제 | |
| 5 | 압류 | 2014년11월12일<br>제77316호 | 2014년10월6일<br>압류(세무과-34928) | 권리자 서울특별시강북구 |

| 순위 번호와 접수 번호 |

step 1 말소기준권리 찾기

## step 2  인수되는 권리 찾기

## 매각으로 소멸되는 안전한 권리

앞에서 설명한 근저당권, 가압류(압류), 담보가등기, 경매기입등기, 전세권과 같은 말소기준권리와 그 이후에 설정된 권리들은 모두 매각으로 소멸된다. 매각 후 일부 또는 전액을 배당받지 못하는 경우에도 무조건 소멸되어 낙찰자에게 인수되지 않는다.

## 매각으로 소멸되지 않고 인수되는 권리

　지금까지 매각으로 소멸되어 안전한 권리들에 대해 살펴보았지만, 경매 물건의 모든 권리들이 무조건 소멸되는 것은 아니기 때문에 주의가 필요하다. 사실 경매가 어렵고 위험하다고 생각하는 대부분의 사람들이 이 부분을 문제로 삼는다. 그러나 쉬운 물건만 투자해도 수익을 낼 수 있는 것이 경매의 장점이므로 위험한 물건을 피할 수만 있어도 된다. 처음부터 어려운 물건에 도전하기보다는 위험한 것은 걸러내고, 쉽지만 수익이 날 만한 '가치가 있는 물건'을 선별하는 능력을 기르는 것이 중요하다.

　이번 단계에서는 매각으로 소멸되지 않고 인수되는 권리인 '배당요구하지 않은 선순위전세권'과 '건물철거 및 토지인도청구 가처분', 그리고 '유치권'과 '법정지상권'에 대해 살펴보자.

# 1. 배당요구하지 않은 선순위전세권

선순위전세권자가 배당요구를 하면 전세권이 말소기준권리가 되어 소멸한다. 그 이유는 배당요구의 목적이 돈을 돌려받기 위한 것이기 때문이다.(전세권자가 경매를 신청한 경우에도 배당요구한 것으로 간주하여 전세권이 말소기준권리가 된다. 경매 신청 역시 돈을 받는 것이 목적이기 때문이다.)

그렇다면 경매 신청을 하지 않아 말소기준권리보다 선순위인 전세권인데, 이 전세권자가 배당요구도 하지 않았다면 어떻게 될까? 이때 전세권은 낙찰자가 인수해야 한다. 즉 낙찰자가 전세권자에게 전세 보증금을 대신 반환해야 한다는 말이다. 따라서 인수해야 할 보증금을 감안하여 더 낮은 금액에 입찰해야 한다.

| No | 접수 | 권리종류 | 권리자 | 채권금액 | 비고 | 소멸여부 |
|---|---|---|---|---|---|---|
| 1(갑6) | 2014.03.24 | 소유권이전(매매) | 김 옥 | | 거래가액:220,000,000 | |
| 2(을11) | 2014.04.01 | 전세권(전부) | 이ㅇ녀 | 190,000,000원 | 존속기간:2014.02.28~2016.02.28 | 인수 |
| 3(을12) | 2014.07.03 | 근저당 | 송 영 | 15,000,000원 | 말소기준등기 | 소멸 |
| 4(을13) | 2014.07.31 | 근저당 | 신 재 | 300,000,000원 | | 소멸 |
| 5(을14) | 2014.10.30 | 근저당 | 강 회 | 36,000,000원 | | 소멸 |
| 6(을15) | 2015.02.27 | 근저당 | (주)제스 | 15,000,000원 | | 소멸 |
| 7(갑7) | 2015.03.26 | 가압류 | 홍 기 | 12,000,000원 | 2015카단314 | 소멸 |
| 8(갑8) | 2015.09.02 | 압류 | 춘천시 | | | 소멸 |
| 9(갑9) | 2016.08.12 | 임의경매 | 송 영 | 청구금액: 16,693,150원 | 2016타경 | 소멸 |
| 주의사항 | | ▶을구 순위번호 11번 전세권설정등기(2014.04.11. 등기)는 말소되지 않고 매수인에게 인수됨 | | | | |

| 배당요구하지 않은 선순위전세권 - 인수 사례 |

위의 사례에서 전세권자 이ㅇ녀는 경매 신청 및 배당요구를 하지 않
았으므로 전세 보증금 1억 9천만 원은 낙찰자가 인수해야 한다. 대법
원에서 제공하는 '매각물건명세서'를 살펴보면 이러한 내용이 잘 명시
되어 있다.

| 사건 | 2016타경 부동산임의경매 | | 매각물건번호 | 1 | 담임법관(사법보좌관) | |
|---|---|---|---|---|---|---|
| 작성일자 | 2017.04.10 | | 최선순위 설정일자 | 2014.07.03 근저당권 | | |
| 부동산 및 감정평가액 최저매각가격의 표시 | 부동산표시목록 참조 | | 배당요구종기 | 2016.11.15 | | |

부동산의 점유자와 점유의 권원, 점유할 수 있는 기간, 차임 또는 보증금에 관한 관계인의 진술 및 임차인이 있는 경우 배당요구 여부와 그 일자, 전입신고일자 또는 사업자등록신청일자와 확정일자의 유무와 그 일자

| 점유자의 성명 | 점유부분 | 정보출처 구분 | 점유의 권원 | 임대차 기간 (점유기간) | 보증금 | 차임 | 전입신고일자.사업자등록신청일자 | 확정일자 | 배당요구 여부 (배당요구일자) |
|---|---|---|---|---|---|---|---|---|---|
| 김 천 | | 현황조사 | 주거 점유자 | | | | | | |
| 이 녀 | | 등기사항전 부증명서 | 주거 전세권자 | | | | | | |

< 비고 >

※ 최선순위 설정일자보다 대항요건을 먼저 갖춘 주택.상가건물 임차인의 임차보증금은 매수인에게 인수되는 경우가 발생할 수 있고, 대항력과 우선 변제권이 있는 주택.상가건물 임차인이 배당요구를 하였으나 보증금 전액에 관하여 배당을 받지 아니한 경우에는 배당받지 못한 잔액이 매수인에게 인수되게 됨을 주의하시기 바랍니다.

※ 등기된 부동산에 관한 권리 또는 가처분으로서 매각으로 그 효력이 소멸되지 아니하는 것
* 을구 순위번호 11번 전세권설정등기(2014.04.11. 등기)는 말소되지 않고 매수인에게 인수됨.

※ 매각에 따라 설정된 것으로 보는 지상권의 개요
해당사항 없음

※ 비고란
* 을구 순위번호 11번 전세권설정등기(2014.04.11. 등기)는 말소되지 않고 매수인에게 인수됨.

| 선순위전세권이 인수됨을 나타내고 있는 매각물건명세서 |

## 2. 건물철거 및 토지인도청구 가처분

'가압류'가 빌려준 돈을 돌려받기 위해 채무자의 재산을 임시로 확보하는 것이라면, '가처분'은 돈이 목적이 아닌 어떤 특정한 행위를 하지 못 하게 하는 것이다.

예를 들어, 소유권 다툼이 있는 부동산에 대해 소송이 판결나기 전에 해당 부동산이 양도된다면 판결 후에는 또 다른 문제가 발생하게 된다. 이런 위험한 상황을 막기 위해 소송과는 별도로 재빨리 가처분 신청을 하고 등기부등본에 기재해서 해당 부동산에 다툼이 있음을 제3자에게 경고하는 것이다.(가처분 등기를 하면 해당 부동산의 매매, 증여, 전세권, 저당권, 임차권의 설정 기타 일체의 처분 행위가 금지된다.)

가처분은 돈을 받기 위한 권리가 아니다. 따라서 선순위 가처분은 말소기준권리가 될 수 없으며 낙찰자에게 인수되고, 후순위 가처분은

소멸되는 것이 원칙이다. 그러나 후순위 가처분이더라도 낙찰자에게
인수되는 경우가 있다. 다음의 사례를 살펴보자.

| No | 접수 | 권리종류 | 권리자 | 채권금액 | 비고 | 소멸여부 |
|---|---|---|---|---|---|---|
| 1(갑5) | 2006.12.12 | 소유권이전(매각) | 원 재 | 강제경매로 인한 매각 2005타경30838 | | |
| 2(을1) | 2008.04.14 | 전세권(건물의전부) | 원 재 | 100,000,000원 | 말소기준등기<br>존속기간:<br>2008.04.11~2010.0<br>4.10 | 소멸 |
| 3(을2) | 2008.09.08 | 근저당 | 김 정 | 50,000,000원 | | 소멸 |
| 4(갑7) | 2009.04.24 | 소유권이전(매매) | 이 숙 | | 거래가액:47,000,000 | |
| 5(갑8) | 2009.10.16 | 압류 | 서울특별시 은평구 | | | 소멸 |
| 6(갑9) | 2010.02.09 | 압류 | 서울특별시 성북구 | | | 소멸 |
| 7(갑10) | 2011.01.06 | 압류 | 여주군 | | | 소멸 |
| 8(갑11) | 2011.03.14 | 압류 | 이천세무서 | | | 소멸 |
| 9(갑12) | 2012.07.25 | 가처분 | 고 우 | 지료연체로 인한 건물철거 청구권, 서울서부지방법원 2012카단6550 사건접수 | | 인수 |
| 10(갑13 ) | 2014.08.28 | 임의경매 | 원 재 | 청구금액:<br>100,000,000원 | 2014타경 | 소멸 |
| 11(갑14 ) | 2014.09.16 | 압류 | 국민건강보험공단 | | | 소멸 |
| 주의사항 | ▶ 매각허가에 의하여 소멸되지 아니하는 것 - 갑구 순위 12번 2012.07.25. 접수 제42209호 가처분등기 | | | | | |

**등기부현황** ( 채권액합계 : 150,000,000원 )

| 후순위 건물철거 가처분 – 인수 사례 |

건물과 토지의 소유자가 다른 경우에 건물 소유주는 토지 사용에 대
한 임대료를 땅 주인에게 주어야 한다. 그런데 이 사건은 토지 위의 건
물을 소유한 자가 임대료를 연체하자 땅 주인이 "토지 위에 있는 건물
을 철거하라!"는 소송을 제기하면서 가처분도 함께 신청한 것이다.

만약 건물을 철거하라는 판결이 내려지면, 이 경우 가처분은 말소기
준권리보다 후순위일지라도 그에 대한 부담은 낙찰자가 인수해야 한
다. 즉 낙찰자는 잔금을 납부하고 소유권을 이전한 건물을 그대로 철
거당할 수도 있기에 이런 물건에는 입찰하지 않는 것이 좋다.

매각물건명세서를 보면 토지 소유자가 제기한 건물철거 소송에서
승소 판결을 받았다는 것을 알 수 있다. 이러한 '건물철거 및 토지인도
청구 가처분'은 후순위라 해도 인수되는 권리이므로 절대 입찰해서는
안 될 물건이다.

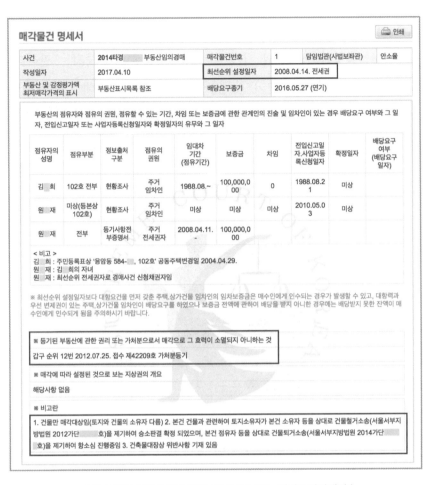

## 매각물건 명세서

🖨 인쇄

| 사건 | **2014타경▨▨▨** 부동산임의경매 | 매각물건번호 | 1 | 담임법관(사법보좌관) | 안소율 |
|---|---|---|---|---|---|
| 작성일자 | 2017.04.10 | 최선순위 설정일자 | 2008.04.14. 전세권 | | |
| 부동산 및 감정평가액<br>최저매각가격의 표시 | 부동산표시목록 참조 | 배당요구종기 | 2016.05.27 (연기) | | |

부동산의 점유자와 점유의 권원, 점유할 수 있는 기간, 차임 또는 보증금에 관한 관계인의 진술 및 임차인이 있는 경우 배당요구 여부와 그 일자, 전입신고일자 또는 사업자등록신청일자와 확정일자의 유무와 그 일자

| 점유자의<br>성명 | 점유부분 | 정보출처<br>구분 | 점유의<br>권원 | 임대차<br>기간<br>(점유기간) | 보증금 | 차임 | 전입신고일<br>자.사업자등<br>록신청일자 | 확정일자 | 배당요구<br>여부<br>(배당요구<br>일자) |
|---|---|---|---|---|---|---|---|---|---|
| 김▨희 | 102호 전부 | 현황조사 | 주거<br>임차인 | 1988.08.~ | 100,000,0<br>00 | 0 | 1988.08.2<br>1 | 미상 | |
| 원▨재 | 미상(등본상<br>102호) | 현황조사 | 주거<br>임차인 | 미상 | 미상 | 미상 | 2010.05.0<br>3 | 미상 | |
| 원▨재 | 전부 | 등기사항전<br>부증명서 | 주거<br>전세권자 | 2008.04.11.<br>- | 100,000,0<br>00 | | | | |

< 비고 >
김▨희 : 주민등록표상 '응암동 584-▨▨, 102호' 공동주택변경일 2004.04.29.
원▨재 : 김▨희의 자녀
원▨재 : 최선순위 전세권자로 경매사건 신청채권자임

※ 최선순위 설정일자보다 대항요건을 먼저 갖춘 주택,상가건물 임차인의 임차보증금은 매수인에게 인수되는 경우가 발생할 수 있고, 대항력과 우선 변제권이 있는 주택,상가건물 임차인이 배당요구를 하였으나 보증금 전액에 관하여 배당을 받지 아니한 경우에는 배당받지 못한 잔액이 매수인에게 인수되게 됨을 주의하시기 바랍니다.

---

※ 등기된 부동산에 관한 권리 또는 가처분으로서 매각으로 그 효력이 소멸되지 아니하는 것

갑구 순위 12번 2012.07.25. 접수 제42209호 가처분등기

---

※ 매각에 따라 설정된 것으로 보는 지상권의 개요

해당사항 없음

※ 비고란

1. 건물만 매각대상임(토지와 건물의 소유자 다름) 2. 본건 건물과 관련하여 토지소유자가 본건 소유자 등을 상대로 건물철거소송(서울서부지방법원 2012가단▨▨▨▨호)을 제기하여 승소판결 확정 되었으며, 본건 점유자 등을 상대로 건물퇴거소송(서울서부지방법원 2014가단▨▨▨▨호)을 제기하여 항소심 진행중임 3. 건축물대장상 위반사항 기재 있음

| 후순위 가처분이 인수됨을 나타내고 있는 매각물건명세서 |

## 3. 유치권

앞에서 설명한 전세권과 가처분은 등기부등본에 표시되는 권리다. 그런데 등기부등본에 기재되지는 않지만 낙찰자가 인수해야 하는 권리들도 있다. 경매 물건을 검색하다 보면 종종 발견하게 되는 유치권과 법정지상권이 바로 그러한 경우다.

예를 들어, A가 B에게 집을 지어 달라고 맡겼다. 공사가 끝난 후 A가 B에게 그 집을 인도받으려면 건축비를 지급해야 한다. 그런데 만약 A의 자금 사정으로 B에게 돈을 줄 수 없다면 어떻게 될까? 이때 B는 A로부터 돈을 받기 전까지 해당 부동산을 넘겨주지 않고 점유할 수 있는 권리가 있는데 이를 '유치권'이라고 한다.

| No | 접수 | 권리종류 | 권리자 | 채권금액 | 비고 | 소멸여부 |
|---|---|---|---|---|---|---|
| 1(갑1) | 2013.06.05 | 소유권보존 | (주)세한 | | | |
| 2(을1) | 2013.06.05 | 근저당 | 성남수정새마을금고 | 136,500,000원 | 말소기준등기 | 소멸 |
| 3(갑2) | 2013.07.31 | 가압류 | 황 연 | 70,700,000원 | 2013카단59419 | 소멸 |
| 4(갑3) | 2013.09.23 | 압류 | 동해시 | | | 소멸 |
| 5(갑4) | 2013.12.27 | 소유권이전 청구권가등기 | 강 덕 | | 매매예약 | 소멸 |
| 6(갑5) | 2013.12.27 | 압류 | 광주시 | | | 소멸 |
| 7(갑6) | 2014.01.24 | 임의경매 | 성남수정새마을금고 | 청구금액: 109,440,590원 | 2014타경 | 소멸 |
| 8(갑7) | 2014.02.13 | 가압류 | (주)경기환경건설 | 5,800,000원 | 2014카단150 | 소멸 |
| 주의사항 | | ☞2014.3.25.자 강 덕으로부터 금132,000,000원의 공사대금 유치권 신고가 있으나 성립여부는 불분명함. ☞2014.06.25 채권자 성남수정새마을금고 유치권 신고금액 재신고 요청서 제출 ☞2016.11.01 유치권자 강 덕 보정서 제출 ☞유치권자 강 덕은 공사대금채권 132,000,000원을 위하여 본건 건물을 점유하면서 유치권을 행사 중임. | | | | |

| 유치권 - 인수 사례 |

이 물건은 경기도 성남에 있는 빌라 한 개 호수가 경매로 나온 것
이다. 주의 사항을 보면 유치권이 신고된 것을 알 수 있다. 이 빌
라의 신축 공사를 했던 강ㅇ덕은 건물이 완공된 후에도 공사 대금
132,000,000원을 받지 못하자 이를 변제받기 위해 한 호수를 점유하
면서 유치권을 행사하고 있는 것이다. 유치권이 성립되는 물건은 낙찰
자가 그 권리를 인수해야 하므로 주의해야 한다.

## 4. 법정지상권

건물은 토지 위에 존재한다. 대부분 토지와 건물의 소유자가 동일하
지만, 그렇지 않은 경우도 있다. 예를 들어, A가 B의 토지를 빌려 집을
지었다면 건물주는 A이고 토지의 주인은 B이다. 이때 A가 B의 토지를
빌려 임대차계약을 하고 토지등기부등본에 '지상권'을 설정하면 이후
에 토지의 주인이 바뀌더라도 건물주인 A는 계속 그 토지를 사용할 수
있다. 이와 같이 다른 사람의 토지 위에 건물을 짓고 사용할 수 있는
권리가 바로 지상권이다.

그런데 토지와 건물의 소유자가 지상권 등기를 하지 않더라도 자동적으로 지상권의 효력이 발생하는 경우가 있다. 이를 '법정지상권'이라고 한다. 법정지상권은 앞의 예와는 달리 토지와 건물을 같은 사람이 소유하고 있다가 매매나 경매 등으로 인해 토지와 건물의 소유자가 달라진 때에 건물주를 보호하기 위한 것이다. 즉 법정지상권이 성립되면 건물주는 새로운 토지 주인의 의사에 관계없이 해당 토지 위의 건물을 계속 사용할 수 있다. 따라서 토지만 경매로 나온 물건에 법정지상권이 성립되는 건물이 있을 경우 토지를 낙찰받더라도 마음대로 사용할 수 없으므로 주의가 필요하다.

**· 건물등기부** ( 채권액합계 : 94,531,542원 )

| No | 접수 | 권리종류 | 권리자 | 채권금액 | 비고 | 소멸여부 |
|---|---|---|---|---|---|---|
| 1(갑1) | 2000.12.27 | 소유권보존 | 이 철 | | | |
| 2(갑6) | 2002.03.25 | 소유권이전 | 유 재 | | 강제경매로 인한 낙찰 2001타경 | |
| 3(을1) | 2002.04.20 | 전세권(전부) | 박 구 | 42,000,000원 | 존속기간:<br>2002.04.20~2004.04.20<br>양도전:김 순 | |
| 4(을2) | 2002.09.25 | 근저당 | 김 운 | 35,000,000원 | 계약양도전:유 열 | |
| 5(갑9) | 2004.04.30 | 가압류 | 이 섭 | 3,163,190원 | 2004카단16439 | |
| 6(갑10) | 2004.09.03 | 소유권이전(매매) | 이 학 | | | |
| 7(갑12) | 2005.01.17 | 압류 | 사하구청 | | | |
| 8(갑17) | 2008.01.07 | 가압류 | 이 섭 | 6,820,000원 | 2008카단90 | |
| 9(갑18) | 2010.09.17 | 가압류 | 한국외환은행 | 3,800,649원 | 2010카단1038 | |
| 10(갑19) | 2013.03.21 | 압류 | 구미세무서 | | | |
| 11(갑20) | 2013.05.24 | 가압류 | 신한카드(주) | 3,747,703원 | 2013카단426 | |
| 12(갑21) | 2015.07.14 | 압류 | 구미시 | | | |
| 13(갑22) | 2016.08.18 | 압류 | 서대전세무서 | | | |

※주의 : 건물은 매각제외

**· 토지등기부**

| No | 접수 | 권리종류 | 권리자 | 채권금액 | 비고 | 소멸여부 |
|---|---|---|---|---|---|---|
| 1(갑17) | 2008.01.08 | 소유권이전(매매) | 유 례 | | 거래가액:30,000,000 | |
| 2(갑18) | 2016.05.23 | 강제경매 | 유 자 | 청구금액:<br>20,000,000원 | 말소기준등기<br>2016타경 | 소멸 |

| 관련정보 | 〔관련사건〕 부산지방법원 2016년 제754호 공정증서 사건검색 |
|---|---|
| 주의사항 | ☞법정지상권 성립여지 있음. |

| 법정지상권 - 인수 사례 |

　지금까지 인수되는 권리들에 대해서 간단히 살펴보았다. 경매정보 사이트에서는 인수되는 권리가 있는 경우에 주의하라고 눈에 띄게 표시해 두므로 참고하면 된다. 필자가 지금까지 투자했던 주거용 물건 중에서 유치권을 비롯한 특수물건은 하나도 없었지만, 모두 만족할 만한 수익을 얻었다. 초보 투자자라면 인수되는 권리가 있는 특수한 물건에 관심을 갖기보다는 쉬운 물건부터 시작해 보자.

매각으로 소멸되는 권리

근저당권, 가압류(압류), 담보가등기, 경매기입등기, 전세권(임의경매를 신청하거나 배당요구한 선순위전세권)과 같은 말소기준권리와 그 이후에 설정된 권리들

매각으로 소멸되지 않고 인수되는 권리

1. 배당요구하지 않은 선순위전세권
2. 건물철거 및 토지인도청구 가처분
3. 유치권
4. 법정지상권

앞에서 배운 내용을 토대로 실제 경매 물건에서 말소기준권리와 인수되는
권리를 찾는 것을 연습해 보자. 표 아래 설명을 보기 전에 혼자 스스로 분석
해 본 후 설명을 보며 맞춰보기 바란다.

**사례 1** 경기도 일산의 아파트

* 등기부현황 ( 채권액합계 : 677,240,000원 )

| No | 접수 | 권리종류 | 권리자 | 채권금액 | 비고 | 소멸여부 |
|---|---|---|---|---|---|---|
| 1(갑4) | 2010.12.07 | 소유권이전(매매) | 김　현 | | | |
| 2(을1) | 2010.12.07 | 근저당 | 유한회사베리타스에프앤아이 | 543,600,000원 | 말소기준등기<br>확정채권대위변제전: 한<br>국외환은행 | 소멸 |
| 3(을2) | 2010.12.07 | 근저당 | 광명새마을금고 | 133,640,000원 | | 소멸 |
| 4(갑8) | 2016.07.25 | 임의경매 | 유한회사베리타스에프앤아이 | 청구금액:<br>543,600,000원 | 2016타경 ▓▓▓▓ | 소멸 |

▶**권리분석 step 1 ~ 2:** 말소기준권리는 순위 번호 2번 유한회사의 근저당
(2010년 12월 7일)이며 기타 인수되는 권리는 없다. 매각으로 모든 권리가 소
멸되므로 안전한 물건이다.

**사례 2** 서울 종로의 아파트

* 등기부현황 ( 채권액합계 : 698,000,000원 )

| No | 접수 | 권리종류 | 권리자 | 채권금액 | 비고 | 소멸여부 |
|---|---|---|---|---|---|---|
| 1(갑1) | 2002.06.25 | 소유권보존 | 허 자 | | | |
| 2(을1) | 2003.08.11 | 전세권(전부) | 배 회 | 160,000,000원 | 존속기간:<br>2003.08.16~2005.0<br>8.15 | 인수 |
| 3(을4) | 2005.05.12 | 근저당 | 슈퍼아이스코리아닷컴(주) | 78,000,000원 | 말소기준등기<br>계약양도전: 도 라 | 소멸 |
| 4(을5) | 2005.07.25 | 근저당 | 슈퍼아이스코리아닷컴(주) | 30,000,000원 | 계약양도전: 도 라 | 소멸 |
| 5(갑4) | 2006.04.04 | 압류 | 종로세무서 | | | 소멸 |
| 6(갑5) | 2006.08.10 | 가압류 | 국민은행 | 300,000,000원 | 2006카단5162, 케이<br>비제육차유동화전문유<br>한회사의자산관리인 | 소멸 |
| 7(갑6) | 2007.02.13 | 가압류 | 국민은행 | 130,000,000원 | 2007카단38651 | 소멸 |
| 8(갑7) | 2010.05.12 | 압류 | 서울특별시종로구 | | | 소멸 |
| 9(갑8) | 2012.01.19 | 압류 | 반포세무서 | | | 소멸 |
| 10(갑9) | 2016.05.02 | 강제경매 | 삼정에셋대부(주) | 청구금액:<br>342,237,912원 | 2016타경 | 소멸 |

| 관련정보 | 〔관련사건〕 양수금 - 서울중앙지방법원 2014가합 판결정본 내용보기 사건검색 |
|---|---|
| 주의사항 | ▶말소되지 않는 전세권설정등기 있음: 을구 순위 1번 전세권설정등기(2003.8.11등기)는 말소되지 않고 매수인에게 인수됨 |

▶**권리분석 step 1 ~ 2**: 말소기준권리는 순위 번호 3번 슈퍼아이스코리아닷컴(주)의 근저당(2005년 5월 12일)이다. 2번 배○희의 선순위전세권은 경매 신청을 하지 않아 말소기준권리가 아니다. 그리고 배당요구를 하지 않았으므로 선순위전세권(설정 금액 1억 6천만 원)은 낙찰자에게 인수된다.

* 등기부현황 ( 채권액합계 : 335,646,804원 )

| No | 접수 | 권리종류 | 권리자 | 채권금액 | 비고 | 소멸여부 |
|---|---|---|---|---|---|---|
| 1(갑4) | 2014.04.07 | 소유권이전(매매) | 한 수,이 경 | | 각 1/2, 거래가액 금23 7,500,000원 | |
| 2(을9) | 2014.04.07 | 근저당 | 이 원 | 227,500,000원 | 말소기준등기 확정채권양도전:서 경 신용협동조합 | 소멸 |
| 3(갑5) | 2015.05.14 | 가압류 | 기술신용보증기금 | 69,300,000원 | 2015카단50328 | 소멸 |
| 4(갑6) | 2015.05.27 | 한 수지분가압류 | 현대캐피탈(주) | 19,966,929원 | 2015카단50342 | 소멸 |
| 5(갑7) | 2015.05.28 | 이 경지분가압류 | 산와대부(주) | 10,287,315원 | 2015카단50381 | 소멸 |
| 6(갑8) | 2015.06.17 | 한 수지분가압류 | 산와대부(주) | 2,592,560원 | 2015카단50445 | 소멸 |
| 7(갑9) | 2015.06.18 | 가압류 | 충북신용보증재단 | 6,000,000원 | 2015카단1510 | 소멸 |
| 8(갑10) | 2015.08.28 | 강제경매 | 기술신용보증기금 (대전기술평가센터) | 청구금액: 47,105,126원 | 2015타경 , 기술 신용보증기금 가압류의 본 압류로의 이행 | 소멸 |
| 9(갑11) | 2016.03.03 | 한 수지분압류 | 청주세무서 | | | 소멸 |
| 10(갑12 ) | 2016.03.08 | 이 경지분압류 | 청주세무서 | | | 소멸 |
| 11(갑13 ) | 2016.07.05 | 이 경지분압류 | 청주시흥덕구 | | | 소멸 |
| 12(갑14 ) | 2016.07.13 | 임의경매 | 이 원 | 청구금액: 229,183,770원 | 2016타경 | 소멸 |
| 주의사항 | | ☞**유치권신고 있음**-유치권자 김 근으로부터 공사대금 35,500,000원을 위하여 이 사건 부동산에 대하여 유치권신고 있으나 그 성립여부 불분명 ☞유치권배제 신청-2017.02.03 채권자 이 원 유치권배제신청 제출 | | | | |

▶**권리분석 step 1 ~ 2:** 말소기준권리는 순위 번호 2번 이ㅇ원의 근저당 (2014년 4월 7일)이다. 하단의 주의 사항을 보면 김ㅇ근이 공사 대금 3,550만 원에 기해 유치권을 신고한 것을 알 수 있다. 유치권 이외에 인수되는 권리 는 없고 모두 매각으로 소멸한다.

# 권리분석 4 step

step 1 말소기준권리 찾기

step 2 인수되는 권리 찾기

## step 3 임차인 권리분석

지금까지 권리분석의 기초가 되는 'step 1 말소기준권리 찾기'와 'step 2 낙찰자에게 인수되는 권리 찾기'에 대해 알아보았다. 그다음 단계 역시 경매 투자자가 필수적으로 알아야 하는 'step 3 임차인 권리 분석'이다. 임차인의 권리를 분석하는 것은 부동산을 점유하고 있는 임차인이 대항력을 갖췄는지 여부와 배당 절차에서 보증금 전액을 배당받는지, 그리고 낙찰자가 인수해야 하는 금액이 있는지를 확인하는 단계다.

## 임차권 분석의 핵심, 대항력

부동산 경매의 임차인 분석에서 가장 핵심적인 용어는 '대항력'이다. 대항력은 임차한 주택이 경매로 인해 소유자가 변경되더라도 계약한 임대차 기간 동안 계속 거주할 수 있고, 그 기간이 종료되면 임차보증금을 모두 돌려받을 수 있는 임차인의 권리를 말한다.

대항력이 있는 임차인이 경매 절차에서 보증금을 돌려받을 수 있는 방법은 다음과 같다. 한 가지는 법원에 배당요구를 신청하여 부동산이 낙찰된 후에 보증금을 배당받는 것이고, 또 다른 방법은 배당요구를 하지 않고 낙찰자에게 반환을 요구하는 것이다.

전자의 경우 임차인이 보증금 전액을 배당받는다면 문제될 것이 없지만, 배당받지 못한 금액이 있다면 나머지 보증금은 낙찰자가 반환해야 한다. 그리고 후자의 경우에는 보증금 전액을 낙찰자가 인수해야 한다. 따라서 낙찰자가 인수해야 할 보증금이 있는 물건은 그 금액을 감안해 입찰 여부 및 가격을 결정할 필요가 있다.

## 1. 대항력의 성립 요건

임차인을 보호하기 위해 마련된 법적 장치인 대항력은 일정한 요건을 갖춰야만 성립된다. 임차인이 대항력을 확보하기 위해서는 임대차 계약 후 '주택을 인도'받아 실제로 점유하고, 반드시 '전입신고'를 해야 한다. 그러면 전입한 그다음 날부터 대항력이 발생한다. 예를 들어, 임차인이 전입신고를 1월 1일에 했다면 1일 후인 1월 2일 오전 0시부터 대항력을 갖게 된다.(주택임대차보호법 제3조)

> 대항력 발생일 ▶ 전입신고 다음 날 0시

## 2. 대항력의 인수와 소멸

경매 입찰자는 임차인의 '대항력이 발생한 시점'을 주의해서 확인해야 한다. 경매 부동산의 여러 가지 권리들은 설정된 날짜와 시간의 순서에 따라 소멸될 수도 있고 낙찰자가 인수해야 할 수도 있는데, 임차인의 대항력도 마찬가지다.

　다른 권리와 마찬가지로 말소기준권리보다 후순위인 임차인은 대항력이 없으므로 낙찰자에게 인수되지 않는다. 임차인이 보증금을 배당받지 못하더라도 낙찰자는 보증금을 반환할 필요가 없으며 간단한 법적 절차를 통해 임차인을 부동산에서 내보낼 수 있다. 그러나 대항력 발생 시점이 말소기준권리보다 빠르면 낙찰자가 임대인의 지위를 이어받게 되므로 임대차계약 기간이 만료되기 전까지 마음대로 임차인을 내보낼 수 없다. 그리고 만약 임차인이 보증금 전액을 배당받지 못한 경우 임대차계약 만기가 되면 낙찰자가 보증금을 반환해줘야 한다.

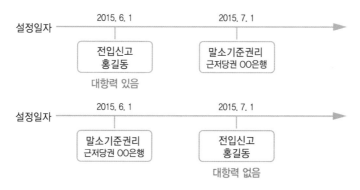

| 대항력의 인수와 소멸 |

## [대항력 인수 사례] 전입일이 말소기준권리보다 빠른 경우

<table>
<tr><td colspan="8">● 임차인현황 ( 말소기준권리 : 2014.08.22 / 배당요구종기일 : 2016.06.22 )</td></tr>
<tr><td>임차인 ❷</td><td>점유부분</td><td>전입/확정/배당</td><td>보증금/차임 ❹</td><td>대항력</td><td>배당예상금액</td><td>기타</td></tr>
<tr><td>장 진</td><td>주거용</td><td>❸ 전 입 일 : 2014.05.16<br>확 정 일 : 미상<br>배당요구일 : 없음</td><td>보120,000,000원</td><td>있음</td><td></td><td></td></tr>
<tr><td colspan="7">임차인분석　☞임차인 장 진의 배우자 김 숙 면담.<br>▶매수인에게 대항할 수 있는 임차인 있으며, 보증금이 전액 변제되지 아니하면 잔액을 매수인이 인수함</td></tr>
</table>

<table>
<tr><td colspan="6">● 등기부현황 ( 채권액합계 : 171,139,867원 )</td></tr>
<tr><td>No</td><td>접수</td><td>권리종류</td><td>권리자</td><td>채권금액</td><td>비고</td><td>소멸여부</td></tr>
<tr><td>❶(갑2)</td><td>2013.06.27</td><td>공유자전원지분전부이전</td><td>임 주</td><td></td><td>매매, 거래가액:150,0<br>00,000</td><td></td></tr>
<tr><td>2(을5)</td><td>2014.08.22</td><td>근저당</td><td>(주)비전에이치</td><td>13,000,000원</td><td>말소기준등기<br>계약양도전:김 만</td><td>소멸</td></tr>
<tr><td>3(갑3)</td><td>2015.01.21</td><td>가압류</td><td>박 주</td><td>150,000,000원</td><td>2015카단10021</td><td>소멸</td></tr>
<tr><td>4(갑5)</td><td>2015.10.19</td><td>압류</td><td>사천시</td><td></td><td></td><td>소멸</td></tr>
<tr><td>5(갑7)</td><td>2016.04.05</td><td>가압류</td><td>예스자산대부(주)</td><td>8,139,867원</td><td>2016카단36086</td><td>소멸</td></tr>
<tr><td>6(갑8)</td><td>2016.04.07</td><td>강제경매</td><td>박 주</td><td>청구금액:<br>150,000,000원</td><td>2016타경</td><td>소멸</td></tr>
</table>

| 대항력이 있어 낙찰자가 임차권을 인수해야 하는 사례 |

전입신고일 2014. 5. 16. 〉 말소기준권리(근저당권) 2014. 8. 22.

※ 분석 순서: ①과 ② 말소기준권리 확인 → ③ 말소기준권리와 전입신고 날짜 비교 → ④ 대항력 인수/소멸 판단

▶**사례 분석:** 말소기준권리는 2번의 근저당(2014년 8월 22일)이다.(①과 ②) 그런데 임차인 장○진의 전입신고일(2014년 5월 16일)이 말소기준권리인 근저당 설정일보다 먼저이므로 대항력이 있다.(전입신고 다음 날인 2014년 5월 17일 0시부터 대항력 발생)(③) 유료 경매정보 사이트에서는 대항력 항목에 "있음"이라고 친절하게 표시하고 있다.(④)

즉, 낙찰자는 장○진이 배당요구하지 않은 임차보증금 1억 2천만 원을 인수해야 한다. 따라서 임차보증금만큼 더 유찰되길 기다렸다가 입찰해야 할 것이다.

## [대항력 소멸 사례] 전입일이 말소기준권리보다 늦은 경우

• **임차인현황** ( 말소기준권리 : 2009.06.26 ) 배당요구종기일 : 2016.09.19 )

| 임차인 ❷ | 점유부분 | 전입/확정/배당 ❸ | 보증금/차임 ❹ | 대항력 | 배당예상금액 | 기타 |
|---|---|---|---|---|---|---|
| 유 정 | 주거용 미상 | 전 입 일 : 2015.09.30<br>확 정 일 : 미상<br>배당요구일 : 없음 | 미상 | | 배당금 없음 | |
| 기타사항 | | | | | | |

기타사항: ※폐문부재로 안내문을 남겨두고 왔으나 아무연락이 없어 점유관계 미상이나 전입세대열람내역서상 소유자세대 내에 동거인 유 정의 주민등록등본이 발급되므로 임대차관계조사서에 유 정을 일응 임차인으로 등재함<br>※유 정 : 전입세대열람내역서상 소유자세대 내에 동거인 유 정의 주민등록등본이 발급되므로 임대차관계조사서에 유 정을 임차인으로 등재함(현황조사서 참조)

• **등기부현황** ( 채권액합계 : 897,000,000원 )

| No | 접수 | 권리종류 | 권리자 | 채권금액 | 비고 | 소멸여부 |
|---|---|---|---|---|---|---|
| ❶1(갑3) | 2004.06.25 | 소유권이전 (매매) | 정 회 | | | |
| 2(을9) | 2009.06.26 | 근저당 | 하나은행<br>(본점) | 663,000,000원 | 말소기준등기 | 소멸 |
| 3(을10) | 2009.06.26 | 근저당 | 하나은행 | 234,000,000원 | | 소멸 |
| 4(갑10) | 2016.06.14 | 임의경매 | 하나은행<br>(여신관리부) | 청구금액:<br>663,000,000원 | 2016타경      , 변경전<br>:주식회사한국외환은행 | 소멸 |

**| 매각으로 임차권이 소멸되어 대항력을 주장할 수 없는 사례 |**

말소기준권리(근저당권) 2009. 6. 26. 〉 전입신고일 2015. 9. 30.

※ 분석 순서: ①과 ② 말소기준권리 확인 → ③ 말소기준권리와 전입신고 날짜 비교 → ④ 대항력 인수/소멸 판단

▶**사례 분석:** 말소기준권리는 2번 하나은행의 근저당(2009년 6월 26일)이다.(①과 ②) 그리고 임차인 유○정은 말소기준권리보다 늦게 전입신고(2015년 9월 30일)를 했다.(2015년 10월 1일 0시부터 대항력 발생)(③) 따라서 유○정은 낙찰자에게 대항력을 주장할 수 없다.(④) 임차인 현황에 보증금/차임 항목이 미상으로 되어 있는데, 만약 임차인의 보증금이 있다고 하더라도 낙찰자는 인수할 금액이 전혀 없는 물건이다.

대항력은 한 번 발생했다고 해서 계속 그 효력이 유지되는 것은 아니다. 주택의 인도 (점유)와 전입신고, 이 두 가지 성립 요건이 계속 유지되어야만 대항력이 존속할 수 있다. 경매가 진행되고 있는 부동산의 임차인은 배당요구 종기일까지 대항력의 요건을 유지하고 있어야 한다. 만약 계약 기간 중에 이사를 가거나 다른 곳에 전입신고를 하면 권리가 사라진다. 그리고 다시 돌아와 전입신고를 하면 그다음 날 0시를 기준으로 새로운 대항력이 발생한다.

## KEY POINT

### 대항력의 요건

1. 주택의 인도(점유)
2. 전입신고(그다음 날 0시부터 대항력 발생)

두 가지 요건이 계속 유지되어야 대항력이 존속한다.
말소기준권리보다 전입신고가 빠르면 임차인의 권리가 낙찰자에게 인수되고, 전입신고가 더 늦으면 소멸되어 낙찰자에게 대항할 수 없다.

## 임차인 배당, 우선변제권을 확보해야 한다

대항력은 임차인이 보증금을 돌려받을 때까지 부동산을 사용·수익할 수 있는 권리다. 그런데 대항력을 확보했다고 해서 경매 절차에서 무조건 배당받을 수 있는 것은 아니다.

경매 부동산이 낙찰되면 돈을 받기 위한 권리들은 설정 일자 순서에 따라 배당이 되는데, 임차인의 배당은 '우선변제권'을 취득한 날을 기준으로 그 순서가 정해진다. 우선변제권이란 임차인이 우선하여 배당받을 수 있는 권리를 말한다. 그렇다면 우선변제권은 어떻게 취득할 수 있을까?

## 1. 우선변제권 확보 요건 - 대항력과 확정일자

임차인이 우선변제권을 가지려면 '대항력'을 갖춰야 할 뿐 아니라 반드시 '확정일자'를 받아야 한다. 임대차계약서 원본을 가지고 주민 센터에 방문하면 확정일자 도장을 받을 수 있다. 확정일자를 받으면 그 당시 임대차계약서가 실제로 존재했다는 것을 증빙하며, 제3자에게도 임대차계약이 이루어졌다는 것을 알리게 된다.

이렇게 확정일자를 받아 우선변제권을 확보한 임차인이 경매 절차에서 배당을 받기 위해서는 배당요구 종기일 이내에 배당요구를 하고, 종기일까지 대항력을 유지하면 된다.

## 2. 임차인의 배당 순위

앞의 모든 요건을 갖춘 임차인은 배당을 받을 수 있는데, 그 순서는 전입신고일과 확정일자를 받은 날 중에서 더 늦은 날짜를 기준으로 정해진다. 다시 말해서, 전입신고를 먼저 하고 나중에 확정일자를 받으면 확정일자를 받은 당일부터, 확정일자를 받고 이후에 전입신고를 하면 전입일자 그다음 날부터 우선변제권을 취득한다. 일반적으로 이사한 날 전입신고를 하면서 확정일자까지 함께 받는 경우가 많은데 이때는 그다음 날부터 우선변제권을 얻게 된다.

대항력을 갖춘 임차인이 있다면 배당에 따라 낙찰자가 인수해야 할 금액이 달라지므로 입찰 전에 반드시 확인해야 한다. 우선변제권을 얻은 시점에 따라 임차인의 배당 순위가 어떻게 달라지는지 몇 가지 예를 통해 자세히 살펴보자.

참고로 다음의 모든 사례들은 임차인이 배당요구한 것으로 가정하고, 〈①과 ② 말소기준권리 확인 → ③ 말소기준권리 설정일과 전입일 및 확정일자 비교 → ④ 대항력 및 우선변제권 여부 판단〉 순서로 분석하면 된다.

## 임차인의 배당 사례 1 전입신고와 확정일자 모두 선순위

설정일자

2015. 6. 1
전입신고
홍길동

확정일자

대항력 있음
우선변제권 선순위

2015. 7. 1
말소기준권리
근저당권 OO은행

우선변제권이 말소기준권리보다 선순위이므로 가장 먼저 배당받는다. 매각 대금이 보증금보다 많으면 전액을 배당받고, 만약 매각 대금이 적어 일부만 배당받는다면 (대항력이 있으므로) 낙찰자가 나머지를 인수해야 한다. 아래 사례에서 낙찰가는 3억 원이라 가정하자.

**임차인현황** ( 말소기준권리 : 2014.09.17 ) 배당요구종기일 : 2016.10.31 )

| 임차인 | 점유부분 | 전입/확정/배당 | 보증금/차임 | 대항력 | 배당예상금액 | 기타 |
|---|---|---|---|---|---|---|
| 최ㅇ수 | 주거용 전부 | 전 입 : 2013.11.13<br>확 정 : 2013.11.13<br>배당요구일: 2016.08.31 | 보200,000,000원 | 있음 | 배당순위있음 | 임차권등기자, 경매신청인 |

임차인분석
☞폐문으로 해당 관청에 전입세대 확인한 바, 전입세대 없음
☞점유 및 임대차 관계 미상으로 안내문 부착
☞최ㅇ수 : 중복사건(2016타경        )의 신청채권자임
▶매수인에게 대항할 수 있는 임차인 있으며, 보증금이 전액 변제되지 아니하면 잔액을 매수인이 인수함

**등기부현황** ( 채권액합계 : 425,288,015원 )

| No | 접수 | 권리종류 | 권리자 | 채권금액 | 비고 | 소멸여부 |
|---|---|---|---|---|---|---|
| 1(갑2) | 2013.11.15 | 소유권이전(매매) | 이ㅇ원 | | 거래가액:279,180,000 | |
| 2(을1) | 2014.09.17 | 근저당 | 현대저축은행 | 65,000,000원 | 말소기준등기 | 소멸 |
| 3(을4) | 2015.05.20 | 근저당 | 박ㅇ수 | 130,000,000원 | | 소멸 |
| 4(갑4) | 2015.12.10 | 가압류 | 비엔케이캐피탈(주) | 30,288,015원 | 2015카단9276 | 소멸 |
| 5(을5) | 2015.12.23 | 주택임차권(전부) | 최ㅇ수 | 200,000,000원 | 전입:2013.11.13<br>확정:2013.11.13 | |
| 6(갑5) | 2016.08.12 | 임의경매 | 현대저축은행 | 청구금액:<br>39,597,440원 | 2016타경 | 소멸 |
| 7(갑6) | 2016.08.31 | 강제경매 | 최ㅇ수 | 청구금액:<br>200,000,000원 | 2016타경 | 소멸 |

| 전입신고일 및 확정일자 2013. 11. 13. 〉 근저당권 2014. 9. 17. |

▶**사례 분석:** 말소기준권리는 2번 저축은행의 근저당(2014년 9월 17일)이고, 임차인 최ㅇ수의 전입 및 확정일자(2013년 11월 13일)는 모두 말소기준권리보다 먼저이므로 대항력과 우선변제권이 있다. 임차인은 배당요구를 했기 때문에 경매 낙찰 대금에서 우선적으로 임차보증금을 배당받는다. 따라서 낙찰자에게 인수되는 금액은 없다.

**임차인의 배당 사례 2** 전입신고와 확정일자 모두 후순위

설정일자

2015. 6. 1 말소기준권리 근저당권 OO은행

2015. 7. 1 전입신고 홍길동

확정일자

대항력 없음 우선변제권 후순위

우선변제권이 후순위이므로 근저당권자인 ○○은행이 배당받고 남은 금액 한도 내에서 배당받을 수 있다. 홍길동이 보증금을 배당받지 못하더라도 대항력이 없으므로 낙찰자에게 돈을 받을 수 없다.

**■ 임차인현황** (말소기준권리 : 2011.11.01 / 배당요구종기일 : 2013.12.27 )

| 임차인❷ | 점유부분 | 전입/확정/배당 | 보증금/차임 | 대항력 | 배당예상금액 | 기타 |
|---|---|---|---|---|---|---|
| 백 현 | 주거용 전부 ❸ | 전 입 일 : 2012.06.08<br>확 정 일 : 2012.05.21<br>배당요구일 : 2013.12.05 | 보200,000,000원 | 없음 ❹ | 배당순위있음 | 현황서상 전 : 2012.05.21 |
| 기타사항 | ☞현장방문한 바, 임차인 백 현이거주하고 있음. | | | | | |

**■ 등기부현황** ( 채권액합계 : 540,382,415원 )

| No | 접수 | 권리종류 | 권리자 | 채권금액 | 비고 | 소멸여부 |
|---|---|---|---|---|---|---|
| ❶ 1(갑6) | 2011.11.01 | 소유권이전(매매) | 채 진 | | 거래가액:711,083,273 | |
| 2(을1) | 2011.11.01 | 근저당 | 농협은행<br>(행신중앙지점) | 533,688,000원 | 말소기준등기<br>분활전:농협중앙회 | 소멸 |
| 3(갑12) | 2013.03.12 | 가압류 | 삼성카드(주) | 6,694,415원 | 2013카단1129 | 소멸 |
| 4(갑13) | 2013.10.02 | 임의경매 | 농협은행<br>(행신중앙지점) | 청구금액:<br>451,274,349원 | 2013타경 | 소멸 |

| 근저당권 2011. 11. 1. 〉 확정일자 2012. 5. 21. 〉 전입신고일 2012. 6. 8. |

▶**사례 분석:** 말소기준권리는 2번 농협은행의 근저당(2011년 11월 1일)이다. 그런데 임차인 백○현의 전입신고일(2012년 6월 8일)과 확정일자(2012년 5월 21일)가 말소기준권리보다 늦기 때문에 대항력이 없으며 우선변제권은 후순위다. 그러므로 농협은행이 가장 먼저 배당받은 후 남은 금액이 있으면 임차인이 배당받을 수 있다. 만약 임차인이 배당받지 못한 보증금이 있더라도 낙찰자에게 인수되지 않는다.

## 임차인의 배당 사례 3  전입신고는 선순위, 확정일자는 후순위

우선변제권이 후순위(우선변제권은 전입신고일과 확정일자 중 더 늦은 날짜를 기준으로 한다.)이므로 근저당권자인 ○○은행이 배당받고 남은 금액 한도 내에서 배당받을 수 있다. 그러나 대항력이 있으므로 홍길동이 배당받지 못한 보증금을 낙찰자가 인수해야 한다.

| • 임차인현황 ( 말소기준권리 : 2011.12.22 / 배당요구종기일 : 2015.12.07 ) | | | | | | |
|---|---|---|---|---|---|---|
| 임차인 | ❷ 점유부분 | ❸ 전입/확정/배당 | 보증금/차임 ❹ | 대항력 | 배당예상금액 | 기타 |
| 손 선 | 주거용 | 전 입 일 : 2011.11.04<br>확 정 일 : 2015.03.12<br>배당요구일 : 2015.10.16 | 보90,000,000원 | 있음 | 배당순위있음 | |
| 임차인분석 | ☞현장 방문시 폐문부재하여 점유자를 알수 없음. 임차인권리신고 안내서를 802호 문틈에 남김.<br>☞전입세대 열람한 바, 손 선과 손 선의 자 남 화, 남 규가 2011. 11. 4.자 전입함(관리사무소에 확인한 바에 의하면 입주자 카드에 손 선으로 기재되었다고 진술함).<br><br>▶매수인에게 대항할 수 있는 임차인 있으며, 보증금이 전액 변제되지 아니하면 잔액을 매수인이 인수함 | | | | | |

| • 등기부현황 ( 채권액합계 : 122,400,000원 ) | | | | | | |
|---|---|---|---|---|---|---|
| No | 접수 | 권리종류 | 권리자 | 채권금액 | 비고 | 소멸여부 |
| ❶(갑1) | 1994.01.22 | 소유권이전(매매) | 전 영 | | | |
| 2(을9) | 2011.12.22 | 근저당 | 현대캐피탈(주) | 122,400,000원 | 말소기준등기 | 소멸 |
| 3(갑2) | 2015.09.07 | 임의경매 | 현대캐피탈(주) | 청구금액<br>108,498,371원 | 2015타경 | 소멸 |

| 전입신고일 2011. 11. 4. 〉근저당권 2011. 12. 22. 〉확정일자 2015. 3. 12. |

▶**사례 분석:** 말소기준권리는 2번 현대캐피탈의 근저당(2011년 12월 22일)이다. 전입신고일(2011년 11월 4일)은 말소기준권리보다 빠르고 확정일자(2015년 3월 12일)는 늦으므로 대항력은 있으나 우선변제권은 후순위다. 따라서 임차인은 현대캐피탈이 먼저 배당받은 후 남은 금액이 있으면 배당받을 수 있다. 그리고 임차인이 배당받지 못한 보증금이 있다면 낙찰자에게 인수된다.

**확정일자는 선순위, 전입신고는 후순위**

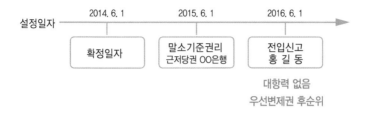

우선변제권은 전입신고일과 확정일자 중 더 늦은 날짜를 기준으로 얻게 되므로 말소기준권리보다 전입신고가 늦어 후순위로 배당받는다. 따라서 근저당권자인 ○○은행이 배당받고 남은 금액이 있다면 배당받을 수 있다. 전액 또는 일부를 배당받지 못하더라도 홍길동은 대항력을 주장할 수 없으므로 낙찰자가 인수해야 할 보증금은 없다.

**• 임차인현황** ( 말소기준권리 : 2011.10.28 / 배당요구종기일 : 2013.02.04 )

| 임차인 ② | 점유부분 | 전입/확정/배당 | 보증금/차임 ④ | 대항력 | 배당예상금액 | 기타 |
|---|---|---|---|---|---|---|
| 황 오 | 주거용 전부 ③ | 전 입 일 : 2012.01.06<br>확 정 일 : 2011.09.05<br>배당요구일 : 2013.01.31 | 보210,000,000원 | 없음 | 배당순위있음 | |

**• 등기부현황** ( 채권액합계 : 589,560,000원 )

| No | 접수 | 권리종류 | 권리자 | 채권금액 | 비고 | 소멸여부 |
|---|---|---|---|---|---|---|
| ❶ 1 | 2011.10.28 | 소유권이전(매매) | 전 열 | | 거래가액 금724,835,091원 | |
| 2 | 2011.10.28 | 근저당 | 농협은행 | 544,560,000원 | 말소기준등기<br>분활전 농협중앙회 | 소멸 |
| 3 | 2011.12.21 | 근저당 | 정 용 | 45,000,000원 | | 소멸 |
| 4 | 2012.10.25 | 임의경매 | 농협은행 | 청구금액:<br>474,270,850원 | 2012타경 | 소멸 |
| 5 | 2013.04.19 | 압류 | 고양시일산동구 | | | 소멸 |

| 확정일자 2011. 9. 5. 〉 근저당권 2011. 10. 28. 〉 전입신고일 2012. 1. 6. |

▶**사례 분석:** 말소기준권리는 2번 농협은행의 근저당(2011년 10월 28일)이다. 확정일자(2011년 9월 5일)는 말소기준권리보다 빠르지만, 전입신고일(2012년 1월 6일)이 말소기준권리보다 늦어 대항력도 없고 우선변제권도 후순위다. 이러한 이유로 임차인은 농협은행이 먼저 배당받은 후 남은 금액이 있으면 배당받을 수 있지만, 만약 배당받지 못한 보증금이 있더라도 낙찰자에게 인수되지 않는다.

## 우선변제권 취득 요건

1. '대항력' 갖추기(주택의 인도와 전입신고)
2. 임대차계약서에 '확정일자' 받기

전입신고일과 확정일자가 다른 경우에는 더 늦게 갖춘 조건을 기준으로 우선변제권이 생긴다. 즉, 전입신고가 빠르면 확정일자를 받은 날부터, 확정일자가 빠르면 전입신고한 그다음 날부터 우선변제권을 취득한다.

## 소액임차인을 위한 최우선변제권

임차인을 보호하기 위한 법적 장치 중 한 가지 더 알아야 하는 것은 바로 '최우선변제권'이다. 최우선변제권은 보증금이 소액인 임차인이 경매 사건의 배당 절차에서 다른 채권자보다 최우선하여 보증금 중 일정 금액을 돌려받을 수 있도록 한 권리이다. 앞에서 임차인의 배당 순위는 전입신고와 확정일자 중 더 늦은 날짜를 기준으로 생기는 우선변제권에 따라 정해진다고 했는데, 이 최우선변제권은 전입 및 확정일자와 상관없이 법에서 정한 소액보증금에 해당하는 임차인에게 최우선적으로 배당받을 수 있게 해 준다. 말소기준권리보다 후순위인 임차인이더라도 말이다.

이렇게까지 소액임차인을 보호해 주는 이유는 무엇일까? 일반적으로 소형 아파트나 원룸, 다세대 주택 등에 소액의 임차보증금으로 거주하는 사람 중 대다수는 보증금이 곧 전 재산인 경우가 많다. 적은 보증금으로 살 수 있는 집을 찾다보니 근저당권이 이미 설정되어 있는 곳을 피하기가 쉽지 않은 것이 현실이므로 설령 말소기준권리 이후에

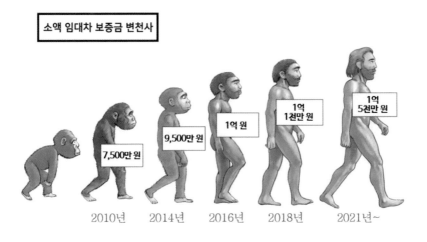

소액 임대차 보증금 변천사

7,500만 원 — 2010년
9,500만 원 — 2014년
1억 원 — 2016년
1억 1천만 원 — 2018년
1억 5천만 원 — 2021년~

전입을 했더라도 사회적 약자인 소액임차인의 재산을 보호해 주는 것이다.

## 1. 최우선변제권 확보 요건 – 대항력과 소액보증금

소액임차인이라고 해서 무조건 보호해 주는 것은 아니다. 임차인이 경매 절차에서 최우선변제권을 얻기 위해서는 다음 요건을 충족해야만 한다.

① 경매기입등기 이전에 '대항력'(부동산의 인도와 전입신고)을 갖춘다.(확정일자는 갖추지 않아도 된다.)
② 보증금의 액수가 주택 임대차 보호법에서 정한 '소액보증금의 범위'에 해당해야 한다.
③ 배당요구 종기일 이내에 '배당요구'를 하고, 종기일까지 대항력 요건을 유지해야 한다.

경매기입등기 이전에 대항력을 갖춰야 하는 이유는 악의적으로 최우선변제금을 노리는 불법 행위를 방지하기 위해서이다. 만약 경매 개시 결정 이후에 인도 및 전입신고를 한 사람도 보호해 준다면 거짓으로 점유와 전입을 바꿔가며 법원에 최우선변제를 신청할 수도 있기 때문이다. 그렇게 되면 근저당권자는 배당 순위가 밀려 억울하게 손해를 보게 된다.

## 2. 소액보증금의 범위와 최우선변제금액

대항력을 갖춘 소액임차인이 최우선변제를 받기 위한 보증금의 범위와 변제금액의 한도는 주택 임대차보호법에서 정하고 있는데, 해당 부동산의 '담보 물권(근저당권, 담보가등기, 전세권 등) 설정 일자'를 기준으로 나누고 다시 '지역별'로 구분하고 있다. 다음 표를 참고하자.(최우선변제금액은 경락 가액의 2분의 1을 넘지 못한다. 쉽게 말해서, 최우선변제금액이 2천만 원인데 낙찰가가 3천만 원이라면 실제로 임차인은 낙찰가의 절반인 1,500만 원만 돌려받을 수 있다.)

| 담보 물권 설정 일자 | 지역 | 임차보증금 범위 | 최우선변제 금액 한도 |
|---|---|---|---|
| 2001. 9. 15. ~2008. 8. 20. | 수도권 중 과밀억제권역 | 4,000만 원 이하 | 1,600만 원 |
| | 광역시(군 지역과 인천광역시 제외) | 3,500만 원 이하 | 1,400만 원 |
| | 기타 지역 | 3,000만 원 이하 | 1,200만 원 |
| 2008. 8. 21. ~2010. 7. 25. | 수도권 중 과밀억제권역 | 6,000만 원 이하 | 2,000만 원 |
| | 광역시(군 지역과 인천광역시 제외) | 5,000만 원 이하 | 1,700만 원 |
| | 기타 지역 | 4,000만 원 이하 | 1,400만 원 |
| 2010. 7. 26. ~2013. 12. 31. | 서울특별시 | 7,500만 원 이하 | 2,500만 원 |
| | 수도권 중 과밀억제권역(서울 제외) | 6,500만 원 이하 | 2,200만 원 |
| | 광역시(과밀억제권역, 군 지역 제외), 용인시, 안산시, 김포시, 광주시 | 5,500만 원 이하 | 1,900만 원 |
| | 기타 지역 | 4,000만 원 이하 | 1,400만 원 |
| 2014. 1. 1. ~2016. 3. 30. | 서울특별시 | 9,500만 원 이하 | 3,200만 원 |
| | 수도권 중 과밀억제권역(서울 제외) | 8,000만 원 이하 | 2,700만 원 |
| | 광역시(과밀억제권역, 군 지역 제외), 용인시, 안산시, 김포시, 광주시 | 6,000만 원 이하 | 2,000만 원 |
| | 기타 지역 | 4,500만 원 이하 | 1,500만 원 |
| 2016. 3. 31. ~ 2018. 9. 17 | 서울특별시 | 1억 원 이하 | 3,400만 원 |
| | 수도권 중 과밀억제권역(서울 제외) | 8,000만 원 이하 | 2,700만 원 |
| | 광역시(과밀억제권역, 군 지역 제외), 세종특별자치시, 용인시, 안산시, 김포시, 광주시 | 6,000만 원 이하 | 2,000만 원 |
| | 기타 지역 | 5,000만 원 이하 | 1,700만 원 |

| | | | |
|---|---|---|---|
| 2018. 9. 18.<br>~ 2021. 5. 10 | 서울특별시 | 1억 1,000만 원 이하 | 3,700만 원 |
| | 수도권 중 과밀억제권역(서울 제외),<br>세종특별자치시, 용인시, 화성시 | 1억 원 이하 | 3,400만 원 |
| | 광역시(과밀억제권역, 군 지역 제외),<br>안산시, 김포시, 광주시, 파주시 | 6,000만 원 이하 | 2,000만 원 |
| | 기타 지역 | 5,000만 원 이하 | 1,700만 원 |
| 2021. 5. 11.<br>~ 현재 | 서울특별시 | 1억 5,000만 원 이하 | 5,000만 원 |
| | 수도권 중 과밀억제권역(서울 제외),<br>세종특별자치시, 용인시, 화성시, 김포시 | 1억 3,000만 원 이하 | 4,300만 원 |
| | 광역시(과밀억제권역, 군 지역 제외),<br>안산시, 광주시, 파주시, 이천시, 평택시 | 7,000만 원 이하 | 2,300만 원 |
| | 기타 지역 | 6,000만 원 이하 | 2,000만 원 |

| 주택 소액임차인의 범위와 최우선변제금액 |

※ 수도권 중 과밀억제권역(수도 정비 계획법)

서울특별시, 인천광역시(강화군, 옹진군, 서구 대곡동 · 불로동 · 마전동 · 금곡동 · 오류동 · 왕길동 · 당하동 · 원당동, 인천 경제 자유 구역 및 남동 국가 산업 단지는 제외), 의정부시, 구리시, 남양주시(호평동, 평내동, 금곡동, 일패동, 이패동, 삼패동, 가운동, 수석동, 지금동 및 도농동만 해당), 하남시, 고양시, 수원시, 성남시, 안양시, 부천시, 광명시, 과천시, 의왕시, 군포시, 시흥시(반월 특수 지역은 제외)

| 임차인현황 (말소기준권리 : 2015.04.27 / 배당요구종기일 : 2017.08.11 ) | | | | | | |
|---|---|---|---|---|---|---|
| 임차인 ❷ | 점유부분 | 전입/확정/배당 | 보증금/차임 ❹ | 대항력 | 배당예상금액 | 기타 |
| 박 옥 | 주거용 2층 일부<br>(방1칸) ❸ | 전 입 일: 2016.06.27<br>확 정 일: 2016.06.27<br>배당요구일: 2017.08.03 | 보70,000,000원 | 없음 | 소액임차인 | |
| 기타사항 | ▣본 건 현황조사를 위하여 현장을 방문, 폐문부재로 소유자 및 점유자들을 만나지 못하여 안내문을 투입하였으나 아무 연락이 없<br>어 점유자 확인 불능임<br>▣전입세대주 박 옥을 발견하여 주민등록 표에 의하여 작성하였음<br>▣관할주민센터에서 전입세대열람 시 202B호만 존재함.<br>▣박 옥 : 계약서상 점유 개시일 : 2016.6.24. | | | | | |

| 등기부현황 ( 채권액합계 : 30,000,000원 ) | | | | | | |
|---|---|---|---|---|---|---|
| No | 접수 | 권리종류 | 권리자 | 채권금액 | 비고 | 소멸여부 |
| 1(갑12) ❶ | 2004.11.17 | 소유권이전(공매) | 한 욱 | | | |
| 2(을10) | 2015.04.27 | 근저당 | 김 례 | 30,000,000원 | 말소기준등기 | 소멸 |
| 3(갑20) | 2017.05.31 | 임의경매 | 김 례 | 청구금액:<br>30,000,000원 | 2017타경 | 소멸 |
| 4(갑21) | 2017.08.09 | 압류 | 국민건강보험공단 | | | 소멸 |

| 소액임차인이 있는 경매 물건의 최우선변제권 적용 사례 |

앞의 매각 물건은 서울의 한 다세대 주택이다. 순서대로 분석해 보면, 먼저 2015년 4월 27일에 설정된 근저당권이 말소기준권리로 근저당권자인 김ㅇ례가 임의경매를 신청했다.(①과 ②) 배당요구를 한 임차인 박ㅇ옥의 전입신고일 및 확정일자는 2016년 6월 27일인데 근저당권 설정보다 늦으므로 대항력도 없고 우선변제권도 후순위다.(③)

| | | | |
|---|---|---|---|
| 2014. 1. 1.<br>~ 2016. 3. 30. | 서울특별시 | 9,500만 원 이하 | 3,200만 원 |
| | 수도권 중 과밀억제권역(서울 제외) | 8,000만 원 이하 | 2,700만 원 |
| | 광역시(과밀억제권역, 군 지역 제외),<br>용인시, 안산시, 김포시, 광주시 | 6,000만 원 이하 | 2,000만 원 |
| | 기타 지역 | 4,500만 원 이하 | 1,500만 원 |

그러나 근저당권이 설정된 날짜와 지역(서울특별시)을 기준으로 최우선변제금액 표에서 찾아보면, 박ㅇ옥의 임차보증금은 9,500만 원 이하인 7,000만 원이므로 소액임차인에 해당된다.(④) 박ㅇ옥은 경매기입등기 이전에 대항력을 갖추고 배당요구를 하여 최우선변제권을 얻게 되므로 3,200만 원을 가장 먼저 변제받을 수 있다.

이 물건의 매각 금액을 9천만 원이라고 가정하면, 경매 비용 등을 제한 금액에서 소액임차인인 박ㅇ옥이 최우선으로 3,200만 원을 변제받고, 다음으로 근저당권자인 김ㅇ례가 채권 금액 전액인 3,000만 원을 배당받는다. 다른 권리가 없으므로 남은 금액 약 2,580만 원은 임차인이 모두 배당받는다. 결국 임차인은 최우선변제금 3,200만 원에 후순위로 받은 2,580만 원을 더한 약 5,780만 원을 배당받게 된다. 보증금 전액을 돌려받지는 못하지만 전입신고일이 말소기준권리보다 늦으므로 대항력을 주장할 수 없다.

| 순위 | 이유 | 채권자 | 채권최고액 | 배당금액 | 배당비율 | 미배당금액 | 매수인 인수금액 | 배당후 잔여금 | 소멸 여부 |
|---|---|---|---|---|---|---|---|---|---|
| 0 | 주택소액임차인 | 박 옥 | 70,000,000 | 32,000,000 | 45.71% | 38,000,000 | | 55,816,000 | |
| 1 | 근저당 (신청채권자) | 김 례 | 30,000,000 | 30,000,000 | 100.00% | | 0 | 25,816,000 | 소멸 |
| 2 | 확정일자부 주택임차인 | 박 옥 | 38,000,000 | 25,816,000 | 67.94% | 12,184,000 | 0 | | 소멸 |
| 3 | 압류 | 국민건강보험공단 | 체납상당액 | 0 | % | | 0 | | 소멸 |
| | 계 | | 100,000,000 | 90,000,000 | | 12,184,000 | 0 | 0 | |

● 임차인 보증금 예상 배당액

(금액단위 : 원)

| No. | 권리종류 | 임차인 | 보증금액 | 배당금액 | 배당비율 | 미배당금액 | 매수인 인수금액 | 소멸여부 | 비고 |
|---|---|---|---|---|---|---|---|---|---|
| 1 | 주택임차인 | 박 옥 | 70,000,000 | 57,816,000 | 82.59% | 12,184,000 | 인수금액없음 | 계약소멸 | 인도명령대상자 |

| 해당 매각 물건의 예상 배당표 |

지금까지 살펴본 임차인 권리분석의 내용을 바탕으로 임차인의 대항력 유무와 낙찰자에게 인수되는 금액을 정확하게 확인한 후에 입찰을 결정하기 바란다.

**KEY POINT**

### 최우선변제권 취득 요건

1. 경매기입등기 전에 '대항력' 갖추기(주택의 인도와 전입신고)
2. 임차보증금이 '소액보증금'에 해당
3. 배당요구 종기일 이내에 배당요구 신청하기(종기일까지 대항력 유지)

소액임차인은 최우선변제권을 얻어 다른 채권자보다 가장 먼저 보증금 중 일정액을 배당받을 수 있다.

실전 권리분석 step 1 ~ 3 따라 하기

앞에서 배운 권리분석 step 1에서 step 3까지의 과정을 실제 경매 물건에 적용하여 연습해 보자.

**사례1** 서울 용산의 다세대 주택

• **임차인현황** ( 말소기준권리 : 2008.01.25 / 배당요구종기일 : 2016.03.10 )

| 임차인 | 점유부분 | 전입/확정/배당 | 보증금/차임 | 대항력 | 배당예상금액 | 기타 |
|---|---|---|---|---|---|---|
| 김 무 | 주거용 전부 | 전 입 일: 2011.06.10<br>확 정 일: 2011.06.10<br>배당요구일: 2016.02.24 | 보85,000,000원 | 없음 | 배당순위있음 | |
| 기타사항 | ☞폐문부재로 안내문을 남겨두고 왔으나 아무 연락이 없어 점유관계 미상이나, 이건 목적물 상의 주민등록 전입자는 소유자가 아닌<br>세대주 김 무의 주민등록표등본이 발급되므로 그 등본에 의해 임대차관계조사서에 일응 임차인으로 등재함 | | | | | |

• **등기부현황** ( 채권액합계 : 193,277,396원 )

| No | 접수 | 권리종류 | 권리자 | 채권금액 | 비고 | 소멸여부 |
|---|---|---|---|---|---|---|
| 1(갑2) | 2008.01.25 | 공유자전원지분전부이전 | 고 정 | | 매매 | |
| 2(을3) | 2008.01.25 | 근저당 | 영등포농협<br>(동작지점) | 104,400,000원 | 말소기준등기 | 소멸 |
| 3(갑5) | 2015.09.15 | 가압류 | 현대캐피탈(주) | 30,462,446원 | 2015카단101447 | 소멸 |
| 4(갑6) | 2015.09.16 | 가압류 | 케이비캐피탈(주) | 58,414,950원 | 2015카단101415 | 소멸 |
| 5(갑7) | 2015.12.24 | 임의경매 | 영등포농협<br>(동작지점) | 청구금액:<br>88,540,972원 | 2015타경 | 소멸 |

| step 1: 말소기준권리 찾기 → step 2: 인수되는 권리 찾기 → step 3: 임차인 분석 |

▶**권리분석 step 1 ~ 2:** 말소기준권리는 2번 영등포농협의 근저당(2008년 1월 25일)이며 그 이후에 설정된 권리는 모두 소멸하여 인수되지 않는다.

▶**권리분석 step 3:** 임차인 김○무의 전입 및 확정일자(2011년 6월 10일)는 말소기준권리보다 늦으므로 대항력도 없고 배당(우선변제권)도 후순위다.

▶**분석 결과:** 낙찰자에게 인수되는 권리가 전혀 없다.

**사례 2** 경기도 일산의 아파트 – 낙찰가: 300,000,000원

- **임차인현황** ( 말소기준권리 : 2012.01.27 / 배당요구종기일 : 2016.12.29 )

| 임차인 | 점유부분 | 전입/확정/배당 | 보증금/차임 | 대항력 | 배당예상금액 | 기타 |
|---|---|---|---|---|---|---|
| 김○석 | 주거용 전부<br>(방4칸) | 전 입 일: 2011.11.28<br>확 정 일: 2011.11.28<br>배당요구일: 2016.10.25 | 보270,000,000원 | 있음 | 배당순위있음 | |
| 임차인분석 | ☞현장 방문시 아무도 만나지 못하였고, 주민등록표에는 김○석이 등재되어 있으므로 점유관계 등은 별도의 확인요망.<br>▶매수인에게 대항할 수 있는 임차인 있으며, 보증금이 전액 변제되지 아니하면 잔액을 매수인이 인수함 | | | | | |

- **등기부현황** ( 채권액합계 : 456,108,459원 )

| No | 접수 | 권리종류 | 권리자 | 채권금액 | 비고 | 소멸여부 |
|---|---|---|---|---|---|---|
| 1(갑2) | 2012.01.27 | 소유권이전 (매매) | 김○나 | | 거래가액:710,041,728 | |
| 2(을1) | 2012.01.27 | 근저당 | 농협은행<br>(부천여신관리단) | 445,078,800원 | 말소기준등기 | 소멸 |
| 3(갑4) | 2014.05.22 | 압류 | 고양시일산동구 | | | 소멸 |
| 4(갑5) | 2016.05.19 | 압류 | 파주시 | | | 소멸 |
| 5(갑6) | 2016.06.13 | 압류 | 파주세무서 | | | 소멸 |
| 6(갑7) | 2016.08.30 | 가압류 | 산와대부(주) | 11,029,659원 | 2016카단809028 | 소멸 |
| 7(갑8) | 2016.10.05 | 임의경매 | 농협은행<br>(부천여신관리단) | 청구금액:<br>378,718,283원 | 2016타경○○○ | 소멸 |

| step 1: 말소기준권리 찾기 → step 2: 인수되는 권리 찾기 → step 3: 임차인 분석 |

▶**권리분석 step 1 ~ 2**: 말소기준권리는 2번 농협은행의 근저당(2012년 1월 27일)이며 그 이후에 설정된 권리는 모두 소멸하여 인수되지 않는다.

▶**권리분석 step 3**: 임차인 김○석의 전입 및 확정일자(2011년 11월 28일)는 말소기준권리보다 빠르므로 대항력도 있고 배당(우선변제권)도 선순위다. 따라서 배당요구한 임차인 김○석은 낙찰 대금에서 보증금 전액을 배당받는다.

▶**분석 결과**: 낙찰자에게 인수되는 권리가 전혀 없다.

**사례 3** 충북 청주의 아파트 - 낙찰가: 470,050,000원

* **임차인현황** ( 말소기준권리 : 2010.10.04 / 배당요구종기일 : 2016.10.17 )

| 임차인 | 점유부분 | 전입/확정/배당 | 보증금/차임 | 대항력 | 배당예상금액 | 기타 |
|---|---|---|---|---|---|---|
| 곽 진 | 주거용 전부 | 전 입 일: 2011.05.24<br>확 정 일: 2016.03.21<br>배당요구일: 2016.08.29 | 보150,000,000원 | 없음 | 배당순위있음 | (현황서상 전: 2016.0<br>3.21) |

* **등기부현황** ( 채권액합계 : 466,800,000원 )

| No | 접수 | 권리종류 | 권리자 | 채권금액 | 비고 | 소멸여부 |
|---|---|---|---|---|---|---|
| 1(갑3) | 2010.10.04 | 소유권이전 (매매) | 김 환 | | | |
| 2(을1) | 2010.10.04 | 근저당 | 에프에스1606유동화전문유<br>한회사 | 358,800,000원 | 말소기준등기 | 소멸 |
| 3(을10) | 2016.03.25 | 근저당 | 김 주 | 52,000,000원 | | 소멸 |
| 4(을11) | 2016.06.03 | 근저당 | 최 국 | 26,000,000원 | | 소멸 |
| 5(을12) | 2016.06.07 | 근저당 | 김 기 | 30,000,000원 | | 소멸 |
| 6(갑10) | 2016.08.08 | 임의경매 | 에프에스1606유동화전문유<br>한회사 | 청구금액:<br>324,007,004원 | 2016타경 , 신한은<br>행의 채권양수인 | 소멸 |

| step 1: 말소기준권리 찾기 → step 2: 인수되는 권리 찾기 → step 3: 임차인 분석 |

▶ **권리분석 step 1 ~ 2**: 말소기준권리는 2번 유동화전문유한회사의 근저당 (2010년 10월 4일)이며 그 이후에 설정된 권리는 모두 소멸하여 인수되지 않는다.

▶ **권리분석 step 3**: 임차인 곽ㅇ진의 전입일(2011년 5월 24일)과 확정일자 (2016년 3월 21일)는 모두 말소기준권리보다 늦으므로 대항력을 주장할 수 없으며 배당(우선변제권)도 후순위(세 번째)다. 낙찰 대금 470,050,000원에서 1순위인 경매 집행 비용을 제하고, 2순위인 유동화전문유한회사가 근저당 채권 358,800,000원을 배당받은 후 남은 약 110,000,000원을 임차인이 배당받는다. 임차보증금 전액이 변제되지 않더라도 대항력이 없으므로 낙찰자에게 인수되지 않는다.

▶ **분석 결과**: 낙찰자에게 인수되는 권리가 전혀 없다.

**사례 4** 인천 송도동의 아파트

**◦ 임차인현황** ( 말소기준권리 : 2009.04.16 / 배당요구종기일 : 2016.10.04 )

| 임차인 | 점유부분 | 전입/확정/배당 | 보증금/차임 | 대항력 | 배당예상금액 | 기타 |
|---|---|---|---|---|---|---|
| 강 림 | 주거용 일부 | 전 입 일: 2016.07.13<br>확 정 일: 2016.07.13<br>배당요구일: 2016.09.29 | 보25,000,000원 | 없음 | 소액임차인 | |
| 기타사항 | | ☞조사외 소유자 현장에 임한 바, 폐문부재로 이해관계인을 만날 수 없어 상세한 점유 및 임대차관계는 알 수 없으나, 전입세대 열람결과 소유자와 임차인이 점유하는 것으로 추정됨.<br>☞본건 현황조사차 현장에 임한 바, 폐문부재로 이해관계인을 만날 수 없어 상세한 점유 및 임대차관계는 알 수 없으나, 전입세대 열람결과 소유자와 임차인이 점유하는 것으로 추정됨.<br>☞본건 조사서의 조사내용은 현장 방문과 전입세대열람 내역 및 주민등록표 등본에 의한 조사사항임. (세대 출입문에 임차인의 권리신고 방법 등이 기재된 '안내문'을 부착해 놓았음)<br>☞세대열람내역상 임**(전입일:2010.12.7) 전입되어있음.(거주자 임**(전입일:2009.2.26)) | | | | |

**◦ 등기부현황** ( 채권액합계 : 2,181,443,975원 )

| No | 접수 | 권리종류 | 권리자 | 채권금액 | 비고 | 소멸여부 |
|---|---|---|---|---|---|---|
| 1(갑3) | 2009.04.16 | 소유권이전(매매) | 임 천 | | | |
| 2(을1) | 2009.04.16 | 근저당 | 한국스탠다드차타드제일은행<br>(제물포지점) | 580,800,000원 | 말소기준등기 | 소멸 |
| 3(을2) | 2009.04.16 | 근저당 | 한국스탠다드차타드제일은행 | 58,800,000원 | | 소멸 |
| 4(을4) | 2009.09.07 | 근저당 | 중소기업은행 | 120,000,000원 | | 소멸 |
| 5(을6) | 2012.02.22 | 근저당 | 중소기업은행 | 120,000,000원 | | 소멸 |
| 6(갑6) | 2016.02.03 | 가압류 | 신용보증기금 | 1,000,000,000원 | 2016카단200239 | 소멸 |
| 7(갑7) | 2016.04.14 | 가압류 | 중소기업중앙회 | 39,000,000원 | 2016카단726 | 소멸 |
| 8(갑8) | 2016.04.19 | 가압류 | 서울보증보험(주) | 39,704,775원 | 2016카단803247 | 소멸 |
| 9(갑9) | 2016.05.17 | 압류 | 남인천세무서 | | | 소멸 |
| 10(갑10) | 2016.06.14 | 압류 | 인천광역시연수구 | | | 소멸 |
| 11(갑11) | 2016.07.19 | 임의경매 | 중소기업은행<br>(여신관리부) | 청구금액:<br>240,000,000원 | 2016타경███████ | 소멸 |
| 12(갑12) | 2016.08.08 | 임의경매 | 한국스탠다드차타드제일은행<br>(리테일금융리스크관리부) | 청구금액:<br>513,004,707원 | 2016타경█████ 구)한<br>국스탠다드차타드은행 | 소멸 |
| 13(갑13) | 2016.08.11 | 가압류 | 제이비우리캐피탈(주) | 63,139,200원 | 2016카단4132 | 소멸 |
| 14(을7) | 2016.08.17 | 근저당 | 주 기 | 160,000,000원 | | 소멸 |

| step 1: 말소기준권리 찾기 → step 2: 인수되는 권리 찾기 → step 3: 임차인 분석 |

▶ **권리분석 step 1 ~ 2:** 말소기준권리는 2번 한국스탠다드차타드제일은행의 근저당(2009년 4월 16일)이며 그 이후에 설정된 권리는 모두 소멸하여 인수되지 않는다.

▶ **권리분석 step 3:** 임차인 강○림의 전입 및 확정일자(2016년 7월 13일)는 말소기준권리보다 늦어 대항력도 없고 배당(우선변제권)도 후순위다. 그런데 강○림의 임차보증금이 소액보증금 범위에 해당되므로 2,500만 원 중 2,000만 원(2009년 근저당 설정 당시 인천 지역의 최우선변제금액 범위)은 최우선변제받는다.

▶ **분석 결과:** 낙찰자에게 인수되는 권리가 전혀 없다.

**● 임차인현황** ( 말소기준권리 : 2014.09.26 / 배당요구종기일 : 2014.12.09 )

| 임차인 | 점유부분 | 전입/확정/배당 | 보증금/차임 | 대항력 | 배당예상금액 | 기타 |
|---|---|---|---|---|---|---|
| 김 자 | 주거용 전부 | 전 입 일: 2013.11.20<br>확 정 일: 2012.12.24<br>배당요구: 없음 | 보285,000,000원 | 있음 | 전액매수인인수 | |
| 나 욱 | 주거용 전부 | 전 입 일: 2013.03.14<br>확 정 일: 미상<br>배당요구: 없음 | 미상 | | 배당금 없음 | |

| 기타사항 | 임차인수: 2명 , 임차보증금합계: 285,000,000원<br>☞폐문부재로 안내문을 남겨두고 왔으나 아무 연락이 없어 점유관계 미상이나, 이건 목적물 상의 주민등록 전입자는 소유자가 아닌 세대주 나 욱의 주민등록등본이 발급되므로 그 등본에 의해 임대차관계조사서에 일응 임차인으로 등재함<br>☞김 자 : 나 욱은 김 자의 자녀임.김 자의 권리신고상 전입일자는 나 욱의 전입일자 2013.3.14로 신고되었으나 나 욱 단독전입으로, 김 자의 전입일자는 2013.11.20으로 확인됨.임차인 김 자는 2014.12.01.자로 권리신고및배당요구신청서를 제출하였으나, 2014.12.09.자로 임차보증금 권리신고및배당요구신청철회서를 제출함. 따라서 매수인이 임차보증금을 인수하게 됨.(입찰시 주의 요함) |
|---|---|

**● 등기부현황**

| No | 접수 | 권리종류 | 권리자 | 채권금액 | 비고 | 소멸여부 |
|---|---|---|---|---|---|---|
| 1(갑2) | 2012.09.28 | 소유권이전(증여) | 최 태 | | | |
| 2(갑6) | 2014.09.26 | 강제경매 | 서울보증보험(주)<br>(강북신용지원단) | 청구금액:<br>381,826,053원 | 말소기준등기<br>2014타경 | 소멸 |

| 주의사항 | ☞유치권신고 있음.-2014.12.05. 김 자로부터 유치권신고서 제출. 청구금액 금24,498,000원(유치권성립여부 불분명)<br>☞유치권배제 신청-2015.04.07. 채권자 서울보증보험주식회사가 임차인 김 자에대한 유치권배제신청서를 제출함<br>☞유치권신고인 주식회사 성한건설로부터 82,500,000원에 대한 유치권에기한점유인도서가 2016.03.10.자로 접수되었으나, 그 성립여부는 불분명함<br>▶임차인 김 자는 2014.12.01.자로 권리신고및배당요구신청서를 제출하였으나, 2014.12.09.자로 임차보증금 권리신고및배당요구신청철회서를 제출함.(입찰시 주의요함)<br>▶2014.10.28. 채권자 서울보증보험주식회사가 임차인 김 자에대한 배당배제신청서를 제출함. |
|---|---|

| step 1: 말소기준권리 찾기 → step 2: 인수되는 권리 찾기 → step 3: 임차인 분석 |

▶**권리분석 step 1 ~ 2**: 말소기준권리는 2번 경매기입등기(2014년 9월 26일) 이며 이외에 등기부상에 설정된 권리는 없다. 그런데 주의 사항을 보면 임 차인 김○자와 성한건설이 유치권 신고한 것을 알 수 있다. 유치권은 일단 인수되는 권리이며 그 성립 여부는 별도로 확인해야 한다.

▶**권리분석 step 3**: 임차인 김○자의 전입일(2013년 11월 20일) 및 확정일자 (2012년 12월 24일)는 모두 말소기준권리보다 빠르므로 대항력이 있다. 하 지만 배당요구했다가 다시 취소했기 때문에 배당요구를 하지 않은 것과 마찬가지인 상황이다. 따라서 임차인의 보증금 전액 285,000,000원은 낙 찰자가 인수해야 한다.(나○욱은 임차인 김○자의 가족이다.)

▶**분석 결과**: 낙찰자는 대항력이 있는 임차인의 권리와 유치권을 인수해야 한다.

step 1 말소기준권리 찾기
step 2 인수되는 권리 찾기
step 3 임차인 권리분석

## step 4 경매 서류 및 기타 권리 확인

부동산 거래를 할 때에는 필수적으로 살펴봐야 할 서류들이 있다. 특히 경매 투자 시에는 법원에서 제공하는 매각물건명세서와 현황조사서, 감정평가서 등을 확인해야 한다. 이러한 서류들을 확인하는 방법에 대해 알아보자.

# 경매 서류 찾는 방법

제1장에서 대법원 경매정보 사이트와 유료 사이트를 이용해 경매 정보를 찾는 방법을 설명했다. 먼저 대법원 경매정보 사이트에서 서류들을 찾아보자. 경매 물건 목록에서 하나를 선택해 상세 화면으로 들어가면 해당 사건에 대한 여러 정보들이 펼쳐지고 관련 서류가 링크된 메뉴가 나타난다.

### 경매 서류 찾기 1   대법원 경매정보 사이트 활용하기

| 대법원 경매정보 사이트의 물건 상세 화면 |

법원 사이트의 상세 화면에서 물건 사진 아래 메뉴를 보자. 여기에서 '매각물건명세서'와 '현황조사서', 그리고 '감정평가서'는 법원에서

직접 작성한 것으로 해당 메뉴를 클릭하면 바로 그 내용을 확인할 수 있다.

그리고 법원 경매정보 사이트에서 바로 확인할 수 있는 것은 아니지만 링크를 클릭하거나 별도의 사이트로 직접 방문해서 찾아봐야 할 서류들도 있다. 가장 대표적이고 중요한 것이 바로 '등기부등본'이다. 이것은 '등기기록 열람'을 클릭하면 연결되는 대법원 인터넷 등기소(www.iros.go.kr)에서 열람하거나 발급받을 수 있다.

이외에 부동산과 관련한 서류 및 정보를 제공받을 수 있는 홈페이지는 다음을 참고하기 바란다.

**참고✓ 부동산 관련 서류 및 정보 제공 사이트**

**등기부등본 열람 및 발급**
⇨ 대법원 인터넷 등기소 www.iros.go.kr

**건축물대장 열람 및 발급**
⇨ 정부24(민원24) www.gov.kr

**부동산 실거래가 확인**
⇨ 국토교통부 실거래가 공개 시스템 rt.molit.go.kr

| 유료 경매정보 사이트의 경매 서류 목록 – 옥션원 |

유료 사이트의 상세 화면을 보면 '관련 자료' 메뉴(빨간색 박스 표시)가 법원에서 제공되는 것보다 더 다양하다. 매각물건명세서 등 법원에서 제공하는 서류뿐 아니라 일일이 개별 사이트나 관공서를 방문해 확인해야 했던 서류들도 대부분 바로 볼 수 있도록 링크되어 있어서 편리하다.(사이트마다 화면 구성이 다르고 매각 물건별로 제공되는 서류가 조금씩 다르지만, 내용에 큰 차이는 없다.) 많은 투자자들이 돈을 내고서라도 유료 경매정보 사이트를 이용하는 이유가 바로 여기에 있다.

# 경매 서류 분석하는 방법

| 경매 서류 분석 - 옥션원 |

파란색으로 표시된 관련 자료 메뉴 버튼을 클릭하면 상세한 정보를 볼 수 있지만, 물건 정보 화면에서는 해당 서류들을 한눈에 쉽게 파악할 수 있도록 요약·정리해 놓았다. 이 내용만으로도 기본적인 물건 분석이 가능한 것이다. 혹시 오류가 있거나 누락된 부분은 없는지 확인하는 정도로 개별 서류들을 살펴보면 된다.

## 매각물건명세서로 최종 점검

| 법원에서 제공하는 매각물건명세서 |

앞에서 설명한 방법으로 물건과 관련한 서류를 하나씩 확인하면 되는데, '매각물건명세서'는 반드시 꼼꼼하게 살펴봐야 한다. 그 이유는 등기부나 임차인 현황에 나오지는 않지만 낙찰자가 인수해야 하는 권리를 표시해 주기 때문이다. 그러므로 경매 물건과 관련한 여러 서류 중에서도 기타 인수 권리를 확인할 수 있는 매각물건명세서는 매우 중요하다.

매각물건명세서는 등기부등본, 현황조사서, 감정평가서 등의 문서에서 가장 중요한 정보들을 요약·정리해 놓았다. 만약 여기에 명시되지 않은 인수 조건이 있거나 기재된 내용에 하자가 있다면 매각불허가 사유가 된다. 매각물건명세서에서 꼼꼼하게 체크해야 할 내용은 다음과 같다.

① **최선순위 설정 일자**: 말소기준권리라고 생각하면 된다. 유료 사이트의 말소기준권리 정보가 잘못 기재된 경우도 있으므로 꼭 재확인한다.

② **현황 조사 및 임차인의 권리 신고 내역**: 임차인이 있다면 대항력과 배당요구 여부 등을 확인해 인수할 보증금이 있는지 파악한다.

③ **등기부등본상의 권리 중 매각으로 효력이 소멸되지 않는 것**: 배당요구하지 않은 선순위전세권 및 가처분 등 낙찰자에게 인수되는 권리를 확인한다.

④ **비고란**: 유치권, 법정지상권 등과 같이 등기부에 기재되지 않는 권리 중 인수되는 사항이나 특별매각조건(재매각 등)을 반드시 체크한다.

KEY POINT

**매각물건명세서 체크 포인트**

1. 최선순위 설정 일자
2. 현황 조사 및 임차인의 권리 신고 내역
3. 등기부등본상의 권리 중 매각으로 효력이 소멸되지 않는 것
4. 비고란

참고✓ **현황조사서**

법원의 집행관이 경매 부동산에 방문해 현재 상황과 점유 관계를 조사하여 작성한 것이 현황조사서다. 임차인이 거주하고 있다면 전입 일자 및 확정일자, 보증금 등의 정보가 제공되므로 임차인 권리분석에 있어서 중요한 참고 자료이다.

지금까지 권리분석 4단계를 모두 살펴보았다. step 1에서 step 4까지 권리
분석 방법을 실전 사례에 순서대로 적용해 보자.

### 사례 1 인수되는 권리가 없는 물건

| 거제시 아파트 물건 상세 화면 |

## ▶권리분석 step 1 ~ 2: 말소기준권리 및 인수되는 권리 찾기

유료 경매정보 사이트에서 물건 상세 화면의 하단을 보면 등기부등본상의 권리들이 순서대로 정렬되어 있다. 이 부분에서 1 ~ 2단계의 권리분석을 동시에 할 수 있다.

| • 등기부현황 | (채권액합계 : 1,168,052,783원 ) | | | | | |
|---|---|---|---|---|---|---|
| No | 접수 | 권리종류 | 권리자 | 채권금액 | 비고 | 소멸여부 |
| 1(갑3) | 2015.03.31 | 소유권이전(매매) | 이■금 | | 거래가액:173,000,000 | |
| 2(을6) | 2015.03.31 | 근저당 | 두리에이엠씨대부(주) | 146,400,000원 | 말소기준등기<br>확정채권대위변제전 : 농협은행 | 소멸 |
| 3(을7) | 2016.12.26 | 근저당 | 정■동 | 120,000,000원 | | 소멸 |
| 4(을8) | 2019.01.21 | 근저당 | (주)삼진글로벌넷 | 120,000,000원 | | 소멸 |
| 5(갑4) | 2020.02.20 | 가압류 | 산은캐피탈(주) | 42,805,991원 | 2020카단200576 | 소멸 |
| 6(갑5) | 2020.03.11 | 가압류 | 신용보증기금 | 256,500,000원 | 2020카단30991 | 소멸 |
| 7(갑6) | 2020.03.24 | 가압류 | 서울신용보증재단 | 20,881,031원 | 2020카단50577 | 소멸 |
| 8(갑7) | 2020.04.14 | 가압류 | 광주은행 | 302,062,882원 | 2020카단201201 | 소멸 |
| 9(갑8) | 2020.04.28 | 가압류 | (주)케이비국민카드 | 21,056,883원 | 2020카단244 | 소멸 |
| 10(갑9) | 2020.06.22 | 가압류 | 농협중앙회 | 138,345,996원 | 2020카단51446 | 소멸 |
| 11(갑12) | 2021.07.12 | 강제경매 | 신용보증기금<br>(동대문재기지원단) | 청구금액:<br>297,667,892원 | 2021타경■■■신용보증기금 가압류의 본 압류로의 이행 | 소멸 |
| 12(갑13) | 2021.08.17 | 임의경매 | 두리에이엠씨대부(주) | 청구금액:<br>132,184,571원 | 2021타경■■■ | 소멸 |

관련정보  [관련사건] 구상금-서울동부지방법원 2020차전9841 지급명령  내용보기  사건검색

| 등기부상의 권리 현황 |

먼저 순위 번호 2번을 보면 두리에이엠씨대부㈜의 근저당(2015년 3월 31일)이 '말소기준권리'이고, 이후의 모든 권리들은 '소멸'되는 것을 알 수 있다. 따라서 등기부상의 권리 중 낙찰자에게 인수되는 것이 전혀 없는 물건이다.

## ▶권리분석 step 3: 임차인 권리분석

법원에 신고된 임대차 관련 사항 및 전입세대 열람 내역을 통해 정리한 '임

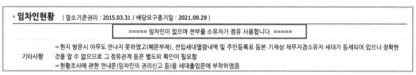

| 임차인 현황 |

차인 현황'을 다음과 같이 확인할 수 있다.

해당 물건은 임차 내역이 신고되지 않았고, 소유자 세대 외에 전입자가 없는 것으로 확인되었다. 따라서 낙찰자가 인수해야 하는 임차인 권리는 없으며, 낙찰 후 소유자는 단순 인도명령 대상자일 뿐이다.

### ▶권리분석 step 4: 서류 및 기타 권리 확인

물건 상세 화면의 우측에 링크되어 있는 관련 자료 메뉴를 클릭하면 대법원에 등재된 문서 및 기타 필요한 서류들을 쉽게 확인할 수 있다. 일반 물건의 경우에는 매각물건명세서만 보고 입찰하더라도 무방하지만, 좀 더 자세히 살펴보고 싶다면 순서대로 클릭하면서 1 ~ 3단계에서 분석한 내용이 틀림이 없는지 확인하는 수준으로 보면 된다.

| 현황조사서 |

법원 집행관이 조사한 부동산 현황을 보면 임대차 관계가 없으며 소유자 세

대 외에 전입자가 없다는 것을 알 수 있다. 이 내용은 3단계에서 확인한 임차인 현황에 그대로 반영되어 있다.

| 의 정 부 지 방 법 원 | | | | | | | | | |

2021타경████

### 매각물건명세서

| 사 건 | 2021타경████ 부동산강제경매<br>2021타경████(중복) | | 매각<br>물건번호 | 1 | 작성<br>일자 | 2021.12.08 | 담임법관<br>(사법보좌관) | | 권구창 |
| 부동산 및 감정평가액<br>최저매각가격의 표시 | | 별지기재와 같음 | 최선순위<br>설정 | | 2015.3.31.근저당 | | 배당요구종기 | | 2021.09.29 |

부동산의 점유자와 점유의 권원, 점유할 수 있는 기간, 차임 또는 보증금에 관한 관계인의 진술 및 임차인이 있는 경우 배당요구 여부와 그 일자, 전입신고일자 또는 사업자등록신청일자와 확정일자의 유무와 그 일자

| 점유자의<br>성 명 | 점유부분 | 정보출처<br>구 분 | 점유의<br>권 원 | 임대차기간<br>(점유기간) | 보 증 금 | 차 임 | 전입신고일자.사업<br>자등록 신청일자 | 확정일자 | 배당요구여부<br>(배당요구일자) |
| --- | --- | --- | --- | --- | --- | --- | --- | --- | --- |
| | | | | 조사된 임차내역없음 | | | | | |

※ 최선순위 설정일자보다 대항요건을 먼저 갖춘 주택·상가건물 임차인의 임차보증금은 매수인에게 인수되는 경우가 발생 할 수 있고, 대항력과 우선변제권이 있는 주택·상가건물 임차인이 배당요구를 하였으나 보증금 전액에 관하여 배당을 받지 아니한 경우에는 배당받지 못한 잔액이 매수인에게 인수됨을 주의하시기 바랍니다.

| 등기된 부동산에 관한 권리 또는 가처분으로 매각으로 그 효력이 소멸되지 아니하는 것 | |
| --- | --- |
| | |

| 매각에 따라 설정된 것으로 보는 지상권의 개요 |
| --- |
| |

| 비고란 |
| --- |
| |

주1 : 매각목적물에서 제외되는 미등기건물 등이 있을 경우에는 그 취지를 명확히 기재한다.
 2 : 매각으로 소멸되는 가등기담보권, 가압류, 전세권의 등기일자가 최선순위 저당권등기일자보다 빠른 경우에는 그 등기일자를 기재한다.

| 매각물건명세서 |

매각물건명세서를 통해 인수되는 권리의 여부를 최종 확인한다. 최선순위 설정 일자가 2015. 3. 31. 근저당권으로 1단계에서 보았던 두리에이엠씨대부㈜의 말소기준권리와 일치하는 것을 알 수 있다. 그리고 조사된 임차 내역도 없고, 등기부상 및 기타 인수되는 권리 역시 없는 것으로 표기되어 있다. 앞 단계에서 살펴본 권리분석 내용과 다른 점이나 특이사항이 없으므로 입찰하는 데 아무 문제가 없는 깨끗한 물건이다.

**사례 2** 인수되는 권리가 있는 물건

| 부산광역시 아파트 물건 상세 화면 - 옥션원 |

## ▶ 권리분석 step 1 ~ 2: 말소기준권리 및 인수되는 권리 찾기

| No | 접수 | 권리종류 | 권리자 | 채권금액 | 비고 | 소멸여부 |
|---|---|---|---|---|---|---|
| 1(갑4) | 2005.10.19 | 소유권이전(매매) | 강■철 | | | |
| 2(을15) | 2019.04.30 | 전세권(전부) | 박■호 | 150,000,000원 | 존속기간:<br>~2021.04.29 | 인수 |
| 3(갑9) | 2019.11.26 | 가압류 | 신한카드(주) | 10,961,189원 | 말소기준등기<br>2019카단102284 | 소멸 |
| 4(갑10) | 2019.12.06 | 가압류 | (주)디지비캐피탈 | 15,281,376원 | 2019카단821169 | 소멸 |
| 5(갑11) | 2019.12.06 | 가압류 | (주)케이비국민카드 | 9,868,905원 | 2019카단1864 | 소멸 |
| 6(갑12) | 2019.12.10 | 가압류 | 케이비캐피탈(주) | 9,940,327원 | 2019카단1935 | 소멸 |
| 7(갑13) | 2020.04.08 | 강제경매 | (주)케이비국민카드<br>(채권관리부) | 청구금액:<br>10,747,492원 | 2020타경 ■ 주식회<br>사 케이비국민카드 가압류<br>의 본 압류로의 이행 | 소멸 |

• 등기부현황 (채권액합계 : 196,051,797원)

관련정보 [관련사건] 신용카드이용대금-서울중앙지방법원 2019차전545365 지급명령 내용보기 사건검색

주의사항
▶ 매각허가에 의하여 소멸되지 아니하는 것 - 을구 순위15번 전세권설정등기(2019. 4. 30. 등기)는 말소되지 않고 매수인에게 인수됨
▶ 최순위 설정 2019. 1. 30. 전세권을 2019. 11. 26. 가압류로 2021. 6. 3. 정정

| 등기부상의 권리 현황 |

이 물건의 말소기준권리는 순위 번호 3번 신한카드㈜의 가압류이고, 이후의 권리들은 모두 소멸된다. 그러나 2번 박ㅇ호의 '선순위전세권'은 소멸되지 않고 낙찰자에게 인수된다고 표시되어 있다.

## ▶ 권리분석 step 3: 임차인 권리분석

• 임차인현황 (말소기준권리 : 2019.11.26 / 배당요구종기일 : 2020.06.29)

| 임차인 | 점유부분 | 전입/확정/배당 | 보증금/차임 | 대항력 | 배당예상금액 | 기타 |
|---|---|---|---|---|---|---|
| 박■호 | 주거용 전부 | 전입일자: 2019.05.02<br>확정일자: 미상<br>배당요구: 없음 | 보150,000,000원 | 있음 | 매수인인수 | 선순위전세권등기자, [현<br>황서상 전] |

기타사항
☞ 본건 임차인 박■호 확인되었으며 모친 김■엽에게 경매진행됨을 알리는 통지서를 전달하고 권리신고 및 배당요구 신청할것을 고지하였음
☞ 전입세대 열람한바, 소유자 세대 및 소유자와의 관계를 알수없는 박■호 세대 전입되어 있었음
☞ 위 임대차 관계조사서는 주민센터의 전입세대 열람 및 주민등록표등본을 참고하여 작성되었음

| 임차인 현황 |

임차인 박ㅇ호는 전입일자(2019년 5월 2일)가 말소기준권리보다 빨라 대항력이 있고, 선순위전세권을 설정했다. 그런데 전세권자 박ㅇ호는 경매 신청인이 아니고, 해당 경매에서 배당요구도 하지 않았다. 따라서 이후에 설정된

가압류가 말소기준권리가 되고, 선순위전세권은 낙찰자에게 그대로 인수된다.(임차보증금 1억 5천만 원을 낙찰자가 부담해야 한다.)

## ▶권리분석 step 4: 서류 및 기타 권리 확인

### 부산지방법원 서부지원

2020타경

### 매각물건명세서

| 사 건 | 2020타경　　부동산강제경매 | | 매각물건번호 | 1 | 작성일자 | 2021.11.29 | 담임법관(사법보좌관) | | 김완기 | |
|---|---|---|---|---|---|---|---|---|---|---|
| 부동산 및 감정평가액최저매각가격의 표시 | | 별지기재와 같음 | 최선순위설정 | | 2019. 11. 26. 가압류 | | 배당요구종기 | | 2020.06.29 | |

부동산의 점유자와 점유의 권원, 점유할 수 있는 기간, 차임 또는 보증금에 관한 관계인의 진술 및 임차인이 있는 경우 배당요구 여부와 그 일자, 전입신고일자 또는 사업자등록신청일자와 확정일자의 유무와 그 일자

| 점유자성 명 | 점유부분 | 정보출처구 분 | 점유의권 원 | 임대차기간(점유기간) | 보 증 금 | 차 임 | 전입신고일자,사업자등록신청일자 | 확정일자 | 배당요구여부(배당요구일자) |
|---|---|---|---|---|---|---|---|---|---|
| 박　호 | 건물전부 | 등기사항전부증명서 | 주거전세권자 | 2021/4/29까지 | 150,000,000 | | | | |
| | | 현황조사 | 주거전세권자 | | | | | 2019.05.02 | |

〈비고〉

※ 최선순위 설정일자보다 대항요건을 먼저 갖춘 주택·상가건물 임차인의 임차보증금은 매수인에게 인수되는 경우가 발생 할 수 있고, 대항력과 우선변제권이 있는 주택·상가건물 임차인이 배당요구를 하였으나 보증금 전액에 관하여 배당을 받지 아니한 경우에는 배당받지 못한 잔액이 매수인에게 인수되게 됨을 주의하시기 바랍니다.

| 등기된 부동산에 관한 권리 또는 가처분으로 매각으로 그 효력이 소멸되지 아니하는 것 | |
|---|---|
| 을구 순위15번 전세권설정등기(2019. 4. 30. 등기)는 말소되지 않고 매수인에게 인수됨 | |

| 매각에 따라 설정된 것으로 보는 지상권의 개요 | |
|---|---|
| | |

| 비고란 | |
|---|---|
| 최순위 설정 2019. 1. 30. 전세권을 2019. 11. 26. 가압류로 2021. 6. 3. 정정 | |

주1 : 매각목적물에서 제외되는 미등기건물 등이 있을 경우에는 그 취지를 명확히 기재한다.
　2 : 매각으로 소멸되는 가등기담보권, 가압류, 전세권의 등기일자가 최선순위 저당권등기일자보다 빠른 경우에는 그 등기일자를 기재한다.

| 매각물건명세서 |

3단계까지 분석한 내용이 틀리지 않는지 확인하기 위해 경매 서류들을 개별적으로 살펴본다. 특히 매각물건명세서를 보면 해당 전세권이 낙찰자에게 인수되고, 기타 인수되는 권리는 없다는 것을 다시 한번 확인할 수 있다. 따라서 이 물건에 입찰하려면 보증금 1억 5천만 원을 감안해 입찰 가격을 산정해야 한다.

지금까지 4단계로 나누어 분석해 본 것처럼 실전에서도 대부분의 투자자들이 유료 사이트를 이용해 쉽고 빠르게 권리분석을 마친다. 유료 사이트에서 정리하여 제공하는 내용이 실제 관련 정보를 제대로 반영하고 있는지 파악할 수 있는 정도의 지식만 있어도 바로 실전 투자가 가능하다. 만약 유료 정보를 이용하지 않는다면 대법원 사이트를 통해서 필자가 설명한 순서대로 자료를 찾고 분석하면 된다. 조금 더 번거로울 수는 있지만, 그리 어렵지는 않을 것이다.

물론 분석하다 보면 필자가 예를 들어 설명한 것 외에도 낯선 내용들을 접할 수 있다. 그럴 때는 인터넷 검색을 하거나 관련 책을 찾아보면서 본인의 실력을 조금씩 더 발전시켜 나가면 된다. 만약 처리 방법에 확신이 들지 않거나 위험 부담이 크다고 생각되는 물건이라면 좀 더 경험을 쌓은 후에 도전하는 것이 좋다.

많은 초보 투자자들이 잘못 생각하고 있는 것 중의 하나가 '권리분석이 어렵고 복잡할수록 큰 수익을 얻을 수 있다.'는 것이다. 권리분석의 난이도와 수익이 반드시 정비례하는 것은 아니다. 권리분석이 어려운 사건에 열심히 매달린다 하더라도 부동산으로서의 가치가 별 볼 일 없는 물건이라면 아무런 의미가 없을 것이다. 처음 경매라는 분야에 뛰어들게 되면 두려움과 부담감으로 인해 권리분석에 얽매이지만, 무엇보다 중요한 것은 권리분석이 아니라 '부동산 자체의 가치'라는 것을 잊어서는 안 된다.

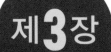

제**3**장

# 경매 실전

## 4 STEP

step 1 물건 검색
step 2 온라인 조사
step 3 오프라인 조사
step 4 경매 입찰

## 경매 실전 4 step

## step 1 물건 검색

이제는 실전이다. 권리분석에 대한 기본 개념을 이해했다면 그다음은 물건을 고르고 분석·조사하여 실제로 입찰해야 한다. 더욱 더 많은 준비를 하고 입찰하겠다고 생각한다면 큰 오산이다. 실전이 배제된 공부는 아무리 더 한다하더라도 소용이 없다. 경매 공부의 목적은 학문 그 자체가 아니라 실제로 투자하기 위한 것임을 잊어서는 안 된다.

하지만 경매에 막 입문한 사람들 중 상당수가 "아직 공부를 다 하지도 못했는데, 낙찰을 잘못 받으면 어떻게 해요?"라고 걱정하며 질문한다. 그럴 때마다 필자는 말한다. "누가 어려운 물건을 하라고 했나요? 당신이 공부한 수준에서 처리할 수 있는 쉬운 물건을 찾으세요. 그리고 어떻게 처리하더라도 손해되지 않을 입찰가를 정하고 무조건 입찰하세요."라고 말이다. 경험만큼 더 좋은 공부는 없다. 패찰을 하더라도 일단 시작해야 다음 단계로 나아갈 수 있다.

## 실패하지 않는 지역 선택의 기준

개별적인 물건을 검색하기 전에 가장 먼저 해야 할 일은 지역을 정하는 것이다. 처음부터 전국을 대상으로 검색할 수는 없지 않겠는가? 초보 투자자의 입장에서는 경매 절차의 특수성과 큰 금액을 투자해야 한다는 부담감으로 인해 잘 모르는 지역의 물건을 선택하는 것이 쉽지 않을 것이다. 그렇다면 어떤 기준으로 투자 지역을 선별해야 할 것인지 살펴보자.

### 첫 번째, 내가 잘 아는 곳

부동산과 관련된 거의 모든 책에서 언급하는 내용이다. 본인이 자랐거나 현재 살고 있는 곳 주변에 대해서는 어느 지역보다 익숙하게 파악하고 있을 것이다. 특정 지역의 장단점이나 발전 가능성, 시세 등에 대해 다른 투자자보다 더 잘 알고 있다는 것은 경쟁력을 갖췄다고 볼 수 있고, 그로부터 비롯된 자신감은 투자에 대한 심리적인 벽을 낮게 만들어 주기도 한다.

### 두 번째, 내가 살고 싶은 지역

거주하기를 원하는 곳이 있다는 것은 그만큼 관심이 있다는 의미이므로 그 지역에 대해서 많은 것을 알고 있을 것이다. 게다가 내가 살고 싶은 곳은 다른 사람들도 살기를 원할 가능성이 크다. 이처럼 선호도가 높은 지역의 부동산은 낙찰을 받고 나서도 수월하게 임대하거나 매매할 수 있다.

### 세 번째, 신규 아파트 단지

새로 지어진 아파트 단지는 일단 건물 자체가 새것이므로 수리에 대한 부담이 없고, 굳이 내부를 직접 확인하지 않더라도 분양 팸플릿이나 인터넷 홍보 자료를 통해 구조와 상태를 파악할 수 있다. 그리고 기존 단지에 비해 학교나 편의 시설 등이 잘 갖춰져 있는 경우가 많은데, 최근에는 이런 신규 아파트 단지에 대한 수요가 더욱 증가하고 있다.

### 네 번째, 대단지

대단지 아파트는 거주 인구가 많기 때문에 그에 따른 기반 시설과 교통 여건도 좋다. 따라서 전세나 매매 수요가 많아 거래가 활발하다. 그만큼 투자에 실패할 확률이 줄어든다.

### 다섯 번째, 교통이 편한 곳

집과 가까운 곳에 지하철역이나 버스 정류장이 있는 것이 좋다. 대도시의 교통난으로 인해 차를 소유하고 있어도 대중교통으로 출퇴근을 하는 경우가 많기 때문이다. 요즘은 맞벌이 부부가 많아서 집을 선택할 때 교통 여건을 더욱 중요하게 생각한다. 따라서 편리한 교통망이 갖춰져 있는지, 특히 지하철 역세권에 위치해 있는지의 여부는 주택 가격 결정에 매우 큰 비중을 차지한다.

## 여섯 번째, 학군이 좋은 곳

우리나라의 높은 교육열을 이야기할 때 빠지지 않는 말이 '맹모삼천지교(孟母三遷之敎)'다. 자녀에게 좋은 교육 환경을 만들어 주고 싶은 부모의 마음은 부동산 가격에도 많은 영향을 미친다. 허허벌판에서 대규모 아파트 단지로 변신한 서울 강남이나 목동, 상계동 일대는 모두 명문 학군이 갖춰진 후 아파트 가격이 급상승했다는 공통점이 있다. 요즘 주목받고 있는 송도 국제도시도 국제 학교나 외국 대학 등의 입주로 인해 더욱 좋은 평가를 받고 있다. 이처럼 명문 학군은 변함없는 호재이다.

## 일곱 번째, 브랜드가 좋은 곳

브랜드 상품은 의류나 신발만 있는 것이 아니다. 아파트 역시 브랜

드를 따지는 시대다. 명품의 가치는 단지 남들에게 보이는 이미지만으로 결정되는 것이 아니라 상품의 질에 좌우된다. 대형 건설 업체가 건설한 아파트는 주택의 품질이 어느 정도 보장된다고 믿기 때문에 브랜드에 따라 수천만 원에서 수억 원대까지 가격 차이를 보인다.

지금까지 살펴본 일곱 가지 기준은 투자 지역을 선택하는 데 고려해야 할 아주 기본적인 사항들이다. 초보자일수록 기본에 충실한 것이 좋다. 수학도 기초가 튼튼해야 쉽게 응용할 수 있는 것처럼 부동산 투자도 마찬가지라고 생각하면 된다.

## '지도 검색'을 활용해 물건 찾는 방법

투자 지역을 선택하는 몇 가지 기준을 알아보았는데, 이 기준이 적용되는 물건을 쉽게 검색할 수 있는 방법은 '지도 검색'을 활용하는 것이다. 대법원 경매정보 사이트와 유료 사이트 모두 지도 검색 메뉴를 제공하고 있다. 이 메뉴를 클릭하면 크게 지도 화면이 나타난다.

| 법원 경매정보 사이트(좌)와 유료 경매정보 사이트(우)의 지도 검색 서비스 |

# ① 잘 알거나 관심이 있는 지역부터 살펴보기

| 법원 경매 사이트의 지도 검색 화면 – 인천 송도 |

| 유료 사이트의 지도 검색 화면 – 인천 송도 |

지도에서 본인이 거주하고 있는 지역 주변부터 검색을 시작해 보자. 앞의 지도는 필자가 살고 있는 송도를 검색한 화면이다. 지도 위의 파란색(법원 사이트) 또는 빨간색(유료 사이트) 아이콘은 그 지역의 경매 물건을 나타내는 것이다. 이 아이콘을 클릭하면 간략한 정보가 뜨는데, 상세한 내용을 알고 싶다면 물건 정보를 다시 클릭하면 된다.

지도를 통해서 보면 그 지역에 경매 물건이 얼마나 되고, 어느 단지의 어떤 물건이 나와 있는지 한눈에 알 수 있다. 본인이 거주하고 있는 곳이라면 지도에 나타난 경매 물건에 대한 정보(살기 좋은 아파트인지, 로얄동이나 로얄층에 해당되는지 등)를 잘 알고 있기 때문에 좀 더 쉽게 투자할 물건을 선택할 수 있다.

거주하거나 잘 아는 지역을 살펴본 다음에는 지도를 축소해서 주변의 관심 지역으로 옮겨 가면서 검색한다. 필자는 경쟁이 조금 덜한 경기도권의 아파트를 선호한다.

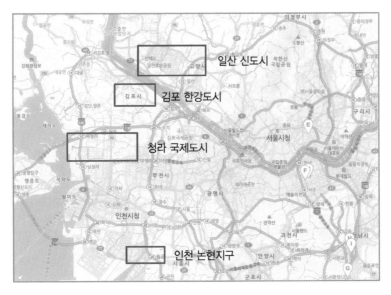

| 거주지 주변의 관심 지역 검색 |

### ② 대단지 또는 신규 아파트 단지 찾기

검색 지역을 옮긴 후 지도를 확대해 단지가 크고 정리가 잘 되어 있는 곳을 찾아본다. 단지가 4개 이상이면 대단지라고 생각하면 된다. 다음 지도를 보면 토지 정리가 잘 되어 있는 것을 알 수 있다.

| 대단지로 잘 정리되어 있는 지역 |

신규 대단지는 새 아파트로 구성되어 있고, 학교 및 교통망과 같은 기본적인 시설이 잘 갖춰져 있다. 따라서 자녀를 학교에 보내야 하거나 깨끗한 집에서 살기를 원하는 사람들의 수요가 많을 거라 예상된다.

### ③ 교통이 좋은 지역 찾기

서울과 근접하고 교통이 편리한 것을 중요하게 생각한다면 지도에서 지하철 노선을 따라가면서 검색해 보자. 경매 물건이 어느 지하철 역에서 얼마나 떨어져 있는지 한눈에 볼 수 있다.

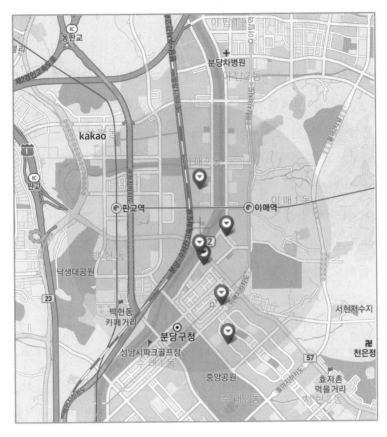

| **지하철 노선**(신분당선) **인근의 경매 물건 검색** |

　　부동산 투자 지역을 선정하는 기준은 입지와 밀접한 관련이 있다. 이렇게 지도를 통해서 검색하면 처음부터 경매 부동산의 입지를 쉽게 파악할 수 있으므로 투자에 적합한 물건을 선택하는 데 도움이 된다. 어떻게 검색을 시작해야 할지 막막하게 느껴진다면 '지도 검색'을 적극적으로 활용해 보기 바란다.

# 쉬운 물건으로 시작하자

　기초적인 권리분석 방법을 익혔고, 투자 지역 선정을 마쳤다. 하지만 막상 물건을 선택해서 입찰하려고 하면 걱정이 앞서고 망설여진다. 권리분석을 잘못한 것은 아닐까? 혹시나 명도가 잘 안 되면 어떻게 하지? 이처럼 아직 경험하지 않은 일들에 대해 자신이 없기 때문에 두려운 마음이 들 것이다. 필자 역시 처음에는 그랬다. 하지만 그런 과정을 겪으며 처리했던 물건들 중 대부분이 어렵지 않은 것이었다. 시간이 지날수록 절실히 느끼는 것은 부동산 자체가 중요한 것이지, 실제로는 전혀 몰라도 되는 복잡한 권리분석과 공부에 집중할 필요가 없다는 것이다. 쉬운 물건으로도 수익을 낼 수 있는 투자의 기회는 많았고, 앞으로도 그럴 것이다.

　그런데 초보자 입장에서는 또 한 가지 의문이 들 수도 있다. 쉬운 물건을 찾으라고 했는데, '도대체 쉬운 물건의 기준이 무엇인가?'하고 말이다. 경매 투자에 좀 더 쉽게 접근할 수 있는 두 가지 기준은 다음과 같다.

## 1. 말소기준권리 이후로 모두 소멸되는 물건

　말소기준권리가 근저당이든 가압류든 상관없이 모든 권리가 소멸되는 물건을 검색하자. 사실 주거용 부동산의 95% 이상이 이런 물건이다. 유료 정보 사이트의 등기부현황을 보면 인수되는 권리가 있는 경우에는 빨간색으로 '인수'라고 쓰여 있다. 인수라고 되어 있지만 실제로는 소멸되는 권리가 잘못 기재된 경우도 있고, 인수해야 한다하더라도 해결 가능한 물건일 수도 있다. 그러나 초보자라면 '인수'라고 표시된 물건은 무조건 패스하자. 모든 권리가 '소멸'된다고 표시되어 있는 물건을 선택해도 충분히 수익을 낼 수 있다.

• 등기부현황 ( 채권액합계 : 346,062,599원 )

| No | 접수 | 권리종류 | 권리자 | 채권금액 | 비고 | 소멸여부 |
|---|---|---|---|---|---|---|
| 1(갑1) | 1997.06.18 | 소유권보존 | (주)신호건설 | | | |
| 2(갑3) | 1998.02.20 | 가압류 | 주택사업공제조합 (대구지점) | 100,000,000원 | 말소기준등기 98카단10968 | 소멸 |
| 3(갑4) | 2000.04.21 | 압류 | 대구광역시수성구 | | | 소멸 |
| 4(갑5) | 2002.03.16 | 가압류 | 한국자산관리공사 | 3,447,759원 | 2002카단9399 | 소멸 |
| 5(갑6) | 2002.06.07 | 가압류 | 파산자 (주)열린상호신용금고파산관재인 예금보험공사 | 132,614,840원 | 2002카단19598 | 소멸 |
| 6(갑8) | 2014.02.04 | 강제경매 | (주)케이알앤씨 (대구지사) | 청구금액: 40,479,344원 | 2014타경 | 소멸 |
| 7(갑9) | 2014.03.06 | 가압류 | 디에이치대부 유한회사 | 110,000,000원 | 2014카단801544 | 소멸 |

• 등기부현황 ( 채권액합계 : 270,000,000원 )

| No | 접수 | 권리종류 | 권리자 | 채권금액 | 비고 | 소멸여부 |
|---|---|---|---|---|---|---|
| 1(갑3) | 2008.06.04 | 소유권이전(매매) | 최 호,이 민 | | 지분 각1/2 | |
| 2(을5) | 2008.06.04 | 근저당 | 우리은행 (매탄동지점) | 156,000,000원 | 말소기준등기 | 소멸 |
| 3(을6) | 2010.02.10 | 근저당 | (주)옥션나라 | 39,000,000원 | 양도전:굿플러스대부주식회사 | 소멸 |
| 4(을9) | 2013.05.06 | 근저당 | 김 윤 | 75,000,000원 | | 소멸 |
| 5(갑4) | 2014.02.06 | 임의경매 | (주)옥션나라 | 청구금액: 29,122,014원 | 2014타경 | 소멸 |
| 6(갑5) | 2015.02.13 | 최 호지분압류 | 충주세무서 | | | 소멸 |
| 7(갑6) | 2015.06.12 | 이 민지분압류 | 국민건강보험공단 | | | 소멸 |
| 8(갑7) | 2015.11.26 | 최 호지분압류 | 충주시 | | | 소멸 |

| 말소기준권리 이후로 전부 '소멸'되는 사례 |

다음의 사례들은 특수물건에 해당된다. 이와 같이 낙찰자가 인수해야 하는 물건은 '인수'라고 기재되어 있으므로 구별하기 쉽다. 이렇게 표시된 물건은 일단 한 번이라도 일반 물건을 낙찰받아 처리해 본 후에 접근하는 것이 좋다. 처음부터 어렵고 복잡한 물건에 투자하겠다고 파고든다면 제대로 시작하기도 전에 지칠 것이다.

**• 토지등기부** ( 채권액합계 : 52,763,891원 )

| No | 접수 | 권리종류 | 권리자 | 채권금액 | 비고 | 소멸여부 |
|---|---|---|---|---|---|---|
| 1(갑2) | 1984.02.17 | 소유권이전 (매매) | 송  선 | | | |
| 2(갑3) | 1998.06.01 | 소유권이전<br>청구권가등기 | 이  욱 | | 매매예약 | 인수 |
| 3(갑4) | 1999.06.16 | 압류 | 동울산세무서 | | 말소기준등기 | 소멸 |
| 4(갑5) | 1999.07.02 | 가압류 | 농협중앙회 | 44,763,891원 | 99카단13099 | 소멸 |
| 5(갑3) | 1999.09.16 | 이 욱가등기상의권리처분<br>금지가처분 | 농협중앙회 | 소유권이전등기말소등기청구권 내용보기<br>사건검색 | | 소멸 |
| 6(갑6) | 2000.07.19 | 압류 | 울산광역시동구 | | | 소멸 |
| 7(갑7) | 2001.07.09 | 가압류 | 윤  미 | 8,000,000원 | 2001카단7649 | 소멸 |
| 8(갑10) | 2015.09.09 | 강제경매 | 농협자산관리회사<br>(경북동부지사) | 청구금액:<br>143,502,694원 | 2015타경 | 소멸 |

| 선순위 권리 '인수' 사례 |

**• 등기부현황** ( 채권액합계 : 150,000,000원 )

| No | 접수 | 권리종류 | 권리자 | 채권금액 | 비고 | 소멸여부 |
|---|---|---|---|---|---|---|
| 1(갑5) | 2006.12.12 | 소유권이전 (매각) | 원  재 | | 강제경매로 인한 매각 2005타경 | |
| 2(을1) | 2008.04.14 | 전세권 (건물의전부) | 원  재 | 100,000,000원 | 말소기준등기<br>존속기간:<br>2008.04.11~2010.0<br>4.10 | 소멸 |
| 3(을2) | 2008.09.08 | 근저당 | 김  정 | 50,000,000원 | | 소멸 |
| 4(갑7) | 2009.04.24 | 소유권이전 (매매) | 이  숙 | | 거래가액: 47,000,000 | |
| 5(갑8) | 2009.10.16 | 압류 | 서울특별시 은평구 | | | 소멸 |
| 6(갑9) | 2010.02.09 | 압류 | 서울특별시 성북구 | | | 소멸 |
| 7(갑10) | 2011.01.06 | 압류 | 여주군 | | | 소멸 |
| 8(갑11) | 2011.03.14 | 압류 | 이천세무서 | | | 소멸 |
| 9(갑12) | 2012.07.25 | 가처분 | 고  우 | 지료연체로 인한 건물철거 청구권, 서울서부지방법<br>원 2012카단6550 사건검색 | | 인수 |
| 10(갑13) | 2014.08.28 | 임의경매 | 원  재 | 청구금액:<br>100,000,000원 | 2014타경 | 소멸 |
| 11(갑14) | 2014.09.16 | 압류 | 국민건강보험공단 | | | 소멸 |

| 후순위 권리 '인수' 사례 |

## 2. 명도에 어려움이 없는 물건

부동산 투자에 관심은 있지만 선뜻 경매를 시작하지 못하는 사람들은 대체로 그 이유를 명도가 부담스럽기 때문이라고 한다. 명도에 대한 오해와 진실은 제1장에서 충분히 설명했다. 실제로 낙찰을 받은 후 명도를 해 보면 쉽고 빠르게 끝나는 경우가 대부분이다. 살고 있는 임차인이나 전 소유자도 더 이상 거주할 권리가 없다는 것을 잘 알고 있기 때문인데, 서로 고맙다고 인사하면서 헤어질 때도 많다.

그래도 명도가 부담이 된다면 다음과 같은 물건을 찾아보자. 임차인이 전혀 피해를 입지 않는, 즉 '보증금 전액을 배당받는 임차인'이나 '소액임차인'이 점유하고 있는 물건을 말이다. 임차인이 배당받으려면 낙찰자의 '명도 확인서'가 필요하므로 이를 활용한다면 원만한 협의를 통해 수월하게 명도할 수 있다.

| 임차인 | 점유부분 | 전입/확정/배당 | 보증금/차임 | 대항력 | 배당예상금액 | 기타 |
|---|---|---|---|---|---|---|
| 신 자 | 주거용 전부 | 전 입 일: 2012.06.26<br>확 정 일: 2012.06.26<br>배당요구일: 2015.10.01 | 보210,000,000원 | 있음 | 배당순위있음 | 전액 배당 |

• 임차인현황 ( 말소기준권리 : 2013.03.18 / 배당요구종기일 : 2015.10.27 )

임차인분석: ☞임차인 신 자가 본건 목적물 206호(방3개) 전부를 점유함.<br>☞임차인의 설명과 주민등록등본을 참고로 하여 조사함.<br>▶매수인에게 대항할 수 있는 임차인 있으며, 보증금이 전액 변제되지 아니하면 잔액을 매수인이 인수함

| 전액 배당받는 임차인 |

※ 대항력과 우선변제권이 있는 임차인이 배당요구를 한 경우, 임차보증금보다 높은 가격에 낙찰되면 임차인이 보증금 전액을 배당받으므로 낙찰자에게 인수되지 않는다.

• 임차인현황 ( 말소기준권리 : 2002.02.20 / 배당요구종기일 : 2015.11.13 )

| 임차인 | 점유부분 | 전입/확정/배당 | 보증금/차임 | 대항력 | 배당예상금액 | 기타 |
|---|---|---|---|---|---|---|
| 송 근 | 주거용 방1칸 | 전 입 일: 2014.01.09<br>확 정 일: 2014.01.09<br>배당요구일: 2015.09.23 | 보35,000,000원 | 없음 | 소액임차인 | |

기타사항: ☞현황조사차 방문하였으나 폐문으로 거주자를 만나지 못하여, 점유관계는 미상임.<br>☞동사무소에서 주민등록을 열람한바, 채무자겸 소유자 세대와 그외세대 전입되어 있음.<br>☞임대차내용은 주민등록표 등본에 등재된 내용으로 정확한 임대차내용은 미상임.

| 배당받는 소액임차인 |

※ 일정 요건을 충족한 소액임차인은 최우선변제권으로 가장 먼저 보증금 전액 또는 일부를 배당받을 수 있다.

• 임차인현황 ( 말소기준권리 : 2015.09.14 / 배당요구종기일 : 2015.12.07 )

| 임차인 | 점유부분 | 전입/확정/배당 | 보증금/차임 | 대항력 | 배당예상금액 | 기타 |
|---|---|---|---|---|---|---|
| 원 희 | 주거용 전부 | 전 입 일: 미상<br>확 정 일: 2013.09.06<br>배당요구일: 2015.09.14 | 보100,000,000원 | | 배당순위있음 | 선순위 전세권등기자,<br>경매신청인, 현황상전<br>:2015.09.03 |

기타사항: ☞본 건은 현장조사 시 폐문부재로 점유자(임차인)를 만나지 못하여 동사무소 전입세대 주민등록열람한 바, 세대주-원 희(전입:<br>2015.09.03.)외 세대원0명이 등재되어 있음<br>☞원 희 : 최선순위 전세권자 겸 대항요건을 갖춘 임차인(본건 신청전세권자)으로서 보증금 전액에 관하여 배당을 받지 아니한 경우 보증금 잔액을 매수인이 인수함

| 임차인이 경매 신청인 |

※ 경매 신청 및 배당요구한 전세권은 배당 여부에 관계없이 매각으로 소멸된다. 선순위전세권자도 배당을 받으려면 낙찰자의 명도 확인서가 필요하다.

## 물건 선택의 노하우

1. 투자 지역을 선택하는 7가지 기준을 참고하자

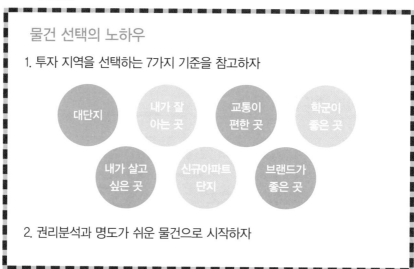

2. 권리분석과 명도가 쉬운 물건으로 시작하자

**경매 실전 step 1 물건 검색 따라 하기**

지금까지 투자 지역을 선택하는 방법과 쉬운 물건을 찾는 기준에 대해 설명했다. 이 내용을 참고하여 직접 대법원이나 유료 경매정보 사이트에 방문해서 물건 검색을 시작해 보자.

## [1] 투자 지역과 부동산 종류를 선택하여 검색하기

필자는 인천 송도에 거주하고 있다. 직접 살면서 주거 환경과 교육 여건에 만족하고 있고, 부동산 시세 및 기타 정보에 대해 잘 알고 있기 때문에 자주 투자하는 지역이다. 유료 경매 사이트의 '종합 검색' 메뉴에서 다음과 같이 '인천시 연수구 송도동'과 '아파트'를 선택해 검색했다.(앞에서 설명한 '지도 검색' 메뉴를 활용해도 된다.)

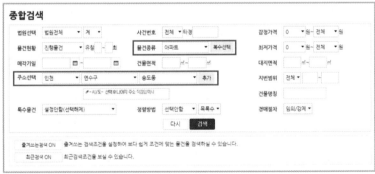

| 유료 사이트 종합 검색에서 물건 종류(아파트)와 지역(인천 송도) 선택 |

| 사건번호<br>(물번) | 사진 | 물건종류 및 소재지 | 감정가<br>최저입찰가 | 진행<br>상태 | 입찰일자<br>(시간) | 조회수 |
|---|---|---|---|---|---|---|
| 1 | | 아파트<br>인천광역시 연수구 송도동<br>106동 6층 601호<br>건물 134.96㎡(40.8평) , 토지 53.9384㎡(16.3평) | 700,000,000<br>490,000,000 | 유찰 1회<br>(70%) | 201<br>화(10:00)<br>입찰 14일전 | 113 |
| 1 | | 아파트<br>인천광역시 연수구 송도동<br>동 14층 1402호<br>건물 134.99㎡(40.8평) , 토지 106.8319㎡(32.3평) | 634,000,000<br>443,800,000 | 유찰 1회<br>(70%) | 201<br>수(10:00)<br>입찰 15일전 | 146 |
| 1 | | 아파트<br>인천광역시 연수구 송도동<br>동 16층 1603호<br>건물 139.294㎡(42.1평) , 토지 80.9499㎡(24.5평) | 680,000,000<br>476,000,000 | 유찰 1회<br>(70%) | 201<br>수(10:00)<br>입찰 15일전 | 81 |
| 1 | | 아파트<br>인천광역시 연수구 송도동<br>105동 12층 1201호<br>건물 134.96㎡(40.8평) , 토지 53.9384㎡(16.3평) | 734,000,000<br>513,800,000 | 유찰 1회<br>(70%) | 201<br>금(10:00)<br>입찰 17일전 | 98 |
| 1 | | 아파트<br>인천광역시 연수구 송도동<br>호<br>건물 122.76㎡(37.1평) , 토지 50.4556㎡(15.3평) | 393,000,000<br>275,100,000 | 유찰 1회<br>(70%) | 201<br>월(10:00)<br>입찰 27일전 | 75 |
| 1 | | 아파트<br>인천광역시 연수구 송도동<br>04동 15층 1504호<br>건물 84.94㎡(25.7평) , 토지 62.4㎡(18.9평) | 400,000,000<br>280,000,000 | 유찰 1회<br>(70%) | 201<br>화(10:00)<br>입찰 28일전 | 71 |

| 검색 조건에 해당하는 물건 목록 |

검색 조건에 맞는 물건 목록이 뜨면 클릭해서 상세 화면을 본다.

## [2] 물건 상세 화면 확인하기

| 물건 상세 화면 - 기본 정보 |

**• 임차인현황**  ( 말소기준권리 : 2013.11.11 / 배당요구종기일 : 2014.12.10 )

| ===== 조사된 임차내역 없음 ===== |
|---|

| 기타사항 | ☞본건 현황조사차 현장에 임한 바, 폐문부재로 이해관계인을 만날 수 없어 상세한 점유 및 임대차관계는 알 수 없으나, 전입세대열람결과 임대차관계는 없는 것으로 추정됨 |
|---|---|

**• 등기부현황**  ( 채권액합계 : 486,293,320원 )

| No | 접수 | 권리종류 | 권리자 | 채권금액 | 비고 | 소멸여부 |
|---|---|---|---|---|---|---|
| 1(갑2) | 2005.10.27 | 소유권이전(매매) | 이█철 | | | |
| 2(을6) | 2013.11.11 | 근저당 | 예가람저축은행 | 409,500,000원 | 말소기준등기 | 소멸 |
| 3(을9) | 2014.01.09 | 근저당 | 오█연 | 18,000,000원 | | 소멸 |
| 4(갑15) | 2014.08.13 | 소유권이전 청구권가등기 | 문█숙 | | 매매예약 | 소멸 |
| 5(갑16) | 2014.08.29 | 가압류 | 비에스캐피탈(주) | 27,361,515원 | 2014카단6851 | 소멸 |
| 6(갑17) | 2014.09.29 | 임의경매 | 예가람저축은행 | 청구금액: 333,897,032원 | 2014타경█████ | 소멸 |
| 7(갑18) | 2014.10.02 | 강제경매 | 김█진 | 청구금액: 32,748,330원 | 2014타경█████ | 소멸 |
| 8(갑19) | 2014.10.13 | 가압류 | (주)케이비국민카드 | 9,759,435원 | 2014카단9431 | 소멸 |
| 9(갑20) | 2014.11.27 | 가압류 | 엔에이치농협캐피탈(주) | 21,672,370원 | 2014카단7786 | 소멸 |

| 물건 상세 화면 - 임차인 및 등기부현황 |

상세 화면에서 기본 정보를 살펴본 후에 쉬운 물건을 고르는 기준 두 가지
('말소기준권리 이후로 모두 소멸하는 것'과 '명도가 쉬운 것')에 부합하는지 확인해
보자. 먼저 임차인 현황을 보면 임차 내역이 없으므로 낙찰자가 인수해야 할
임차인 권리가 없고, 명도가 어렵지 않을 거라 예상된다. 그리고 등기부현황
을 통해 말소기준권리 이후로 모든 권리가 소멸하여 인수할 것이 없는 안전
한 물건이라는 것을 확인할 수 있다.
처음부터 모든 물건을 다 검색할 수는 없다. 위와 같이 몇 가지 기준을 가지
고 적용한다면 물건 검색을 좀 더 쉽고 효율적으로 할 수 있을 것이다.

# 무혈입성(無血入城)
## 낙찰 후 4일 만에 명도하고, 잔금 전에 매도하기

**2015타경** · 인천지방법원 본원 · 매각기일 : **2016.09.23(金) (10:00)** · 경매 20계 (전화:032-860-1620)

| 소재지 | 인천광역시 서구 연희동 | | | 도로명주소검색 | | |
|---|---|---|---|---|---|---|
| 새 주소 | 인천광역시 서구 청라라임로 | | | | | |
| 물건종별 | 아파트 | 감정가 | 622,000,000원 | | | |
| 대지권 | 55.734㎡(16.859평) | 최저가 | (70%) 435,400,000원 | 구분 | 입찰기일 | 최저매각가격 | 결과 |

| 구분 | 입찰기일 | 최저매각가격 | 결과 |
|---|---|---|---|
| 1차 | 2016-08-19 | 622,000,000원 | 유찰 |
| 2차 | 2016-09-23 | **435,400,000원** | |

| 건물면적 | 125.076㎡(37.835평) | 보증금 | (10%) 43,540,000원 |
|---|---|---|---|
| 매각물건 | 토지·건물 일괄매각 | 소유자 | 이 수 |
| 개시결정 | 2015-12-21 | 채무자 | 이 수 |

낙찰 : 504,000,000원 (81.03%)

(입찰4명,낙찰:인천 /
차순위금액 465,110,000원)

| 사건명 | 임의경매 | 채권자 | 국민은행 |
|---|---|---|---|

매각결정기일 : 2016.09.30 - 매각허가결정

대금지급기한 : 2016.11.03

대금납부 2016.11.02 / 배당기일 2016.11.28

배당종결 2016.11.28

### 임차인현황 ( 말소기준권리 : 2015.11.17 / 배당요구종기일 : 2016.03.11 )

| 임차인 | 점유부분 | 전입/확정/배당 | 보증금/차임 | 대항력 | 배당예상금액 | 기타 |
|---|---|---|---|---|---|---|
| 서울보증보험(주)(양도전:이 채) | 주거용 전부 | 전 입 일: 2013.11.20<br>확 정 일: 2013.11.20<br>배당요구일: 2016.02.29 | 보155,000,000원 | 있음 | 배당순위있음 | |

임차인분석

☞본건 현황조사시 현장에 임한 바, 폐문부재로 이해관계인을 만날 수 없어 상세한 점유 및 임대관계는 알 수 없으나, 전입세대열람 결과 임차인이 점유하는것으로 추정됨

☞서울보증보험주식회사(양도전:이 채) : 임차인 이 채의 채권양수인임.

▶매수인에게 대항할 수 있는 임차인 있으며, 보증금이 전액 변제되지 아니하면 잔액을 매수인이 인수함

### 등기부현황 ( 채권액합계 : 611,000,000원 )

| No | 접수 | 권리종류 | 권리자 | 채권금액 | 비고 | 소멸여부 |
|---|---|---|---|---|---|---|
| 1(갑2) | 2015.11.17 | 공유자전원지분전부이전 | 이 수 | | 매매 | |
| 2(을1) | 2015.11.17 | 근저당 | 국민은행<br>(서울여신관리센터) | 456,000,000원 | 말소기준등기 | 소멸 |
| 3(갑4) | 2015.12.22 | 임의경매 | 국민은행<br>(특수여신관리센터) | 청구금액:<br>456,000,000원 | 2015타경 | 소멸 |
| 4(갑5) | 2016.01.04 | 가압류 | 서울보증보험(주) | 155,000,000원 | 2015카단8217 | 소멸 |
| 5(갑6) | 2016.01.06 | 압류 | 국민건강보험공단 | | | 소멸 |
| 6(갑7) | 2016.01.07 | 압류 | 의정부세무서 | | | 소멸 |
| 7(갑8) | 2016.02.17 | 압류 | 인천광역시서구 | | | 소멸 |
| 8(갑9) | 2016.03.03 | 압류 | 충주세무서 | | | 소멸 |
| 9(갑10) | 2016.04.29 | 압류 | 논산세무서 | | | 소멸 |
| 10(갑11) | 2016.06.08 | 압류 | 서인천세무서 | | | 소멸 |

어느 날 오후, 청라에 사는 친구와 점심 식사를 하며 이야기를 나누다가 문득 청라 지역의 경매 물건이 생각났다. 바로 검색해 보니, 최근에 지은 아파트였다. 로열층에 남향이어서 좋은 조건을 갖췄고, 감정가가 6억 2,200만 원인데 한 번 유찰되어 최저가는 4억 3,540만 원이었다.

권리분석에 문제는 없었지만, 대항력이 있는 임차인의 채권 양수인이 서울보증 보험이라는 점이 조금 특이했다. 그러나 배당요구를 했고, 보증금 전액을 배당받을 수 있을 것으로 예상되어 명도에도 어려움이 없어 보였다.

같이 식사하고 있던 친구에게 해당 아파트에 대해 물어보았다.

"아~ 이 아파트! 여기 학교 학생들이 좋은 대학교에 많이 진학해서 학군이 좋다고 소문이 나 있어. 지하에 수영장도 있고, 커뮤니티도 아주 잘 갖춰져 있지. 상가도 가깝고, 이 동네에서 위치가 제일 좋아."

그 지역에 살고 있는 친구의 이야기를 들으니 더욱 관심이 갔다. 그런데 입찰기일이 바로 다음 날이었다. 마음이 급해진 나는 친구와 헤어지자마자 해당 아파트 주변의 공인중개사무소로 향했다.

## 중개사무소 임장

**팔콘:** "사장님~ 안녕하세요. 저 경매 투자하는 사람인데요. 여기 아파트가 매각 물건으로 나와서 시세를 알아보려고 합니다. 몇 가지 여쭤봐도 될까요?"

**중개사:** "네~ 어떤 게 궁금하신가요?"

**팔콘:** "이 물건 낙찰받아서 바로 내놓으면 얼마에 팔 수 있을까요? 그리고 전세 시세는 어떻게 되나요?"

**중개사:** "현재 제일 싸게 나온 물건이 5억 7천만 원인데요. 뭐~ 5억 6천 정도면 팔릴 것 같네요. 그리고 전세는 4억 정도에요."

**팔콘:** "5억 6 ~ 7천이라……. 경매 물건은 남향에 로열층이니 5억 6천이면 바로 팔리겠네요. 그렇죠?"

**중개사:** "사장님~ 일단 받아만 오세요! 제가 좋은 가격에 팔아 드릴게요!"

**팔콘:** "네~ 알겠습니다! 꼭 받아 올게요. 그런데 혹시 이 물건에 대해 알아보려고 찾아온 경매 투자자가 몇이나 되나요?"

**중개사:** "경매? 경매로 찾아온 사람은 사장님이 처음이에요."

**팔콘:** "그래요? 내일이 입찰일인데 이상하네요. 암튼 낙찰받아서 다시 올게요. 감사합니다."

임장을 해 본 결과, 입찰해야겠다는 결심이 섰다. 그런데 경매를 목적으로 중개사무소에 방문한 사람이 아무도 없었다는 말이 신경 쓰였다. 경쟁자가 거의 없다면 4억 원대 후반에 입찰해도 낙찰받을 수 있을 것 같았다. 하지만 그동안의 청라 지역 입찰 인원과 낙찰가, 해당 물건의 상태로 판단했을 때 분명 입찰자가 많을 거라 생각했다. 입찰 가격을 고민하고 또 고민한 후에 5억 원을 살짝 넘기기로 결정했다.

## 입찰 당일 법원

**집행관:** "사건 번호 ○○○○번 입찰 개표하겠습니다. 인천 송도에 사는 박○○ 씨, 5억 400만 원!"

**팔콘:** '앗! 처음부터 이름이 불리다니……, 바로 낙방인가! 그래~ 이렇게 좋은 물건이 이 가격에 낙찰될 리가 없겠지.'(인천 지법은 통상 입찰 금액이 적은 것부터 높은 순서로 부른다. 따라서 마지막에 호명되는 사람이 최종 낙찰자다.)

**집행관:** "다음은 김○○ 씨, 5억 1,400만 원! 그런데 잠시만요."

두 명의 집행관이 의견을 나누고 있다. 뭔가가 이상한 것이다.

**집행관:** "김○○ 씨가 최고가 낙찰자인데요. 입찰서와 위임장에 다른 인감도장을 쓰셨네요. 도장이 다르면 무효 처리됩니다. 그러므로 차순위인 박○○씨가 5억 400만 원에 최고가 매수신고인이 되겠습니다."

그렇다. 도장을 잘못 찍은 최고가 신고인 대신에 내가 낙찰자가 된 것이다. 이어서 집행관은 다른 입찰자들이 쓴 입찰 금액을 차례로 불러 주었다. 무언가 문제가 있다 보니 평상시처럼 낮은 가격 순서대로 호명하지 않았던 것이다.

**집행관:** "다음은 인천의 홍○○ 씨, 4억 6,511만 원!"

낙찰의 기쁨도 잠시, 차순위와 4,000만 원 차이인 것을 알고 나니 마냥 좋아할 수만은 없었다. 순간 잘못 받았나 싶기도 했다. 그러나 권리분석이나 시세 조사를 제대로 하고 입찰했기 때문에 마음을 가라앉혔다. 입찰을 하다보면 좋은 물건임에도 입찰자 수와 낙찰 가격이 낮은 경우가 가끔 있는데 이 물건이 바로 그랬다. 물건이 좋으면 경쟁이 심할 거라 생각하고 지레 입찰을 포기해 버리는 사람들이 있기 때문이다. 만약 내가 이 물건에 입찰하지 않았다면 다음 순위인 홍○○ 씨가 시세 대비 1억 원이나 낮은 가격에 낙찰받았을 것이다.

## 명도 – 낙찰 후 1일째

다음 날, 명도를 위해 임차인의 권리를 양수한 서울 보증 보험 주식회사에 전화했다. 담당자와 연결이 되자 바로 궁금했던 내용을 질문했다.

**팔콘:** "안녕하세요. 경매 2015 타경 ○○○○ 낙찰받은 사람입니다. 임차인 이○○ 씨의 보증금을 보증 보험 회사에서 배당받으시려면 낙찰자의 명도 확인서가 필요하시잖아요. 지금 이 부동산에 임차인이 살고 있나요?"

**서울 보증 보험:** "거기 임차인이요? 이미 이사했습니다. 임차인이 보증금을 저희 회사에서 받아 가는 대신 저희가 경매 절차에서 배당금을 받게 되는데요.(전세금 보증 보험) 이때 임차인이 집을 비운 것을 확인하고 보증금을 줍니다. 그러니 명도 확인서는 저희에게 주시면 됩니다."

이보다 더 좋을 수는 없었다. 좋은 물건을 낮은 가격에 낙찰받았을 뿐 아니라 명도도 필요 없었던 것이다. 곧이어 아파트 관리사무소에도 전화했다.

**팔콘:** "안녕하세요. ○○○○호 경매 낙찰자입니다. 현재 미납된 관리비가 얼마인가요?"

**관리사무소:** "잠시만 기다리세요. 확인해 보니 70만 원 정도 되는데요."

**팔콘:** "4월부터 이번 달인 10월까지 미납되었으니 그 70만 원은 공용 관리비겠네요."

**관리사무소:** "네. 맞습니다."

**팔콘:** "혹시 그 집 공실인가요?"

**관리사무소:** "네. 4월에 이사했습니다."

빈집이 확실했다. 하지만 혹시나 이전 임차인의 집기류 등이 남아 있지는 않은지 궁금했다. 임차인에게 직접 연락해서 확인해 봐야겠다고 생각했다.

### 명도 - 낙찰 후 3, 4일째

임차인의 연락처는 개인 정보라 보증 보험 회사나 관리사무소를 통해 알아낼 수가 없었다. 직접 법원에 방문해서 매각 물건 서류를 열람하여 임차인의 전화번호를 찾았다. 그런데 여러 차례 전화하고 문자를 보내도 답이 없었다. 마냥 기다릴 수만은 없기에 결단이 필요했다. 인도명령을 신청해 법적으로 해결할 것인가, 아니면 사람이 거주하지 않는 것은 확실하니 직접 개문할 것인가를 깊이 고민했다. 그리고 결국 후자를 선택해 실행에 옮겼다. 문을 연 순간, 모든 것이 기우였음을 확인할 수 있었다. 사람도, 짐도 없었고, 나를 반기는 건 먼지뿐이었다.

무혈입성의 순간이었다!

## 매매 후 수익

낙찰받고 4일 만에 나의 집이 된 이 물건은 잔금을 납부하기도 전에 매수자를 찾아서 좋은 가격에 매매계약서를 작성했다. 취득 시 투입된 돈은 낙찰 대금, 취득세, 중개수수료와 같은 기본적인 비용에 미납 관리비 70만 원과 개문하는 데 든 40만 원이 전부였다.

보통 사람들이 1년 이상 열심히 일해야 얻을 수 있는 근로 소득을, 짧은 시간에 힘들이지 않고 벌었다. 이처럼 경매 물건 중에는 권리분석이 쉽고, 명도가 간단할 뿐 아니라 시세 대비 낮은 가격에 낙찰받아 수익을 낼 수 있는 것들이 많이 있다.

| 내역 | 금액(단위: 원) |
|---|---|
| 낙찰 가격 | 5억 400만(대출 85%) |
| 총 투자 비용 | 5억 1,410만 = 낙찰가 + 취득세(600만) + 미납 관리비(70만) + 개문 비용(40만) + 기타(300만) |
| 매도 금액 | 5억 7,000만 |
| 예상 수익<br>(매도금액 − 총 투자비용) | 세전 5,590만 |

| 청라 아파트 투자 내역서 |

지레 겁먹고 포기해서는 그 무엇도 이룰 수 없다. 두려움을 이기고 한 발짝 내딛어 보자. 쉬운 것부터 차근차근 시작한다면 점점 더 용기를 얻고 앞으로 나아갈 수 있을 것이다.

step 1 물건 검색

### step 2  온라인 조사

물건을 선택한 후에 기본 권리분석을 마쳤다면 그다음은 '낙찰을 받고 수익을 낼 수 있는지에 대한 조사'가 필요하다. 예전에는 물건 정보지를 들고 현장을 방문해 갖가지 정보를 수집하는 오프라인 조사를 중요시했다면, 이제는 가능한 한 온라인으로 정보를 모은 뒤 그것이 맞는지 확인하는 수준으로 임장*을 한다. 지금의 경매는 발품보다 손품이 더 중요하다.

---

\* **임장**
부동산을 직접 방문해 시세 및 주변 환경, 편의 시설, 교통 등을 조사하는 것을 말한다.

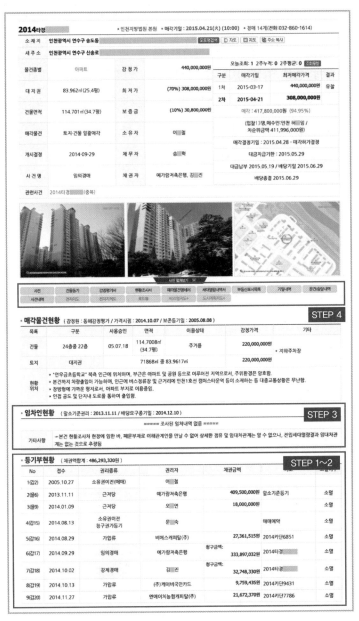

**2014타경**　• 인천지방법원 본원 • 매각기일 : 2015.04.21(火) (10:00) • 경매 14계(전화:032-860-1614)

| 소 재 지 | 인천광역시 연수구 송도동 | | | 로드뷰영역검색 □지도 □지도 □주소복사 | | | |
|---|---|---|---|---|---|---|---|
| 새 주 소 | 인천광역시 연수구 신송로 | | | | | | |
| 물건종별 | 아파트 | 감 정 가 | 440,000,000원 | 오늘조회: 1 2주누적: 0 2주평균: 0 조회동향 | | | |
| | | | | 구분 | 매각기일 | 최저매각가격 | 결과 |
| 대 지 권 | 83.962㎡(25.4평) | 최 저 가 | (70%) 308,000,000원 | 1차 | 2015-03-17 | 440,000,000원 | 유찰 |
| | | | | 2차 | 2015-04-21 | **308,000,000원** | |
| 건물면적 | 114.701㎡(34.7평) | 보 증 금 | (10%) 30,800,000원 | 매각 : 417,800,000원 (94.95%) | | | |
| 매각물건 | 토지·건물 일괄매각 | 소 유 자 | 이▒철 | (입찰13명,매수인:인천 헤▒임 / 차순위금액 411,996,000원) | | | |
| 개시결정 | 2014-09-29 | 채 무 자 | 송▒혁 | 매각결정기일 : 2015.04.28 - 매각허가결정 | | | |
| | | | | 대금지급기한 : 2015.05.29 | | | |
| 사 건 명 | 임의경매 | 채 권 자 | 애가람저축은행, 김▒진 | 대금납부 2015.05.19 / 배당기일 2015.06.29 | | | |
| | | | | 배당종결 2015.06.29 | | | |
| 관련사건 | 2014타경▒▒▒▒(중복) | | | | | | |

| 사진 | 건물등기 | 감정평가서 | 현황조사서 | 매각물건명세서 | 세대별열람내역 | 부동산표시목록 | 기일·내역 | 문건/송달내역 |
|---|---|---|---|---|---|---|---|---|
| 사진-내부 | 전자지도 | 전자지적도 | 로드뷰 | 서라벌지도+ | 도시계획지도+ | | | |

STEP 4

● **매각물건현황** ( 감정원 : 동해감정평가 / 가격시점 : 2014.10.07 / 보존등기일 : 2005.08.08 )

| 목록 | 구분 | 사용승인 | 면적 | 이용상태 | 감정가격 | 기타 |
|---|---|---|---|---|---|---|
| 건물 | 24층중 22층 | 05.07.18 | 114.7008㎡ (34.7평) | 주거용 | 220,000,000원 | • 지하주차장 |
| 토지 | 대지권 | | 71868㎡ 중 83.9617㎡ | | 220,000,000원 | |

| 현황 위치 | • "연우금초등학교" 북측 인근에 위치하며, 부근은 아파트 및 공원 등으로 이루어진 지역으로서, 주위환경은 양호함.<br>• 본건까지 차량출입이 가능하며, 인근에 버스정류장 및 근거리에 인천1호선 캠퍼스타역이 소재하는 등 대중교통상황은 무난함.<br>• 장방형에 가까운 평지로서, 아파트 부지로 이용중임.<br>• 인접 공도 및 단지내 도로를 통하여 출입함. |
|---|---|

● **임차인현황** ( 말소기준권리 : 2013.11.11 / 배당요구종기일 : 2014.12.10 )

===== 조사된 임차내역 없음 =====

| 기타사항 | ⇒본건 현황조사 현장에 임한 바, 폐문부재로 이해관계인을 만날 수 없어 상세한 점유 및 임대차관계는 알 수 없으나, 전입세대열람결과 전입세대와 임대차관계는 없는 것으로 추정됨 |
|---|---|

STEP 3

● **등기부현황** ( 채권액합계 : 486,293,320원 )

STEP 1~2

| No | 접수 | 권리종류 | 권리자 | 채권금액 | ▒▒▒▒ | ▒▒▒▒ |
|---|---|---|---|---|---|---|
| 1(갑2) | 2005.10.27 | 소유권이전(매매) | 이▒철 | | | |
| 2(을6) | 2013.11.11 | 근저당 | 애가람저축은행 | 409,500,000원 | 말소기준등기 | 소멸 |
| 3(을9) | 2014.01.09 | 근저당 | 오▒연 | 18,000,000원 | | 소멸 |
| 4(갑15) | 2014.08.13 | 소유권이전 청구권가등기 | 문▒숙 | | 매매예약 | 소멸 |
| 5(갑16) | 2014.08.29 | 가압류 | 비메스캐피탈(주) | 27,361,515원 | 2014카단6851 | 소멸 |
| 6(갑17) | 2014.09.29 | 임의경매 | 애가람저축은행 | 청구금액: 333,897,032원 | 2014타경▒▒▒▒ | 소멸 |
| 7(갑18) | 2014.10.02 | 강제경매 | 김▒진 | 청구금액: 32,748,330원 | 2014타경▒▒▒▒ | 소멸 |
| 8(갑19) | 2014.10.13 | 가압류 | (주)케이비국민카드 | 9,759,435원 | 2014카단9431 | 소멸 |
| 9(갑20) | 2014.11.27 | 가압류 | 앤에이지능협캐피탈(주) | 21,672,370원 | 2014카단7786 | 소멸 |

| 송도 아파트의 경매 정보 |

그렇다면 어떤 정보들을, 어떤 순서로 조사해야 할까? 앞의 이미지는 "경매 실전 step 1 물건 검색 따라 하기"에서 검색했던 인천 송도 아파트의 경매 정보 화면이다. 앞에서 배운 권리분석에 따르면, 이 아파트는 임차인이 없고, 말소기준권리 이후로 모두 소멸되어 낙찰자가 인수할 권리가 전혀 없는 깨끗한 물건이다. 물건 검색과 분석을 끝냈으니 다음 단계인 '온라인 조사'를 시작해 보자.

## 포털 사이트의 지도 및 부동산 서비스 검색

다음이나 네이버와 같은 포털 사이트에서는 전자 지도뿐 아니라 부동산에 관한 다양한 정보들을 실시간으로 제공하고 있다. 실제 임장을 가기 전에 반드시 살펴봐야 하는 내용이다. 네이버 부동산 서비스를 기준으로 설명하면 〈네이버 부동산 클릭 → 해당 물건의 주소 입력 →

| 네이버 부동산 |

세부 메뉴 확인〉과 같은 순서로 원하는 정보를 찾을 수 있다. 각 세부 메뉴들(빨간색 박스로 표시)을 하나씩 살펴보자.

## 1. 인터넷 지도 및 거리뷰 확인

인터넷 지도를 통해 파악해야 하는 정보는 다음과 같다.

### ① 주변 환경과 편의 시설 조사

지도의 축척을 줄일수록 더 넓은 지역이 나타난다. 축척을 조절하면서 해당 물건이 있는 도시의 전반적인 규모, 인접한 도로나 지하철 현황, 주변의 학교 및 병원, 그리고 편의 시설 등의 위치를 파악한다.

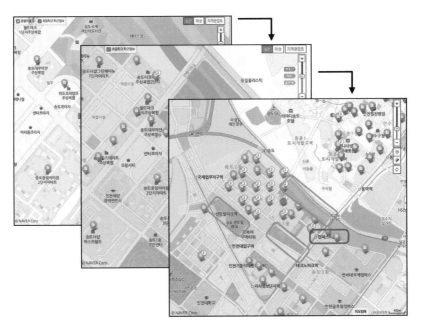

| 인터넷 지도 |

이 아파트(빨간색 점) 주변에는 초등학교와 3개의 공원(파란색 박스)이 인접해 있다. 또한 상가 단지와도 가깝고, 지하철역(빨간색 박스)도 멀지 않은 곳에 있는 것을 알 수 있다.

### ② 해당 물건의 위치 파악

축척을 가장 크게 하면 좁은 지역을 자세하게 볼 수 있다. 해당 아파트가 몇 동에 속하는지, 남향인지, 도로에 붙어 있는지, 앞이 막혀 있지 않은지 등을 살펴본다.

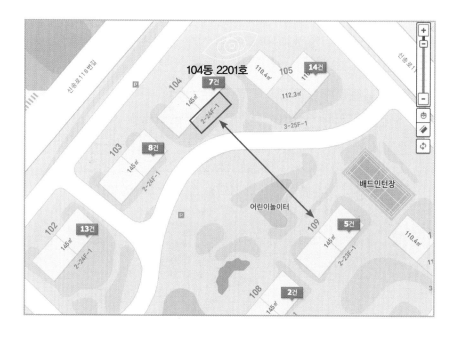

해당 아파트(104동 2201호)를 보면 2-24F-1이라고 표시되어 있다. 이것은 최고층이 24층이며, 건물의 왼쪽은 2호 라인, 오른쪽은 1호 라인이라는 뜻이다. 따라서 이 물건은 24층 중 22층이고, 오른쪽 1호 라인이다.

도로에 붙어 있지만 차가 많이 다니는 도로는 아닌 것으로 보이며 층이 높아 소음 문제는 없을 것으로 예상된다. 남동향에 가깝고, 앞 동 과의 사이에 놀이터가 있어 동간 거리는 좁지 않다.

### ③ 주요 시설과의 거리 측정

지도상에 출발점과 도착점을 설정하면 거리와 소요 시간이 표시된다.

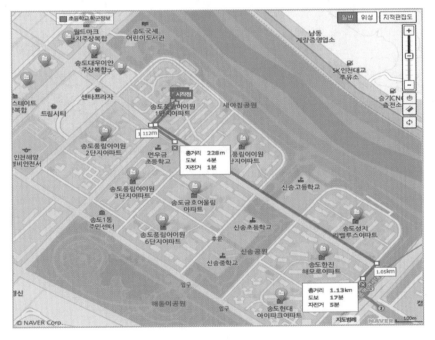

| 인터넷 지도의 거리 재기 기능 |

이 아파트에서 초등학교는 걸어서 4분, 지하철역은 걸어서 17분 정 도의 거리에 위치하고 있다. 이렇게 거리 재기를 이용하면 직접 걸으

면서 측정하지 않더라도 시간이 대략 얼마나 걸리는지 알 수 있다.

### ④ 거리뷰로 지역의 특성과 분위기 살피기

거리뷰(로드뷰)를 클릭하면 평면 지도와는 달리 실제로 길에 서서 보는 것처럼 그 지역의 특성과 분위기를 파악할 수 있다. 촬영 시기별로 선택할 수 있으므로 시간에 따른 변화 과정도 살펴볼 수 있다.

| 해당 물건 주변의 실제 모습을 볼 수 있는 거리뷰 |

아파트 앞 교차로를 거리뷰로 본 것이다. 단지 바로 앞에 대형 상가들이 있고 주변이 잘 정리되어 있다. 상권 이용이 매우 편리할 거라 예상된다.

## 2. 매물 시세 및 실거래가 조사

### ① 매물 정보와 시세 알아보기

| 매물 | 시세 | 실거래가 | 단지 정보 | 평면도 | 학군 정보 | 커뮤니티 |

물건을 구매할 때 가장 중요한 것이 바로 가격을 파악하는 것이다. 부동산도 마찬가지다. 비슷한 조건의 물건들이 실제로 얼마에 나와 있는지를 알고 싶다면 포털 사이트의 부동산 매물 정보가 매우 유용할 것이다.

먼저 제일 저렴한 물건이 얼마이고, 어떤 물건인지 기록해 둔다. 현재 가장 낮은 가격에 나와 있는 물건이 내가 낙찰받고자 하는 것과 비슷한 조건이라면 그 가격보다는 더 낮아야 쉽게 매도가 될 것이다. 하지만 최저가 물건이 저층이나 탑층과 같은 불리한 조건을 가졌다면 그 가격보다 조금 더 높게 매도할 수도 있다.

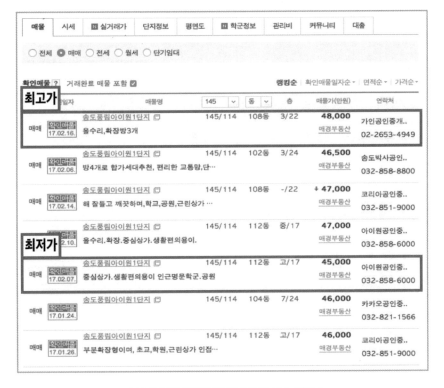

| 경매 물건 아파트 단지의 동일 평수 매물 |

해당 아파트 단지의 같은 면적 매물 시세를 보면 4억 5천 ~ 4억 8천만 원까지 나와 있다. 이때 최저가인 4억 5천만 원은 탑층이거나 허위 매물의 가격일 수도 있고, 최고가 4억 8천만 원인 집은 인테리어가 잘 되어 있을 수도 있다. 일단 메모해 두고, 임장할 때 매물의 실제 가격이 제대로 반영되었는지 확인한다.(앞의 이미지는 낙찰 후의 매물 정보이므로 조사 방법만 참고한다.)

② 실거래가 확인

| 포털 사이트의 부동산 실거래가 제공 화면 |

실거래가 메뉴를 클릭하면 상·하한가와 시세 변동 추이를 확인할 수 있으며, 실제 거래된 부동산의 가격과 횟수 등을 알 수 있다. 실거래가는 투자자에게 있어서 매도 가격 산정의 기준이 되는 중요한 정보다. 포털 사이트에서는 최근 정보만 간단히 제공하므로 링크(빨간색 박스)되어 있는 국토교통부의 실거래가 공개 시스템(http://rt.molit.go.kr)을 통해 직접 확인하는 것이 좋다.

| 단지 | 지번 | 전용면적 | 1월 | | 2월 | | 3월 | | 건축년도 |
|---|---|---|---|---|---|---|---|---|---|
| | | | 계약일 | 거래금액(층) | 계약일 | 거래금액(층) | 계약일 | 거래금액(층) | |
| 송도풍림아이원1단지 | 2-7 | 84.72 | 1~10 | 37,000 (9) | 1~10 | 38,000 (7) | 1~10 | 36,600 (3) | 2005 |
| | | | | 37,700(11) | | 36,000 (6) | | 38,400(12) | |
| | | | | 32,400 (1) | 21~28 | 36,000(13) | 21~31 | 38,500(12) | |
| | | | 11~20 | 36,500 (6) | | | | | |
| | | | | 37,000(11) | | | | | |
| | | | 21~31 | 37,900(16) | | | | | |
| | | | | 36,300 (6) | | | | | |
| | | | | 35,900 (6) | | | | | |
| | | 84.91 | 11~20 | 32,800 (2) | | | | | |
| | | 114.7 | 1~10 | 39,700 (3) | 11~20 | 41,000(17) | 11~20 | 44,000(14) | |
| | | | 11~20 | 41,500 (8) | 21~28 | 43,000 (7) | 21~31 | 44,000(14) | |
| | | | | 44,300(12) | | 43,500(15) | | | |
| | | | 21~31 | 41,000(13) | | | | | |
| | | | | 42,400(14) | | | | | |

| 해당 물건의 매각 직전에 거래된 실제 가격과 층수 – 국토교통부 |

월별 거래 가격을 보면 시세가 오르고 있는 것으로 보이고, 3월 기준 평균 시세는 4억 4천만 원으로 파악된다.(감정가 4억 4천만 원으로 실거래가 평균 시세와 같다.) 여기서도 역시 최저가와 최고가는 메모해 두고, 현장 조사할 때 그 가격에 거래된 이유를 물어볼 수 있도록 한다.

## 3. 단지, 학군 등 기타 정보 파악

| 매물 | 시세 | 실거래가 | 단지 정보 | 평면도 | 학군 정보 | 커뮤니티 |
|------|------|----------|-----------|--------|-----------|----------|

단지 정보에서는 준공 시기, 세대수 및 주차 대수, 그리고 교통 정보 등의 간단한 내용을 보여 준다. 그리고 평면도를 통해서는 방이나 화장실의 수, 주방의 형태, 내부 구조 등을 파악할 수 있다.

학군 정보에서는 해당 주소지에서 배정될 수 있는 학교의 객관적인 정보를 정리해 놓았다. 학교의 평판 등 좀 더 구체적인 정보를 알고 싶다면 인터넷을 통해서 따로 검색하거나 중개사무소에 방문해 직접 문의하는 것이 좋다.

커뮤니티 게시판에서는 개인들이 올린 의견이나 Q&A를 통해 해당 아파트 단지에 대한 장단점 및 개발 호재 등의 정보를 얻을 수 있다. 입주민 입장에서 설명하는 내용들은 객관적인 사실에 대한 조사만으로는 얻을 수 없는 귀중한 정보들을 담고 있는 경우도 있지만, 그 밖의 왜곡된 내용은 없는지 좀 더 신중하게 판단할 필요가 있다.

# 온라인 커뮤니티와 블로그 정보 활용

　'맘 카페'는 기혼 여성들이 살림, 육아, 교육 등의 정보를 공유하기 위해 활동하는 온라인 카페를 이르는 말이다. 주부들의 관심사인 여러 정보들은 부동산과 밀접하게 관련되어 있는 경우가 많다. 학군이 좋은 곳이 어디인지, 공터에 어떤 건물이 들어서는지, 동네에서 불편한 점은 무엇인지 등 해당 지역의 발전 계획 및 장단점에 대한 정보들이 어느 커뮤니티보다 빠르게 공유된다. 또한 맘 카페를 통해 부동산 직거래를 하는 경우도 있다. 이처럼 입찰 전에 원하는 정보를 얻을 수 있을 뿐 아니라 낙찰 후 매도나 임대를 할 때도 도움이 되므로 관심 지역의 맘 카페에 가입해 적극 활용해 보자.

　커뮤니티 외에 '인터넷 블로그'도 부동산 투자에 유용하다. 블로그는

 **◆동탄맘들 모여라** 대표
**동탄**신도시(1기,2기) 맘들을 위한 공간으로 육아,교육,지역정보 등을 교환하는 카페입니다.
랭킹: 숲 · 멤버수: 216,969 · 새글/전체글: 1,768/ 2,640,636 · 매니저: 토토루 · 카페 프로필▸
주제 가족/육아 > 가족/육아일반　지역 경기도 > 화성시　https://cafe.naver.com/dongtanmom

 **김행나-김포여인들의 행복한 나눔(김포맘 한강신도시 엄마 여자)** 대표
경기도 김포시 대표 카페입니다.김포맘,한강신도시, 김포 여인들의 나눔 카페
랭킹: 숲 · 멤버수: 89,858 · 새글/전체글: 1,025/ 1,242,501 · 매니저: 에스텔 · 카페 프로필▸
주제 가족/육아 > 육아/여성　지역 경기도 > 김포시　https://cafe.naver.com/gpfleamarket

 **송파맘들 오세요** 대표
**송파** 강동에 사는 아이맘과 임신맘만 가입이 가능합니다
랭킹: 숲 · 멤버수: 16,319 · 새글/전체글: 664/ 1,351,310 · 매니저: 이쁜주니 · 카페 프로필▸
주제 가족/육아 > 가족/육아일반　지역 서울특별시 > 송파구　https://cafe.naver.com/songpamom

 **☆송도국제도시맘(송도맘)☆** 대표
송도맘의 따뜻한 커뮤니티, **송도국제도시맘** 카페 입니다.
랭킹: 숲 · 멤버수: 45,265 · 새글/전체글: 435/ 367,682 · 매니저: 달콤맘anna · 카페 프로필▸
주제 가족/육아 > 가족/육아일반　지역 인천광역시 > 옹진군, 연수구　https://cafe.naver.com/momsofsongdoifez

| 활성화된 지역 커뮤니티인 맘 카페 |

다양한 분야의 방대한 부동산 정보들을 담고 있다. 부동산 시장의 전반적인 흐름을 이야기하거나 특정 지역 정보를 집중적으로 공유하는 경우도 있고, 경매와 같은 전문적인 분야를 다루기도 한다.

그리고 해당 물건과 관련한 구체적인 정보가 담긴 글도 있다. 예를 들면, 경매 정보지에 내부 구조가 나와 있지 않아 궁금할 때 해당 주소를 입력하고 검색해 보면 블로그를 운영하는 중개사무소에서 올린 매물 사진이나 동영상이 발견되기도 한다.(같은 건물 내의 물건은 대체로 비슷하다.) 따라서 직접 방문하지 않고도 내부 구조에 대한 정보를 쉽게 얻을 수도 있다.

step 1 물건 검색

step 2 온라인 조사

**step 3** 오프라인 조사

## 오프라인을 통한 물건 조사

부동산 상태

점유자

관리비

시세

전입 세대

경매 물건에 대해 온라인으로 찾아볼 수 있는 필수적인 내용들을 조사했다면 이제는 직접 현장에 나가야 할 때이다. 요즘은 대부분의 정보를 컴퓨터나 스마트폰을 통해 편하게 얻을 수 있기 때문에 임장하는 데 들여야 하는 수고를 많이 덜 수 있게 되었다. 따라서 손품으로 조사한 내용이 정확한지 확인하고, 직접 발품을 팔지 않고서는 알 수 없는 것들을 파악하는 정도로 임장하면 된다.

## 일단 동네 한 바퀴를 돌아보자

온라인상으로 입지가 좋아 보여도 막상 가서 돌아다녀 보면 실제로는 다른 경우가 종종 있다. 학교 바로 앞인 것 같은데 정문이 아닌 후문과 연결되어 있다든지, 도로가 있지만 차량 한 대가 겨우 지나갈 정도의 폭이거나 진입로의 경사도가 높아 통행이 불편한 곳도 있다. 그리고 주변이 허름하고 어두워서 주거 환경으로 적합하지 않을 수도 있다. 물론 이와는 반대로 직접 가서 보았을 때 예상한 것보다 더 좋은 경우도 많다.

| 직접 걸어 봐야 정확하게 알 수 있는 진입로의 경사도 |

먼저 해당 물건을 살펴보고, 그 주변을 걸어 다니며 장단점을 파악한다. 그리고 나서 차를 이용해 조금 더 넓게 둘러본다. 학교나 병원, 편의 시설이 가까운 곳에 있는지, 녹지가 잘 조성되어 있는지 등 해당 지역의 전반적인 환경과 분위기를 몸소 느껴 보자.

## 시세는 세 곳 이상의 중개사무소에서 조사하자

아무리 인터넷으로 시세 조사를 했더라도 반드시 투자 물건 주변의 공인중개사무소에 방문해 확인해야 한다. 요즘 대부분의 수요자들은 인터넷을 통해 일차적으로 가격을 파악한다. 보통 인터넷의 최저가 매물을 보고 해당 중개사무소에 연락하기 때문에 일부 공인중개사는 수요자의 관심을 유도하기 위해 허위 매물을 올리거나 이미 거래가 완료된 물건을 계속 게시해 두는 경우도 있다.

게다가 공인중개사의 성향에 따라 같은 물건을 두고도 다르게 평가하기도 한다. 예를 들어, 3억 원 정도인 아파트가 있다면 보통 1 ~ 2천만 원까지 가격 차이가 난다. 만약 적극적으로 영업하는 중개사무소만을 방문한다면 부풀려진 가격을 믿고 높은 금액으로 낙찰받아서 기대한 수익을 얻지 못할 수도 있다. 반대로 부정적인 중개사를 만난다면 매도 가격을 너무 보수적으로 판단해서 입찰가를 낮추게 되므로 결국 패찰할 가능성이 높다.

따라서 임장을 갈 때는 반드시 공인중개사무소에 방문해 현재 올라와 있는 물건이 허위 매물은 아닌지, 가격이 너무 부풀려지거나 낮게 평가된 것은 아닌지 알아봐야 한다. 그리고 적어도 세 곳 이상의 중개사무소에서 시세 정보를 얻고 그 평균치를 통해 적정한 가격이 얼마인지 제대로 파악해야 한다.


## 체납관리비를 알아보자

부동산의 상태 및 주변 환경, 시세를 조사하고 마지막으로 현장에서 확인해야 하는 것은 체납관리비다. 집이 경매로 넘어가면 관리비를 내지 않고 점유하는 사람들이 많다. 그 이유는 대법원의 판례에 의해 체납관리비를 낙찰자가 인수하는 것으로 처리되고 있기 때문이다. 따라서 입찰 전에 인수해야 할 관리비가 얼마인지 정확히 조사해야 한다.

체납관리비에 대해 알아보려면 관리사무소에 방문해서 문의하면 된다. 이때 물어봐야 할 내용은 다음의 3가지다.

**① 체납된 전체 관리비 중 공용 부분에 해당하는 금액**

**② 연체 이자**

**③ 연체된 기간**

관리비는 공용 부분과 전용 부분으로 나뉘는데, 낙찰자가 인수해야 하는 것은 공용 관리비다. 점유 세대가 사용한 전기 및 수도 요금과 같은 전용 관리비는 인수되지 않으므로 공용 부분만 알아보면 된다. 그리고 연체 이자는 인수 사항이 아니기 때문에 체납관리비 금액에 포함되어 있는지 여부도 확인해 봐야 한다. 마지막으로 연체된 기간을 알아봐야 하는 이유는 3년이 지난 체납관리비는 낙찰자가 인수하지 않아도 되기 때문이다.

그런데 관리사무소 측에서 낙찰자에게 전액을 납부하라고 주장할 때도 있고, 금액을 특정하기가 애매한 경우도 있다. 일단 전체 금액을 인수한다고 생각하고 조사하되, 낙찰받은 후 위와 같은 근거를 바탕으로 관리사무소와 협의해 인수해야 할 관리비를 줄이면 된다.

참고 ✓ **관리사무소에서 관리비 정보를 알려 주지 않는다면?**

관리비 정보를 개인 정보라고 하며 자세히 알려 주지 않는 관리사무소도 있다. 그럴 경우 체납된 아파트 관리비 전체 금액의 60% 정도가 공용 부분이라고 생각하면 된다. 즉, 100만 원이 연체되어 있다면 낙찰자가 인수해야 하는 금액은 60만 원 정도라고 예상할 수 있다.

하지만 집이 공실로 오래 방치되었거나 분양 후 입주한 적이 한 번도 없었던 물건이라면 체납 금액 전체가 공용 관리비일 수도 있다. 이런 경우는 좀 더 정확하게 조사해야 한다.

## 물건 조사 체크리스트를 활용하자

지금까지 경매 물건을 검색하고 권리분석을 한 뒤 온·오프라인 조사를 하는 방법을 살펴보았다. 이런 과정을 거쳐 투자할 물건을 선택했다면 이제는 직접 입찰하는 일만 남았다. 하지만 아직도 불안하고 걱정이 앞설 것이다. 막상 해 보면 그리 어렵지 않은데도 한 번 경험하기까지 스스로 만든 심리적인 벽을 넘기가 쉽지 않다. 뜻하지 않은 실수로 힘들게 모은 소중한 자산을 잃을 수도 있으므로 빠트린 것은 없는지, 잘못 분석한 것은 아닌지 확인하고 싶을 것이다.

초보 시절의 필자도 마찬가지였다. 그래서 입찰 전에 조사해야 할 필수적인 사항들을 하나씩 기입하면서 확인할 수 있도록 체크리스트를 만들어 사용했다. 이렇게 꼼꼼하게 체크하고 입찰하면서 실수를 거의 하지 않았음은 물론이고, 경매 투자에 대한 심리적인 벽도 서서히 허물어져 갔다.

다음 표는 입찰 전에 꼭 조사하고 확인해야 하는 사항들을 정리해 놓은 것이다. 이 글을 읽고 있다면 더 이상 망설이지 말고 시작하기 바란다. 지금 당장 물건을 검색하고, 체크리스트를 작성해 보자.

| | | 최저가 | 평균가 | 최고가 | 전세 | 월세 | 비고 |
|---|---|---|---|---|---|---|---|
| 온<br>라<br>인<br>조<br>사 | 네이버 시세 | | | | | | |
| | 실거래가 | | | | | | |
| | KB시세 | | | | | | |
| | 동일 번지<br>낙찰 사례 | | | | | | |

| | | 급매가 | 평균가 | 최고가 | 전세 | 월세 | 기타 |
|---|---|---|---|---|---|---|---|
| 오<br>프<br>라<br>인<br>조<br>사 | 부동산 1 | | | | | | |
| | 부동산 2 | | | | | | |
| | 부동산 3 | | | | | | |
| | 현장 확인 시<br>주의 사항 | 전입세대 열람 | | 주변 환경 | | 관리비 | 우편물 |
| | | | | | | | |

| | | | | | | | |
|---|---|---|---|---|---|---|---|
| 권<br>리<br>분<br>석 | 인수 권리 | | | | | | |
| | 임차인 권리 | | | | | | |
| | 인수 금액 | | | | | | |

| | 감정<br>평가서 | 등기부<br>등본 | 매각물건<br>명세서 | 현황<br>조사서 | 취하<br>변경 |
|---|---|---|---|---|---|
| 입찰 직전<br>최종 점검 | | | | | |
| | | | | | |

| 입찰 전 체크리스트 |

| | 온라인 조사 | 네이버 시세 | 최저가 | 평균가 | 최고가 | 전세 | 월세 | 비고 |
|---|---|---|---|---|---|---|---|---|
| 온라인조사 | | 네이버 시세 | 43,000만 | 45,000만 | 48,000만 | 35,000만 | 3,000만/120만 | 시세가 오르고 있음 |
| | | 실거래가 | 41,000만/14층 | 43,500만/15층 | 44,000만/17층 | | | |
| | | KB시세 | 43,000만 | 45,000만 | 47,000만 | | | |
| | | 동일 번지 낙찰 사례 | 같은 평형 낙찰 가격 383,110,000 / 2014. 9. 3. | | | 낙찰 사례가 오래되어 참고하기 적합하지 않음 | | |
| | | | 작은 평형(84㎡) 낙찰 가격 365,999,900 / 감정가의 106% | | | 시세가 오르고 있어 30평 대는 감정가의 100% 이상 낙찰 | | |

| 오프라인조사 | | 급매가 | 평균가 | 최고가 | 전세 | 월세 | 기타 |
|---|---|---|---|---|---|---|---|
| 오프라인조사 | 부동산 1 | 44,000만/저층 | 45,000만 | 48,000만 | 35,000만 | 3,000만/120만 | 평균 매매 가격 45,000만 |
| | 부동산 2 | 44,000만/저층 | 46,000만 | 48,000만 | 35,000만 | 3,000만/120만 | |
| | 부동산 3 | 44,000만/저층 | 45,000만 | 50,000만 | 35,000만 | 3,000만/120만 | |
| | 현장 확인 시 주의 사항 | 전입세대 열람 | | 주변 환경 | 관리비 | | 우편물 |
| | | 소유자 점유 | | 상 | 50만 원 미납 | | √ |

| 권리분석 | 인수 권리 | 없음 |
|---|---|---|
| | 임차인 권리 | 없음 |
| | 인수 금액 | 없음 |

| 입찰 직전 최종 점검 | 감정 평가서 | 등기부 등본 | 매각물건 명세서 | 현황 조사서 | 취하 변경 |
|---|---|---|---|---|---|
| | √ | √ | √ | √ | √ |

| 입찰 전 체크리스트 – 작성 예시 |

※ "경매 실전 step 1 물건 검색 따라 하기"의 사례인 인천 송도 아파트에 대해 조사한 내용을 예시로 기입했다.(가격 단위: 원)

# 정확한 매도 가격 산정을 위한 현장 조사 방법

"팔콘님! 제가 이번에 처음으로 낙찰을 받았어요. 그런데 그 물건이 입찰 전에 파악한 매도 가격에 팔릴지 모르겠어요. 만약 안 팔리면 어떻게 해야 할까요?"

어느 날, 한 초보 투자자가 걱정스러운 표정으로 문의했다. 필자는 "팔리는 가격에 내놓으면 당연히 팔려요!"라고 했지만, 그 대답만으로는 불안한 마음이 쉽게 사라지지 않을 것이다. 그가 이렇게 걱정할 수밖에 없는 이유는 시세를 두리뭉실하게 알아보았기 때문이다. 대부분의 초보 투자자들은 중개사무소에 가서 무엇을, 어떻게 물어봐야 하는지 잘 모른다. 그래서 "이물건 얼마에 팔 수 있어요?"라고 소극적으로 물어보고 돌아오는 경우가 많다. 하지만 그런 단순한 질문으로는 '팔리는 가격'에 대한 정확한 정보와 확신을 얻기 힘들다.

부동산은 정가가 정해진 물건이 아니다. 여러 상황이나 조건에 따라 가격이 변동하고, 한 물건에 대해서도 다르게 평가될 수 있다. 따라서 꼼꼼하게 시세를 조사해야 한다. 필자가 지금까지 수십여 채의 부동산에 확신을 갖고 투자할 수 있었던 것은 다음과 같이 세부적인 질문을 통해 매도 가능한 금액을 최대한 정확히 파악했기 때문이다. 지금부터 그 노하우를 공개하겠다.

## 【 확실한 시세 파악을 위한 5가지 질문 】

### Q1 현재 최저 매물 가격이 얼마예요?

낙찰받은 물건이 최저 매물 가격과 같거나 더 낮다면 쉽게 매도될 가능성이 높다. 따라서 최저 매물 가격을 일차적으로 파악한다.

### Q2 급매물 다음 물건은 얼마인가요?

예를 들어, 급매물이 3억 원인데 그다음으로 저렴한 물건이 3억 3천만 원이라고 한다. 이런 경우에 급매물이 거래되고 나면 가장 낮은 가격이 3억 3천만 원이 된다. 그러면 낙찰받은 후 3억 2천만 원에 내놓아도 거래될 수 있다.

### Q3 비슷한 조건의 물건은 무엇이고, 현재 가격은 얼마인가요?

급매물을 조사했다면 다음으로는 해당 물건과 경쟁이 될 만한 물건이 얼마나 있는지 파악해야 한다. 만약 해당 물건과 비슷한 조건의 물건이 많이 있다면 매수하는 입장에서는 선택의 폭이 넓어지기 때문에 내 물건을 원하는 가격에 팔기 어려울 것이다. 따라서 단순히 급매물 가격만 파악할 것이 아니라 입찰하려고 하는 물건과 경쟁이 되는, 즉 수요자 입장에서 비교할 만한 비슷한 조건의 매물 가격도 조사해야 한다.

### Q4 저층과 탑층은 얼마에 거래가 되나요?

입찰할 물건이 중간층이더라도 저층과 탑층의 가격도 물어보자. 만약 중간층 급매물 가격에 비해 저층 가격이 많이 낮다면 중간층을 선호하는 구매자라 하더라도 저층을 선택할 여지가 충분하기 때문이다.

### Q5 그 물건이 매도가 잘 안 되는 이유가 무엇인가요?

어떤 물건에 대해 문의했을 때 쉽게 거래되지 않을 거라고 말한다면 분명 그 이유가 있을 것이다. 부동산 시장의 분위기상 수요자가 없는 것인지, 주변의 분양 물량이 많아서인지, 아니면 물건 자체의 하자가 있거나 가격이 맞지 않기 때문인지 반드시 파악해야 한다.

처음에는 위의 질문 사항들을 모두 체크하는 것이 복잡하게 느껴질 수도 있다. 그렇다면 무엇보다 이 한 가지를 본인에게 질문해 보자.
'나라면 과연 그 가격에 사겠는가?'
이에 대해 'Yes!'라고 대답할 수 있다면 당신은 투자자로서 정확한 매도 가격을 파악한 것이다.

**경매 실전 4 step**

step 1 물건 검색
step 2 온라인 조사
step 3 오프라인 조사

**step 4** **경매 입찰**

# 입찰가 산정하기

입찰가를 산정한다는 것은 '원하는 수익을 내면서도 낙찰받을 수 있는 가격'을 정하는 것이다. 수익에 너무 욕심을 내면 낙찰받기 힘들고, 무조건 낙찰을 받으려고 높은 가격에 입찰하면 수익을 내기 어렵다. 앞 단계에서 시세를 조사해 매도 가격을 정했다면 이를 기준으로 '수익'과 '낙찰'이라는 두 마리 토끼를 모두 잡을 수 있도록 신중하게 입찰가를 결정해야 한다. 투자 수익은 매도 가격에서 투입한 비용을 모두 제한 금액이 되는데, 수익을 계산하기 위해서는 매도하기까지 드는 비용이 얼마인지를 따져 봐야 한다.

> ## 투자 수익 = 매도 가격 − 투입 비용

※ 투입 비용
= (낙찰가)+(취득세)+(법무사비)+(중개비)+(명도비)+(관리비)+(금융비용)+(수리비)+(기타 세금)

※ 기타 세금: 부동산을 보유하거나 양도할 때 발생하는 세금도 비용에 포함되어야 한다. 이에 대해서는 제4장에서 자세히 다룰 것이다.

| 경매 실전 송도 아파트 사례 |

"제3장 경매 실전 4 STEP"에서 다루고 있는 송도 아파트 사례를 이용해 투입 비용을 직접 계산해 보자. 입찰가는 4억 1,780만 원이고, 잔금을 치르고 3개월 후 4억 5천만 원에 매도하는 것으로 가정한다.(수리는 하지 않음)

## 1. 투입 비용이 투자 수익을 결정한다

### [비용1] 취득세

취득세는 부동산을 취득한 사람에게 부과되는데, 그 금액은 부동산의 가격과 면적에 따라 다르다. 다음 표를 참고해 보자.

| 부동산 구분 | | | 취득세 | 농특세 | 교육세 | 합계 |
|---|---|---|---|---|---|---|
| 주거용 (유상 취득) | 6억 이하 | 85㎡ 이하 | 1.0% | – | 0.1% | 1.1% |
| | | 85㎡ 초과 | 1.0% | 0.2% | 0.1% | 1.3% |
| | 6억 초과 9억 이하 | 85㎡ 이하 | 2.0% | – | 0.2% | 2.2% |
| | | 85㎡ 초과 | 2.0% | 0.2% | 0.2% | 2.4% |
| | 9억 초과 | 85㎡ 이하 | 3.0% | – | 0.3% | 3.3% |
| | | 85㎡ 초과 | 3.0% | 0.2% | 0.3% | 3.5% |
| 토지, 건물 등 비주거용 | | | 4.0% | 0.2% | 0.4% | 4.6% |

| 부동산 취득세율 |

[시행] 2014. 1. 1. [소급 적용] 2013. 8. 29.

사례의 입찰가를 취득 가격으로 보면 4억 1,780만 원이므로 6억 원 이하다. 그리고 면적은 114.7㎡로 85㎡ 초과에 해당하여 취득세율(교육세 포함)은 1.3%다. 따라서 취득세는 약 543만 원(=4억 1,780만×0.013)이다. 그런데 매번 위의 표를 찾아보고 계산하기 번거로울 수도 있으므로 주거용 기준 6억 원 이하 1%, 6 ~ 9억 원 2%, 9억 원 초과 3%로 기억해 두고 필요할 때마다 간단히 계산하면 된다.

## [비용2] 법무사 수수료

낙찰받은 부동산의 소유권이전등기 업무를 법무사에 의뢰할 경우 수수료가 발생한다.(만약 대출을 받지 않고 직접 등기 업무를 처리한다면 법무사 수수료는 0원이 된다.) 법정 법무사 보수표가 있으나 대체로 사건에 따라 다르게 책정되므로 투자자의 입장에서는 구체적인 계산 방법을 알 필요는 없다. 일반적으로 아파트를 낙찰받고 등기할 때의 수수료는 50만 원 전후이고, 사건이 복잡하고 어려운 경우 많게는 100만 원 정도를 요구할 수도 있다. 몇몇 법무사에 견적을 요청한 후 비교해 보고 선택하면 된다.

## [비용3] 중개수수료

| 형태 | 구분 | 거래 금액 | 상한 요율 | 한도액(원) |
|---|---|---|---|---|
| 주거용 | 매매 | 5천만 원 미만 | 0.6% | 250,000 |
| | | 5천만 원 이상 ~ 2억 원 미만 | 0.5% | 800,000 |
| | | 2억 원 이상 ~ 6억 원 미만 | 0.4% | 한도액 없음 |
| | | 6억 원 이상 ~ 9억 원 미만 | 0.5% | 한도액 없음 |
| | | 9억 원 이상 | 상호 계약에 따라 법정 중개 보수 요율 0.9% 이내 협의 | |
| | 전세, 월세 | 5천만 원 미만 | 0.5% | 200,000 |
| | | 5천만 원 이상 ~ 1억 원 미만 | 0.4% | 300,000 |
| | | 1억 원 이상 ~ 3억 원 미만 | 0.3% | 한도액 없음 |
| | | 3억 원 이상 ~ 6억 원 미만 | 0.4% | 한도액 없음 |
| | | 6억 원 이상 | 상호 계약에 따라 법정 중개 보수 요율 0.8% 이내 협의 | |
| 비주거용 | | 상호 계약에 따라 법정 중개 보수 요율 0.9% 이내 협의 | | |

| 부동산 중개 보수 요율 |

사례의 아파트를 4억 5천만 원에 매도한다면 중개수수료는 0.4%가 적용되어 180만 원(=4억 5천만×0.004)이다. 중개수수료 역시 복잡하게 다 외울 필요는 없고, 주거용 매매가 기준 2~6억 원은 0.4%, 그 외에는 0.5% 정도로 기억하면 된다. 인터넷 검색창에 '중개수수료'라고 입력한 후 나오는 계산기를 사용하면 더욱 편리하다.

| 부동산 중개 보수 계산기 |

지금까지 살펴본 낙찰가, 취득세 등은 필수적인 비용이지만, 다음의 비용은 낙찰자의 능력이나 상황에 따라 0원이 될 수도 있다.

### [비용4] 금융 거래 비용

잔금을 치르기 위해 대출을 받게 되면 물건을 매도하여 상환하기까지 이자와 중도 상환 수수료가 발생한다. 4%의 금리를 기준으로 원금 1억 원에 대한 이자를 계산하면 매월 약 33만 원(=1억×0.04÷12)이다. 만약 사례의 아파트를 낙찰받은 후 3억 원을 대출받고 매매계약까지 3개월이 걸린다면 총 297만 원(=33만×3×3)의 이자가 발생된다. 중도 상환 수수료는 대출 기간에 따라 다르고, 면제가 되는 경우도 있다. 대출을 단기간만 사용한다면 중도 상환 수수료도 금융 거래 비용으로 고려해야 한다.

### [비용5] 명도비

낙찰받은 부동산의 점유자를 내보내기 위해 반드시 명도비(이사 비용)를 지급해야 하는 것은 아니다. 다만 빠른 시일 내에 부동산을 인도받는 것이 더 유리하므로 적당한 이사 비용을 주고 원만하게 합의하는 것이 일반적이다. 적절한 명도비는 부동산을 인도받기까지의 이자 및 기회비용, 그리고 점유자의 상황 등을 따져서 결정해야겠지만, 필자의 경우 1억 원당 최대 100만 원을 기준으로 책정한다. 예를 들어, 낙찰받은 즉시 바로 이사하는 점유자라면 낙찰가가 3억 원일 때 최대 300만 원 한도 내에서 협의해 지급한다. 사례 아파트의 입찰가는 4억 1,780만 원이므로 명도비를 400만 원으로 가정한다.

### [비용6] 체납관리비

체납된 관리비에서 공용 부분은 낙찰자가 부담해야 한다. 통상적으로 공용 관리비는 전체의 약 60%를 차지한다. 따라서 밀린 관리비가 100만 원일 때 공용 부분은 60만 원 정도라고 생각하면 비슷하다. 체납 여부와 구체적인 금액은 해당 관리사무소에 문의하면 된다. 사례 아파트의 체납관리비는 방문 조사한 결과 50만 원이었다.

### [비용7] 수리비

필자는 수리할 필요 없는 새 아파트를 주로 낙찰받기 때문에 수리비는 비용에 포함시키지 않지만, 지은 지 오래된 빌라나 아파트는 쉽게 매도하거나 임대하기 위해 수리가 필요하다. 전체 수리를 가정할 때, 직접 감독하며 각 공정별로 맡기는 셀프 수리는 평당 50만 원, 인테리어 업체에 전부 의뢰한다면 평당 70만 원 정도로 생각하면 된다. 하지만 물건 상태나 방법에 따라 비용 차이가 크므로 여러 업체에서 상담 및 견적을 받아 보기 바란다. 수리에 대한 경험이 전혀 없는 경우에는 〈행복재테크〉 카페의 '우리들의 경험담' 게시판에서 말머리를 '인테리어 경험담'으로 설정해 나오는 글을 참고하면 좋다. 자세한 공정 사진 및 방법, 실제 공사비 내역과 수리비 절약하는 팁 등 투자자들의 솔직하고 생생한 경험담을 통해 많은 도움을 얻을 수 있을 것이다.

| '행복재테크' 우리들의 경험담 게시판 |

지금까지 살펴본 비용 중 본인이 입찰하려는 물건에 해당하는 예상 금액을 계산하고 여기에 입찰가를 더하면 총 투입 비용이 된다. 시세 조사를 통해 파악한 매도 가격에서 비용을 제했을 때 원하는 수익을 얻을 수 있는지 따져가며 입찰가를 산정하면 된다.

다음은 송도 아파트 사례의 예상 투입 비용을 종합해 본 것이다.

① 취득세: 543만 원
② 법무사 수수료: 50만 원
③ 중개수수료: 180만 원
④ 금융 거래 비용: 297만 원
⑤ 명도비: 400만 원
⑥ 체납관리비: 50만 원
⑦ 수리비: 0원

이를 모두 더한 1,520만 원에 입찰가 4억 1,780만 원을 더하면 총 투입 비용은 4억 3,300만 원이 된다. 따라서 송도 아파트를 낙찰받아 얻을 수 있는 수익은 1,700만 원으로 예상된다.(세전 수익) 이와 같은 방법으로 투입 비용 및 투자 수익을 계산해 보고 적정한 입찰 가격을 산정해 보기 바란다.

> **투자 수익 = 매도 가격 - 투입 비용**
> 1,700만 원 = 4억 5,000만 - 4억 3,300만

참고 ✓ **부동산 경매 수익률 계산기**

처음에는 이것저것 계산하는 일이 복잡하고 어렵게 느껴질 것이다. 초보 시절 필자는 여러 투입 비용들을 입력하면 수익률이 계산되어 나오는 엑셀 프로그램을 직접 만들어 사용했다. 하지만 요즘에는 부동산 투자 수익률을 계산해 주는 스마트폰 앱이 다양하게 나와 있으므로 효율적으로 이용해 보자.

## 2. 입찰자 유형을 파악하면 낙찰 가능성이 높아진다

| **2015타경** | | • 서울북부지방법원 본원 • 매각기일 : 2016.05.02(月) (10:00) • 경매 1계 (전화:02-910-3671) | | | | | |
|---|---|---|---|---|---|---|---|
| 소 재 지 | 서울특별시 강북구 수유동 | | 도로명주소검색 | | | | |
| 새 주 소 | 서울특별시 강북구 삼각산로 | | | | | | |
| 물건종별 | 아파트 | 감 정 가 | 241,000,000원 | 구분 | 입찰기일 | 최저매각가격 | 결과 |
| 대 지 권 | 33.62㎡(10.17평) | 최 저 가 | (80%) 192,800,000원 | 1차 | 2015-06-08 | 241,000,000원 | 유찰 |
| 건물면적 | 63.78㎡(19.293평) | 보 증 금 | (10%) 19,280,000원 | | 2015-07-06 | 192,800,000원 | 변경 |
| 매각물건 | 토지·건물 일괄매각 | 소 유 자 | 박  진 | 2차 | 2016-05-02 | 192,800,000원 | |
| 개시결정 | 2015-02-12 | 채 무 자 | 박  진 | 낙찰 : 268,888,880원 (111.57%) | | | |
| 사 건 명 | 임의경매 | 채 권 자 | 하나은행외1 | (입찰88명,낙찰:도봉구 함  식 / 차순위금액 260,999,900원) | | | |
| | | | | 매각결정기일 : 2016.05.09 - 매각허가결정 | | | |
| | | | | 대금지급기한 : 2016.06.16 | | | |
| | | | | 대금납부 2016.09.20 / 배당기일 2016.10.26 | | | |
| | | | | 배당종결 2016.10.26 | | | |
| 관련사건 | 2015타경     (중복) | | | | | | |

낙찰 결과를 보자. 88명이 입찰해서 감정가의 111%에 달하는 가격에 낙찰되었다. 공부한 대로 물건을 분석하고 가격을 정해 입찰을 시도해 보았지만, 이 사건과 같이 경쟁이 치열하고 낙찰 가격이 높아 패

찰을 거듭한다면 고민이 될 것이다. '내가 수익률을 너무 높게 잡아서 낙찰받지 못하는 건가? 아니면 물건의 가치를 제대로 파악하지 못한 것일까?'

이때 주의해야 할 점은 자신이 입찰 가격을 너무 보수적으로 정했다고 생각해서 수익이 거의 나지 않는 선까지 가격을 높이거나 일단 낙찰을 받아야 한다는 조급함에 퍽 질러선 안 된다는 것이다. 높은 가격에 낙찰받게 되면 모든 것이 어려워진다. 수익을 내기 위해서 명도비나 수리비는 줄이고 매도 가격은 높여야 하므로 거래하는 것도 쉽지 않다.

그렇다면 적절한(낙찰을 받을 수 있으면서 수익도 낼 수 있는) 입찰 가격을 쓰려면 어떻게 해야 할까? 앞에서 수익을 고려한 방법을 살펴보았으니 이제는 낙찰 가능성을 높일 수 있는 방법에 대해 생각해 보자. 지피지기면 백전백승이라는 말도 있듯이 적(경쟁 입찰자)을 알아야 승리(낙찰)할 수 있다. 즉 본인 이외에 어떤 사람들이 입찰할 수 있는지 파악하고 그들이 생각하는 수익 구조를 알아야 한다. 입찰자의 유형을 크게 6가지로 나누어 설명하겠다.

| 입찰자 유형 6가지 |

## [입찰자 유형1] 부동산 매매사업자

주택을 1년 내에 매도하는 경우, 개인은 양도소득세 중과세가 적용되지만, 부동산 매매사업자는 일반 세율로 종합소득세를 낸다.(조정대상지역 내 2주택 이상은 예외) 그리고 사업자이기 때문에 개인 투자자에 비해 공제받을 수 있는 필요경비의 범위가 더 넓다.(도배 및 장판 교체를 비롯한 수리비, 교통비, 대출 이자 등 경비로 포함할 수 있는 항목이 많다.) 따라서 양도차익이 같더라도 사업자는 비용으로 더 많이 공제받을 수 있어 과세표준 금액이 낮아지고, 거기에 중과세가 아닌 일반 세율을 적용받으면 세금이 줄어들 수 있다.(매매사업자는 양도소득과 기타 소득을 합산해 종합소득세를 내기 때문에 다른 소득이 많으면 세율도 높아진다. 그러므로 매매사업자라고 무조건 세금이 적은 것은 아니다.) 만약 세금 부담이 덜한 매매사업자라면 개인보다 입찰 가격을 조금 더 높여 쓸 가능성이 있다.

## [입찰자 유형2] 수리 후 높은 가격에 매도

빌라나 작은 소형 아파트 중 지은 지 오래된 집들은 수리를 통해 그 가치를 크게 향상시킬 수 있다. 이와 같은 특성을 이용해 수리가 필요한 물건을 낙찰받은 후 수리하여 시세보다 높은 가격에 매도하는 방법으로 수익을 내는 투자자들이 많이 있다. 예를 들어, 감정가 및 시세가 9천만 원인 오래된 빌라를 8,500만 원에 낙찰받아 1천만 원을 들여 전체 수리를 하고 1억 2천만 원 이상의 가격에 매도하는 것이다. 이러한 투자자는 8천만 원에 낙찰받아서 시세인 9천만 원에 매도할 계획으로 입찰하는 사람보다 더 공격적으로 입찰할 가능성이 높다.(평형이 커질수록 수리비 대비 가치 상승의 효과가 떨어진다. 따라서 중대형 아파트 투자 시에는 예외로 한다.)

## [입찰자 유형3] 보유하다가 시세가 상승하면 매도

지하철 및 도로 개통 등 호재가 있는 지역의 경매 물건은 시세 이상의 가격에 매각된다. 특히 재개발 또는 재건축이 진행되고 있는 지역의 물건은 감정가보다 훨씬 높은 가격에 낙찰되기도 한다.(사업 진행이 빠른 곳은 매물 자체가 나오지 않기 때문이다.) 이와 같이 향후 시세가 상승될 것으로 기대되는 물건을 일정 기간 보유한 후에 매도해서 수익을 내려는 투자자들은 입찰 가격을 높게 쓸 것이다. 따라서 경매라고 해서 무조건 시세보다 낮은 가격에 입찰한다면 좋은 물건을 낙찰받기는 쉽지 않다.

## [입찰자 유형4] 실거주자

투자자는 수익을 내기 위해서 입찰하지만, 실거주자는 수익 자체보다는 해당 부동산을 소유해서 거주하는 것이 목적이다. 또한 실거주자는 양도세에 대한 부담도 덜하기 때문에 일반 투자자보다 입찰 가격을 높게 쓰는 경우가 많다.

## [입찰자 유형5] 초보 투자자

초보 투자자는 두 가지 유형으로 구분할 수 있다. 첫 번째는 아직 두렵고 불안한 마음에 입찰 가격을 소심하게 적어 내는 경우이고, 두 번째는 패찰을 거듭하다가 '수익은 안 나더라도 일단 한번 경험해 보자.'라고 생각하고 과감하게 입찰하는 부류이다. 많은 투자자들을 혼란스럽게 만드는 것은 바로 후자의 유형이다. 예측하기가 어렵기 때문이다. 앞에서 살펴본 입찰자 유형처럼 납득할 만한 이유가 있는 것도 아닌데 터무니없이 높은 가격에 낙찰받는 것을 보면 '이제 경매는 끝물인 건가?'라는 생각까지 들게 만든다.

## [입찰자 유형6] 낮은 가격으로 꾸준히 입찰

경매의 특성상, 입찰 인원이나 낙찰 가격이 반드시 물건의 가치에 비례하는 것은 아니다. 물건이 너무 좋아보여서 입찰자가 많을 것 같아 포기했는데 생각보다 그 수가 적은 경우도 있고, 반대로 별로 좋은 물건은 아니지만 경쟁자가 없을 거라 기대하고 입찰했더니 의외로 많이 들어와 패찰할 때도 있다. 전자와 같이 흐르는 물건(물건의 가치에 비해 입찰자가 적고 입찰가가 낮은 물건)을 잡기 위해 저렴한 가격으로 꾸준히 입찰하는 투자자들도 있다. 많게는 한 달에 수십 건씩 입찰하기도 하는데, 대부분 패찰하겠지만 그중 1 ~ 2건이라도 낙찰되기만을 바라는 것이다.

이와 같이 하나의 경매 물건에도 여러 유형의 사람이 입찰할 수 있고, 그들이 생각하는 수익 구조는 각기 다르다. 따라서 낙찰받을 가능성을 높이려면 다른 경쟁자는 어떻게 생각하고 얼마에 입찰할 것인지 생각해 봐야 한다. 그렇다고 위에서 언급한 유형의 사람들이 항상 입찰하는 것은 아니므로 무조건 그들보다 높게 써서 낙찰받으려고 해서는 안 된다. 단순히 본인의 입장에서 계산한 수익만을 보고 패찰을 거듭한 후에 '낙찰 가격을 이해할 수 없다. 경매도 별 볼 일 없나 보다.'라고 섣부른 판단을 하지 말라는 것이다.

경매 투자자라면 당연히 수익을 내야 한다. 초보 투자자라 하더라도 경험만을 보고 지르지는 말자. 수익을 내면서도 낙찰받을 수 있는 물건은 많이 있다. 조급함보다는 꾸준함이 초보 투자자를 한 발 내딛게 만들어 주고 고수로 성장하게 한다. 경매는 꾸준히 노력하는 사람이 성공할 수밖에 없는 투자다. 부지런히 입찰하다 보면 어느 순간부터는 낙찰받는 것이 그리 어렵지 않다는 것을 느낄 것이다. 물론 목표했던 수익을 얻으면서도 말이다.

KEY POINT

### 입찰자 유형 6가지

1. 부동산 매매사업자
2. 수리 후 높은 가격에 매도
3. 보유하다가 시세가 상승하면 매도
4. 실거주자
5. 초보 투자자
6. 낮은 가격으로 꾸준히 입찰

# 입찰 당일 체크리스트

## 1. 법원 가기 전 꼭 챙길 것

입찰가를 산정했다면 이제 입찰서를 제출하는 일만 남았다. 법원으로 가기 전에 반드시 준비해야 할 것들을 체크해 보자.

> **본인 입찰 시**
>
> **신분증, 도장, 입찰보증금**

※ **도장**: 본인이 직접 입찰 시 인감도장이 아니어도 되는데, 법원에 따라 지장으로도 가능한 경우가 있다. 만약 도장을 준비하지 않았다면 지장을 찍어도 되는지 법원 집행관에게 물어보고, 안 된다면 법원 주변의 도장 파는 곳에서 새로 만들면 된다.

※ **입찰보증금**: 모든 경매 법정 건물에는 신한은행이 있으므로 미리 신한은행 계좌를 만들어 두면 입찰 당일에 보증금을 찾기 수월하고, 패찰 후에도 해당 은행에 바로 입금할 수 있어 편리하다. 그리고 입찰보증금은 현금보다는 한 장의 수표로 찾는 것이 좋다.

대리인 입찰 시

**입찰자의 인감 증명서와 위임장 및 인감도장,**

**대리인 신분증과 도장, 입찰보증금**

※ **위임장**: 위임장은 입찰표의 뒷면에 인쇄되어 있으므로 법원에서 바로 작성해도 되고, 미리 준비하고 싶다면 대법원 경매정보 사이트에서 파일을 다운받아 사용하면 된다. 위임장에는 입찰자 본인의 인감도장을 찍어야 한다.

2인 이상 공동 입찰 시

**공동 입찰 신고서, 공동 입찰자 목록,**

**불참자의 인감 증명서와 위임장 및 인감도장,**

**입찰자 또는 대리인의 신분증과 도장, 입찰보증금**

※ **입찰자**: 공동 입찰자 중 한 사람이 참석해도 되고, 제3자가 대리인이 될 수도 있다.

※ **공동 입찰자 목록**: 공동 입찰자 상호 간의 지분을 표시해야 한다. 만약 표시하지 않으면 모두 균등한 비율로 간주한다.

## 2. 입찰서 작성해서 제출하기

입찰 당일 법원에 가면 입찰서, 매수 신청 보증 봉투(입찰보증금 봉투), 입찰 봉투가 비치되어 있다. 작성한 입찰서와 입찰보증금이 담긴 매수 신청 보증 봉투를 큰 입찰 봉투에 함께 넣어 제출하면 된다.

| 입찰 당일의 전 과정 |

(앞면)

# 기 일 입 찰 표

| 의정부지방법원 | 집행관 귀하 | | | | 입찰기일 :2018년 ○○월 ○○일 |
|---|---|---|---|---|---|
| 사 건 번 호 | 2017 타 경 ○○○○ 호 | | 물건 번호 | ※물건번호가 여러개 있는 경우에는 꼭 기재 | |

| 입 찰 자 | 본인 | 성 명 | 홍길동 | | 전화 번호 | 010-○○○○-○○○○ |
|---|---|---|---|---|---|---|
| | | 주민(사업자) 등록번호 | 791010 -○○○○○○○ | 법인등록 번 호 | | |
| | | 주 소 | 인천광역시 연수구 ○○동 ○○○번지 | | | |
| | 대리인 | 성 명 | | 본인과의 관 계 | | |
| | | 주민등록 번 호 | | 전화번호 | - | |
| | | 주 소 | | | | |

| ❶ 입찰 가격 | 천억 | 백억 | 십억 | 억 | 천만 | 백만 | 십만 | 만 | 천 | 백 | 십 | 일 | 원 | ❷ 보증 금액 | 백억 | 십억 | 억 | 천만 | 백만 | 십만 | 만 | 천 | 백 | 십 | 일 | 원 |
|---|---|---|---|---|---|---|---|---|---|---|---|---|---|---|---|---|---|---|---|---|---|---|---|---|---|---|

| 보증의 제공방법 | ☑ 현금·자기앞수표 ☐ 보증서 | 보증을 반환 받았습니다. 입찰자 홍길동 |
|---|---|---|

주의사항.
 1. 입찰표는 물건마다 별도의 용지를 사용하십시오. 다만, 일괄입찰시에는 1매의 용지를 사용하십시오.
 2. 한 사건에서 입찰물건이 여러개 있고 그 물건들이 개별적으로 입찰에 부쳐진 경우에는 사건번호외에 물건번호를 기재하십시오.
 3. 입찰자가 법인인 경우에는 본인의 성명란에 법인의 명칭과 대표자의 지위 및 성명을, 주민등록란에는 입찰자가 개인인 경우에는 주민등록번호를, 법인인 경우에는 사업자등록번호를 기재하고, 대표자의 자격을 증명하는 서면(법인의 등기부 등·초본)을 제출하여야 합니다.
 4. 주소는 주민등록상의 주소를, 법인은 등기부상의 본점소재지를 기재하시고, 신분확인상 필요하오니 주민등록증을 꼭 지참하십시오.
 5. **입찰가격은 수정할 수 없으므로, 수정을 요하는 때에는 새 용지를 사용하십시오.**
 6. 대리인이 입찰하는 때에는 입찰자란에 본인과 대리인의 인적사항 및 본인과의 관계 등을 모두 기재하는 외에 본인의 위임장(입찰표 뒷면을 사용)과 인감증명을 제출하십시오.
 7. 위임장, 인감증명 및 자격증명서는 이 입찰표에 첨부하십시오.
 8. 일단 제출된 입찰표는 취소, 변경이나 교환이 불가능합니다.
 9. 공동으로 입찰하는 경우에는 공동입찰신고서를 입찰표와 함께 제출하되, 입찰표의 본인란에는"별첨 공동입찰자목록 기재와 같음"이라고 기재한 다음, 입찰표와 공동입찰신고서 사이에는 공동입찰자 전원이 간인 하십시오.
10.입찰자 본인 또는 대리인 누구나 보증을 반환 받을 수 있습니다.
11.보증의 제공방법(현금·자기앞수표 또는 보증서)중 하나를 선택하여 ☑표를 기재하십시오.

| '입찰표' 작성 예시 - 본인이 직접 입찰하는 경우 |

본인이 직접 입찰하는 경우에는 입찰표의 앞면(뒷면은 위임장)만 위의 예시와 같이 기입하면 된다. 입찰표는 법원에 비치되어 있으므로 입찰 당일에 직접 작성해도 되지만, 초보자는 시간에 쫓기거나 긴장해서 실수할 수도 있으므로 미리 준비하는 것이 좋다.(대법원 경매정보 사이트와 유료 경매정보 사이트에서 다운받거나 출력할 수 있다.)

① **입찰 가격**: 시세 조사 및 비용 계산을 통해 신중하게 정한 입찰 가격을 실수하지 말고 정확하게 쓰자. 그리고 법원 현장의 분위기에 휩쓸려 충동적으로 입찰 가격을 고치지 않도록 주의하자.

② **보증 금액**: 보증 금액은 통상 최저매각가격의 10%이다. 재매각 사건이라면 법원에 따라 최저 가격의 20% 또는 30%이므로 반드시 확인해야 한다.

### [2] 매수 신청 보증 봉투(입찰보증금 봉투)

다음과 같이 기입하고 도장을 찍은 후 준비한 보증금을 넣는다.

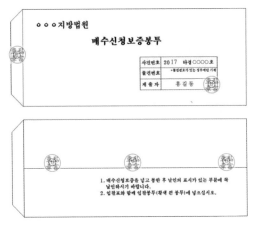

| '매수 신청 보증 봉투' 작성 예시 |

## [3] 입찰 봉투 제출

입찰 봉투에도 아래와 같이 기입(빨간색 박스 부분) 및 날인하고, 작성한 입찰표와 보증금이 들어 있는 매수 신청 보증 봉투를 같이 넣어 신분증과 함께 제출한다. 그러면 집행관이 신분증을 확인한 후 아래에 보이는 파란색 부분을 잘라 내어 입찰자에게 주는데, 입찰 영수증이라고 생각하면 된다. 패찰한 경우, 입찰자를 한 사람씩 호명할 때 이 영수증을 가지고 나가면 입찰보증금을 다시 돌려준다.

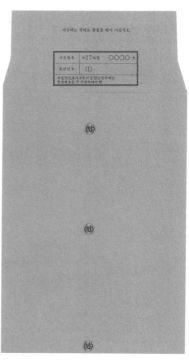

| '입찰 봉투'의 앞면(좌)과 뒷면(우) 작성 예시 |

## 3. 야호~ 낙찰받았어요!

해당 사건에 입찰한 금액 중 가장 높은 가격을 쓴 사람이 낙찰자가 된다.(최고 입찰 금액을 써낸 사람이 2명 이상이면 그들을 대상으로 추가 입찰을 실시한다.) 낙찰을 받으면 집행관이 호명할 때 앞에 나가서 신분증을 보여 주고, 지시에 따라 서명 및 날인을 한다. 그러면 아래와 같은 입찰 보증금 영수증을 준다. 이것은 최고가 매수신고인이 되었다는 증표다. 영수증을 받고 나서는 다른 사람들의 부러워하는 눈길과 대출 중개인의 명함을 받으면서 법원을 빠져나오면 된다. 이날은 낙찰의 기쁨을 맘껏 누리는 일만 남았다.

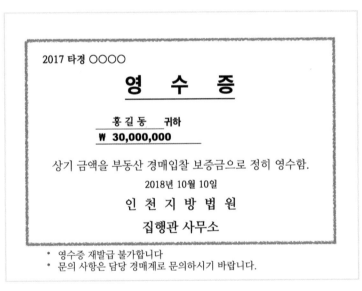

| 낙찰자에게 교부하는 입찰보증금 영수증 |

**참고** 차순위 매수신고

최고가 매수신고인이 어떤 사정에 의해 대금을 지급하지 못한다면 법원은 그의 입찰 보증금을 몰수하고 재경매를 실시하게 된다. 그러나 해당 경매에서 차순위 매수신고 인이 있다면 재경매를 실시하지 않고 차순위 매수신고인에게 매각을 허가한다.

## 차순위 매수신고를 할 수 있는 자격

패찰했을 때 차순위 매수신고를 하려면 개찰 후 해당 사건이 종결되기 전에 재빨리 신청해야 한다. 이때 2등만 신고할 수 있는 것은 아니고, 최고가 매수신고 금액에서 입찰보증금을 뺀 금액 이상의 입찰가를 써낸 사람은 모두 가능하다. 예를 들어, 입찰 보증금이 4천만 원이고 낙찰가가 5억 원일 경우, 4억 6천만 원(=5억-4천만) 이상으로 입찰가를 썼다면 차순위 매수신고를 할 수 있다.

만약 2명 이상이 차순위 매수신고를 한다면 신고한 가격이 높은 사람을 차순위 매수 신고인으로 정하고, 가격이 같은 경우에는 추첨으로 정한다.

## 차순위 매수신고 시 단점

차순위 매수신고인이 되면 최고가 매수신고인이 낙찰 대금을 완납할 때까지 입찰보증 금을 반환받을 수 없다.

# 입찰 시 주의해야 할 사항들

## 1. 입찰 가격은 절대 수정할 수 없다

입찰 가격을 작성하고 나서는 어떠한 방식으로도 수정해선 안 된다. 고친 흔적이 조금이라도 있으면 낙찰이 무효로 처리되기 때문이다. 따라서 숫자를 알아보기 어렵게 썼거나 금액을 잘못 기재해서 수정을 해야 한다면 반드시 새로운 입찰표를 다시 작성해야 한다.

## 2. 입찰 가격 기재는 신중하게

| **2014타경** | | • 인천지방법원 부천지원 • 매각기일 : 2016.09.29(木) (10:00) • 경매 4계(전화:032-320-1134) | | | | | | |
|---|---|---|---|---|---|---|---|---|
| 소재지 | 경기도 부천시 원미구 원미동 | | 도로명주소검색 | | | | | |
| 물건종별 | 근린시설 | 감정가 | 1,678,659,550원 | 구분 | 입찰기일 | 최저매각가격 | 결과 | |
| 토지면적 | 393.1㎡(118.913평) | 최저가 | (70%) 1,175,062,000원 | 1차 | 2016-04-28 | 1,677,659,550원 | 유찰 | |
| 건물면적 | 145.365㎡(43.973평) | 보증금 | (20%) 235,020,000원 | | 2016-06-09 | 1,174,362,000원 | 변경 | |
| 매각물건 | 토지·건물 일괄매각 | 소유자 | 이 성 | 2차 | 2016-06-09 | 1,678,659,550원 | 유찰 | |
| 개시결정 | 2014-12-09 | 채무자 | 조 수 | 3차 | 2016-07-14 | 1,175,062,000원 | 낙찰 | |
| | | | | 낙찰 14,000,820,000원(834.05%) / 19명 / 미납<br>(차순위금액 : 1,744,330,000원) | | | | |
| | | | | 4차 | 2016-09-29 | **1,175,062,000원** | | |
| 사건명 | 임의경매 | 채권자 | 합자회사영진상호저축은행 외 1 | 낙찰 : 1,999,888,800원 (119.14%) | | | | |
| | | | | (입찰10명,낙찰:김 수외4인 /<br>차순위금액 1,865,000,000원) | | | | |
| | | | | 매각결정기일 : 2016.10.06 - 매각허가결정 | | | | |

| 입찰 가격을 잘못 기재해 미납한 사례 |

감정가가 약 16억 8천만 원인 이 사건의 3차 매각 결과를 보면, 낙찰가가 약 140억 원이고 2등 금액이 17억 원이다. 낙찰자는 1,400,820,000원 또는 1,400,082,000원을 쓰려고 하다가 실수로 0을 하나 더 붙여서 14,000,820,000원을 쓴 것이다. 결국 그는 대금을 미납했고, 입찰보증금 1억 1,750만 원을 고스란히 잃었다.

이와 같은 이변이 없었다면 3차에서 낙찰받을 수 있었던 2등 입찰자는 억울하게 패찰하게 된 것이고, 4차의 최종 낙찰 가격도 매우 높아졌다. 3차에서 2등이 정상적으로 낙찰받았다면 2억 원 이상 낮은 가격에 살 수 있었는데 말이다.

이러한 사례는 의외로 빈번히 일어난다. 차가 많이 막혀 법원에 늦게 도착하거나 은행에 사람이 너무 많아서 입찰보증금을 찾는 시간이 오래 걸리면 마음이 급해질 수밖에 없다. 입찰표를 작성할 때 정신이 흐트러지는 상황에 처하면 누구나 실수할 수 있다. 따라서 입찰 가격을 기재할 때는 신중에 신중을 더해야 한다.

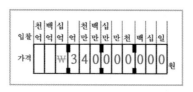

| 입찰 가격 작성 예시 |

필자는 실수하지 않기 위해 예시와 같이 입찰 금액의 앞 단위에 '₩'를 먼저 써 둔다. 그러고 나서 입찰 가격을 쓰면 적어도 단위를 올려 쓰는 실수는 하지 않는다. 이런 표시를 했다고 해서 잘못 기재한 것으로 판단하거나 낙찰이 무효가 되지는 않으니 걱정할 필요 없다. 또한 입찰하기 전날 여유 있게 입찰표를 미리 작성해 두는 것도 실수를 막을 수 있는 또 하나의 방법이다.

### 3. 개별매각사건은 물건 번호를 꼭 기재

'일괄매각'은 하나의 경매 사건에서 진행되는 부동산이 2개 이상이더라도 한데 묶어 매각하는 것을 말한다.

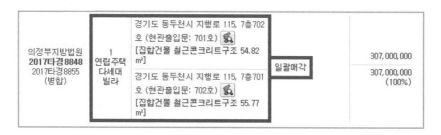

| 사건 번호와 물건 번호가 모두 같은 '일괄매각' |

반면 '개별매각'은 한 사건에서 2개 이상의 물건을 각각 따로 매각

하는 방법이다. 예를 들어, 다세대 주택 건물 한 동이 매각되는 경우에 101호는 2017타경 ○○○○(1), 102호는 2017타경 ○○○○(2), 201호는 2017타경 ○○○○(3)과 같이 개별 호실마다 물건 번호가 따로 부여된다.

| | 1<br>상가<br>오피스텔<br>근린시설 | 서울특별시 서초구 서초동 1461-8 삼<br>홍위너스빌 1층101호<br>[집합건물 철근콘크리트조 194.86㎡] | 제시외 건물 포함 | 1,784,240,000 |
| 서울중앙지방법원<br>2017타경102038 | | | | 1,784,240,000<br>(100%) |
| 서울중앙지방법원<br>2017타경102038 | 2<br>상가<br>오피스텔<br>근린시설 | 서울특별시 서초구 서초동 1461-8 삼<br>홍위너스빌 2층201호<br>[집합건물 철근콘크리트조 79.57㎡] | 제시외 건물 포함 | 528,500,000 |
| | | | | 528,500,000<br>(100%) |
| 서울중앙지방법원<br>2017타경102038 | 3<br>상가<br>오피스텔<br>근린시설 | 서울특별시 서초구 서초동 1461-8 삼<br>홍위너스빌 2층202호<br>[집합건물 철근콘크리트조 79.57㎡] | 제시외 건물 포함 | 528,500,000 |
| | | | | 528,500,000<br>(100%) |

| 하나의 사건 번호에 부동산 각각 물건 번호가 정해지는 '개별매각' |

개별매각 물건에 입찰하려면 사건 번호뿐 아니라 물건 번호도 반드시 기재해야 한다. 물건 번호를 적지 않으면 어떤 물건에 입찰한 것인지 구분할 수 없기 때문에 입찰이 무효가 된다.

## 4. 입찰보증금이 부족하면 낙찰이 무효

보증금 부족으로 낙찰이 무효가 되는 사례도 생각보다 자주 일어난다. 정해진 입찰보증금보다 더 많이 납부하는 것은 상관없지만, 단 10원이라도 모자라면 최고가로 입찰했어도 아무 소용이 없다. 이런 실수는 보통 보증금을 현금으로 내는 사람들에게서 많이 발생한다. 따라서 보증금을 잘 확인한 뒤 은행에서 미리 그 금액에 맞게 한 장의 수표로 찾아 두는 것이 좋다. 만약 입찰 당일에 보증금을 찾는다면 은행과 법원을 오가는 데 시간이 빠듯할 수 있으므로 법원 내에 있는 신한은행 계좌를 미리 만들어 두고, 조금 여유 있게 도착해서 준비하도록 하자.

## 5. 입찰 당일에 변경 및 취하 여부 확인

법원까지 갔는데 도착해 보니 입찰하려던 물건이 변경되거나 취하된 경우가 종종 있다. 법원이 멀어서 새벽부터 일어나 몇 시간을 차를 타고 갔다면 정말 힘이 빠질 것이다. 직장인은 입찰하기 위해 휴가까지 쓰기도 하니 얼마나 허탈하겠는가. 거기에다가 변경이 된 것도 모르고 입찰서를 제출해서 "변경된 사건인데 입찰하셨어요?"라는 집행관의 말에 공개적으로 부끄러운 상황에 처하기도 한다.

경매의 특성상 입찰 당일에도 사건이 변경되거나 취하될 수 있다. 그러므로 입찰 전날 '문건/송달 내역'을 확인해 기일 변경 신청서가 접수되진 않았는지 살펴보고, 입찰 당일 오전에도 대법원 경매 사이트를 통해 본인이 입찰하려는 물건을 다시 한번 확인한 후에 이상이 없으면 출발하면 된다. 그리고 경매 법정에 도착하면 입구 옆 벽면 게시판에서 당일 진행하는 사건 목록을 반드시 확인하고 입찰에 참여하기 바란다.

**KEY POINT**

입찰 시 주의 사항
1. 입찰 가격은 절대 수정할 수 없다.
2. 입찰 가격 기재는 신중하게 - 초보자는 미리 써 두자.
3. 개별매각 사건은 물건 번호를 꼭 기재하자.
4. 입찰보증금이 부족하면 낙찰이 무효가 된다.
5. 입찰 당일에 변경 및 취하 여부를 꼭 확인하자.

## 부동산 경매 이렇게 쉬웠어?
## 경매 실전 4 step으로 낙찰받기

지금까지 물건 검색부터 분석 및 조사, 입찰하기까지 '경매 실전 4 STEP'을 살펴보았다. 다음은 이 4단계의 과정을 거쳐 필자가 낙찰받은 사례다.

### step 1 물건 검색

앞에서 본인이 살고 있는, 잘 아는 지역의 물건부터 검색하는 것이 좋다고 이야기했다. 학군이나 기반 시설, 단지 내 여건 등 해당 물건에 대한 실질적인 정보를 쉽고 정확하게 파악할 수 있어 투자하는 데 매우 유리하기 때문이다. 다음 물건은 이와 같은 이유로 입찰일을 손꼽아 기다렸던, 필자가 거주하는 지역의 아파트다.

| **2016**타경 | | ● 인천지방법원 본원 ● 매각기일 : 2018.01.03(水) (10:00) ● 경매 8계 (전화:032-860-1608) | | | | | | |
|---|---|---|---|---|---|---|---|---|
| 소재지 | 인천광역시 연수구 송도동 | | | | 도로명주소검색 | | | |
| 새 주 소 | 인천광역시 연수구 | | | | | | | |
| 물건종별 | 아파트 | 감 정 가 | 725,000,000원 | | | | | |
| 대 지 권 | 143.249㎡(43.333평) | 최 저 가 | (70%) 507,500,000원 | 구분 | 입찰기일 | | 최저매각가격 | 결과 |
| 건물면적 | 180.5㎡(54.601평) | 보 증 금 | (10%) 50,750,000원 | 1차 | 2017-11-28 | | 725,000,000원 | 유찰 |
| 매각물건 | 토지·건물 일괄매각 | 소 유 자 | 이 세 | 2차 | 2018-01-03 | | 507,500,000원 | |
| 개시결정 | 2016-12-30 | 채 무 자 | 세원개발(주) | | 낙찰 : 631,000,000원 (87.03%) | | | |
| 사 건 명 | 임의경매 | 채 권 자 | 중소기업은행 | | (입찰 7명, 낙찰:인천 박 철 / 차순위금액 624,950,000원) | | | |
| | | | | | 매각결정기일 : 2018.01.10 - 매각허가결정 | | | |
| | | | | | 대금지급기한 : 2018.02.20 | | | |
| | | | | | 대금납부 2018.02.19 / 배당기일 2018.03.23 | | | |
| | | | | | 배당종결 2018.03.23 | | | |

이 단지는 송도에서 학군이 좋고, 주변에 공원과 상업 시설이 잘 조성되어 있을 뿐 아니라 역세권인 곳이다. 그리고 해당 물건은 분양 면적이 65평(전용 면적 54평)인 대형 평형이었는데, 주변에 공급되는 물건들은 대부분 작은 평형이어서 상대적으로도 넓은 평수의 아파트였다. 아무래도 초보 투자자들이 접근하기에는 부담이 되겠지만, 이 때문에 경쟁자가 적을 것이므로 필자의 마음에는 쏙 드는 물건이었다.

다음으로 4단계 권리분석 방법으로 물건을 분석해 보았다.

**■ 임차인현황** ( 말소기준권리 : 2007.09.21 / 배당요구종기일 : 2017.03.09 )

| 임차인 | 점유부분 | 전입/확정/배당 | 보증금/차임 | 대항력 | 배당예상금액 | 기타 |
|---|---|---|---|---|---|---|
| 박 회 | 주거용 | 전 입 일 : 미상<br>확 정 일 : 미상<br>배당요구일 : 없음 | 미상 | 미상 | 배당금 없음 | 점유자 |
| 기타사항 | | ☞제3자 점유<br>☞본건 현황조사차 현장에 임하여 거주자 박 회를 면대한바 박 회는 소유자 이 세의 처제로 별도의 임대차 계약은 한적이 없고 형부의 배려로 무상으로 거주하고 있다고 진술<br>☞박 회 : 소유자 이 세의 처제임. | | | | |

**■ 등기부현황** ( 채권액합계 : 1,224,000,000원 )

| No | 접수 | 권리종류 | 권리자 | 채권금액 | 비고 | 소멸여부 |
|---|---|---|---|---|---|---|
| 1(갑2) | 2007.09.21 | 소유권이전 (매매) | 이 세 | | | |
| 2(을1) | 2007.09.21 | 근저당 | 유 주 | 624,000,000원 | 말소기준등기<br>확정채권대위변제 : 신<br>한은행 | 소멸 |
| 3(을2) | 2008.02.18 | 근저당 | 중소기업은행 | 300,000,000원 | | 소멸 |
| 4(을3) | 2008.07.08 | 근저당 | 중소기업은행 | 300,000,000원 | | 소멸 |
| 5(갑3) | 2016.12.30 | 임의경매 | 중소기업은행<br>(여신관리부) | 청구금액 :<br>600,000,000원 | 2016타경 | 소멸 |
| 6(갑4) | 2017.10.26 | 압류 | 인천광역시연수구 | | | 소멸 |

등기부현황을 보면 말소기준권리인 근저당과 이후의 권리들은 모두 매각으로 소멸되는 것을 알 수 있다. 그리고 임차인으로 등재되어 있는 박ㅇ희는 소유자의 처제로 임대차계약을 하지 않고 무상으로 거주한다고 나와 있다. 혹시나 임대차가 있다고 하더라도 전입일이 없으므로 대항력을 주장할 수 없다.

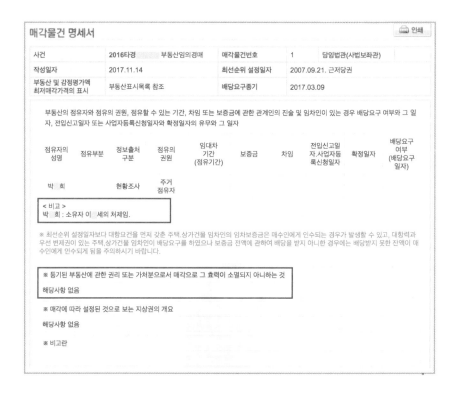

## 매각물건 명세서

🖨 인쇄

| 사건 | 2016타경 부동산임의경매 | 매각물건번호 | 1 | 담임법관(사법보좌관) |
| --- | --- | --- | --- | --- |
| 작성일자 | 2017.11.14 | 최선순위 설정일자 | 2007.09.21. 근저당권 | |
| 부동산 및 감정평가액 최저매각가격의 표시 | 부동산표시목록 참조 | 배당요구종기 | 2017.03.09 | |

부동산의 점유자와 점유의 권원, 점유할 수 있는 기간, 차임 또는 보증금에 관한 관계인의 진술 및 임차인이 있는 경우 배당요구 여부와 그 일자, 전입신고일자 또는 사업자등록신청일자와 확정일자의 유무와 그 일자

| 점유자의 성명 | 점유부분 | 정보출처 구분 | 점유의 권원 | 임대차 기간 (점유기간) | 보증금 | 차임 | 전입신고일자.사업자등록신청일자 | 확정일자 | 배당요구 여부 (배당요구 일자) |
| --- | --- | --- | --- | --- | --- | --- | --- | --- | --- |
| 박 회 | | 현황조사 | 주거 점유자 | | | | | | |

< 비고 >
박 회 : 소유자 이 세의 처제임.

※ 최선순위 설정일자보다 대항요건을 먼저 갖춘 주택.상가건물 임차인의 임차보증금은 매수인에게 인수되는 경우가 발생할 수 있고, 대항력과 우선 변제권이 있는 주택.상가건물 임차인이 배당요구를 하였으나 보증금 전액에 관하여 배당을 받지 아니한 경우에는 배당받지 못한 잔액이 매수인에게 인수되게 됨을 주의하시기 바랍니다.

※ 등기된 부동산에 관한 권리 또는 가처분으로서 매각으로 그 효력이 소멸되지 아니하는 것
해당사항 없음

※ 매각에 따라 설정된 것으로 보는 지상권의 개요
해당사항 없음

※ 비고란

매각물건명세서를 통해 낙찰자에게 인수되는 권리가 전혀 없다는 것을 다시 확인했다.

### step 2 온라인 조사

이 지역에 대해 잘 알고 있었으므로 입찰가 산정을 위해 필요한 정보 위주로 온라인 조사를 했다. 먼저 동일 번지 매각 사례를 보니 2015년에 같은 평형의 물건이 약 6억 7천만 원에 매각된 것을 알 수 있었다. 그리고 실거래가는 6억 9천만 원이었다.

| | 16-<br>아파트 | 인천광역시 연수구 송도동<br>[대지권 118.718㎡, 건물 149.59㎡] | 616,000,000<br>431,200,000<br>579,999,900 | 낙찰<br>(70%)<br>(94%) | 2017.02.15<br>(10:00) |
|---|---|---|---|---|---|
| | 14-<br>아파트 | 인천광역시 연수구 송도동<br>[대지권 143.249㎡, 건물 180.5㎡] | 752,000,000<br>526,400,000<br>675,990,000 | 낙찰<br>(70%)<br>(90%) | 2015.05.22<br>(10:00) |
| | 14-<br>아파트 | 인천광역시 연수구 송도동<br>[대지권 118.718㎡, 건물 149.59㎡] | 640,000,000<br>448,000,000<br>512,000,000 | 낙찰<br>(70%)<br>(80%) | 2015.01.28<br>(10:00) |
| | 14-<br>아파트 | 인천광역시 연수구 송도동<br>[대지권 80.941㎡, 건물 101.99㎡] | 435,000,000<br>304,500,000<br>419,700,000 | 낙찰<br>(70%)<br>(96%) | 2014.10.08<br>(10:00) |
| | 14-<br>아파트 | 인천광역시 연수구 송도동<br>[대지권 118.718㎡, 건물 149.59㎡] | 640,000,000<br>448,000,000<br>484,800,000 | 낙찰<br>(70%)<br>(76%) | 2014.06.30<br>(10:00) |

| 동일 번지 매각 사례 |

실거래가 상세내역 ● 검색 : 4 건 · 최저가 : 61,000 · 평균가 : 63,875 · 최고가 : 69,000   180.5㎡

| No | 년도 | 분기 | 전용면적(㎡) | 계약일 | 층 | 거래금액(만원) | 건축년도 |
|---|---|---|---|---|---|---|---|
| 4 | 2017 | 2 | 180.5 | 2017.6.1~10 | 1 | 69,000 | 2007 |
| 3 | 2017 | 1 | 180.5 | 2017.3.21~31 | 10 | 61,000 | 2007 |
| 2 | 2017 | 1 | 180.5 | 2017.3.11~20 | 12 | 62,500 | 2007 |
| 1 | 2016 | 4 | 180.5 | 2016.10.11~20 | 7 | 63,000 | 2007 |

| 입찰 전 조사한 실거래가 – 국토교통부 |

## step 3 오프라인 조사

입찰 전날, 아파트 단지 내에 있는 공인중개사무소를 방문했다. 필자가 거주하고 있는 지역이라 여러 곳에 방문하지 않고, 평소 친분이 있는 중개사 사장님에게 시세를 문의했다.

**팔콘:** 안녕하세요. 이번에 나온 경매 물건 때문에 왔습니다. 이 아파트 적정 시세가 얼마인가요?

**중개사:** 아~ 네. 최근에 이것과 비슷한 층 물건이 7억 5천만 원에 거래됐어요. 저희 사무실에서 계약해서 잘 알아요.

**팔콘:** 그래요? 그럼 다른 물건은 얼마에 나와 있어요?

**중개사:** 지금 저층 매물이 7억 2천만 원에 나와 있고, 이 물건 다음으로는 7억 8

천만 원이에요. 그러니 낙찰받고 바로 매도한다면 7억 5 ~ 6천만 원 정도에 내놓으시면 적당하지 않을까요?

**팔콘:** 네. 그렇군요. 그럼 낙찰받고 연락드릴게요. 감사합니다.

일단 감정 가격보다 시세가 높고 한 번 유찰된 상황이었기 때문에 2차에 입찰하기로 했다. 면적이 넓을 뿐 아니라 가격대가 높은 물건이어서 경쟁이 덜할 것으로 예상되어 느낌이 좋았다.

### step 4  경매 입찰

이제 관건은 입찰 가격을 정하는 것이다. 입찰가를 산정할 때는 동일 번지 매각 사례, 실거래 내역, 물건의 크기 및 매물 가격과 현재 부동산 시장의 분위기 등을 종합적으로 고려해야 한다. 온라인으로 조사한 동일 번지 매각 가격은 약 6억 7천만 원이었는데, 일반적으로는 매각된 가격과 비슷하게 입찰하면 낙찰받을 가능성이 크다.

그런데 2018년 초반에는 정부의 규제 및 대출 조건 강화로 인해 부동산 투자에 대한 심리적 부담감이 증가하는 시기였다. 그리고 최근 7억 5천만 원에 매매된 사례가 당시 국토교통부 실거래가 공개 시스템에 등록되지 않은 상태여서 다른 투자자들은 실거래가를 6억 원대 후반으로 파악했을 거라고 생각했다.

여러 상황을 고려해 종전 낙찰 가격에서 약 4천만 원을 낮춘 6억 3,100만 원에 입찰하기로 결정했고, 입찰 당일 필자는 6명을 제치고 낙찰받았다. 시세 대비 1억 2천만 원 정도 낮은 가격에 낙찰받은 것이다.

| 내역 | 금액(단위: 원) |
|---|---|
| 낙찰 가격 | 6억 3,100만(대출 85%) |
| 총 투자 비용 | 6억 4,700만 = 낙찰가 + 취득세(1,300만) + 기타(300만) |
| 실제 투입 금액 | 6,065만(보증금 5,000만/월 130만 임대) |
| 예상 수익 | 약 1억 |

| 송도 아파트 투자 내역서 |

해당 물건은 현재 월세로 임대하고 있으며 2년 후 비과세로 매도할 예정인데, 예상 수익은 1억 원 이상이다.

많은 사람들이 특수물건이나 어려운 물건에 투자해야 큰 수익이 난다고 생각하지만, 이 사례와 같이 권리분석이 쉽고 절차가 간단하면서도 수익이 나는 물건은 많다.

'경매 실전 4 STEP'을 한 단계씩 따라가며 가치 있는 물건을 찾아서 입찰해보자. 부지런히 입찰하다 보면 머지않아 낙찰의 기쁨을 맛볼 수 있을 것이다.

# 제4장

# 낙찰 후 수익

## 3 STEP

step 1 잔금 납부
step 2 명도
step 3 임대 및 매매

## 낙찰 후 수익 3 step

## step 1  잔금 납부

처음 경매 투자를 시작할 때는 일단 낙찰을 받는 것이 가장 큰 목표일 것이다. 하지만 낙찰받고 나서 어떻게 처리하느냐에 따라 수익이 결정되기 때문에 그 이후부터가 정말 중요하다. 낙찰 후에는 가장 먼저 소유권을 이전하기 위한 준비를 하고, 잔금을 납부한다. 소유권 이전이 된 다음에는 해당 부동산의 점유자를 명도하고, 최종적으로 임대나 매매를 통해 수익을 실현하게 된다.

잔금 납부 　　　　　 명도 　　　　　 임대 및 매매

## 소유권 이전 절차

일반 매매의 경우에는 계약서를 작성하고 잔금을 치르면 바로 소유권이전등기를 통해 소유권을 취득하게 되지만, 경매는 그 외에도 거쳐야 할 절차들이 있다.

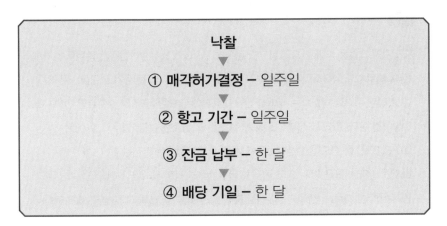

① 법원은 낙찰일로부터 일주일간 경매 진행 절차상 불허가 사유가 있는지를 최종적으로 검토하여 매각허가결정을 내린다.

② 매각허가결정이 되면 그날로부터 다시 일주일간 매각에 이의가 있는 이해관계인들(소유자, 채권자, 채무자, 낙찰자 등)이 항고를 할 수 있는 기간을 둔다. 항고가 없으면 매각허가결정이 '확정'되고, 최고가 매수신고인은 매수인이 된다.

③ 매각허가결정이 확정된 후 법원은 대금 지급 기한(통상적으로 한 달 이내)을 정해 매수인에게 매각 대금의 납부를 지시한다. 잔금을 납부하고 소유권이전등기를 마치면 비로소 낙찰 부동산의 소유자가 된다.

④ 배당 기일은 보통 잔금 납부일로부터 약 한 달 후이다. 이날 낙찰 대금으로 이해관계인들에게 배당하고 나면 모든 경매 절차가 종결된다.

이와 같이 낙찰을 받았다고 해서 바로 잔금을 납부하고 소유권을 이전할 수 있는 것은 아니다. 각 절차마다 일정한 시간이 소요되므로 이를 잘 이용해 잔금 마련 및 명도 계획을 세우면 된다.

---

**참고✓ 소유권이전등기는 어떻게 하나요?**

낙찰자가 대출을 받아 잔금을 납부할 경우 법무사에게 소유권이전등기 업무를 맡기게 된다. 법무사가 낙찰자를 대신해 매각 대금 납부 및 소유권이전등기에 관한 모든 업무를 처리해 주므로 낙찰자는 나머지 잔금과 등기에 필요한 세금 및 수수료만 법무사에 전달하면 된다. 따라서 세부적인 등기 절차를 알 필요는 없다. 법무사 수수료는 통상 50 ~ 100만 원 정도이고, 양도소득세 계산 시 필요경비로 인정된다.

하지만 만약 대출을 받지 않고 잔금을 납부한다면 직접 등기를 신청해도 된다. '셀프 등기'에 대한 자료는 인터넷이나 책을 통해 쉽게 찾을 수 있고, 그 방법도 크게 어렵지는 않다.

## 잔금 준비(대출 금액 미리 알아 두기)

대급 납부 기한은 약 한 달이므로 정해진 기한 내에 납부할 수 있도록 미리 준비해야 한다. 경매 투자자 중에서 대출 없이 자기 자본으로만 투자하는 경우는 거의 없다. 낙찰받기 전에 미리 대출 가능 금액을 파악해 계획을 세워 둬야 차질 없이 잔금을 납부할 수 있다.

# 1. 대출 가능 금액 기준

많은 사람들이 경락잔금대출 비율은 낙찰 가격의 약 80%라고 알고 있다. 하지만 물건의 종류, 유찰 횟수, 낙찰 가격 등에 따라 그 비율이 달라질 수 있다. 경락잔금대출 가능 금액의 기준이 되는 것은 기본적으로 감정가와 KB시세, 그리고 낙찰 가격이다. 감정가의 70%, KB시세의 40 ~ 70%, 낙찰 가격의 80%를 비교하여 그중 가장 낮은 금액으로 대출이 실행된다.

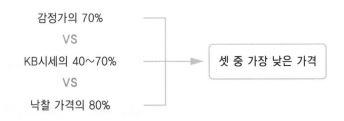

| 경락잔금대출 가능 금액 기준 |

※ KB시세의 40 ~ 70%: 물건의 지역, 채무자의 조건, 가격 등에 따라 다르다.


## [예] 아파트 낙찰 시 대출 가능 금액

이 물건은 감정가 3억 원에서 1회 유찰되어 최저가 2억 1천만 원에 진행 중인 아파트다. 만약 이 아파트에 입찰한다면 대출은 얼마까지 가능할까? 낙찰 가격에 따라 어떻게 달라지는지 다음 표를 확인해 보자.(투기 지역, 조정대상지역 등 지역 조건에 따라 대출 금액은 달라질 수 있으나 이해를 돕기 위해 지역별 규제는 제외하고 설명한다.)

| 낙찰가 | 감정가의 70% | KB시세의 70% | 낙찰가의 80% |
|---|---|---|---|
| 26,000 (KB시세 30,000) | 21,000 | 21,000 | 20,800 |
| 대출 가능 금액 | 20,800 | | |
| 30,000 (KB시세 30,000) | 21,000 | 21,000 | 24,000 |
| 대출 가능 금액 | 21,000 | | |
| 30,000 (KB시세↓ 28,000) | 21,000 | 19,600 | 24,000 |
| 대출 가능 금액 | 19,600 | | |
| 32,000 (KB시세↑ 34,000) | 21,000 | 23,800 | 25,600 |
| 대출 가능 금액 | 21,000 | | |

| 낙찰 가격에 따른 대출 가능 금액 예시(단위: 만 원) |

이와 같이 낙찰 가격뿐 아니라 감정가와 KB시세를 모두 비교하여 대출이 실행되므로 낙찰 가격이 높다고 해서 무조건 대출이 많이 되는 것은 아니라는 점을 기억해 두자.

## 2. 정확한 대출 가능 금액 알아보는 방법

대출 한도는 낙찰자 개인의 조건(소득 수준, 신용 등급, 기존의 부채, 보유한 부동산 현황 등)에 따라서도 달라진다. 그리고 정부는 개인의 대출을 관리하기 위한 정책들을 운영하고 있다. 이처럼 물건의 가격과 종류, 채무자의 조건, 국가의 정책 등 모든 것을 종합하여 대출이 실행되므로 투자자 입장에서는 정확한 대출 금액을 예상하는 것이 쉽지 않게 되었다. 그렇다면 어떻게 해야 할까?

경매 법정에는 법무사나 보험사 직원들, 그리고 대출 상담사들이 많이 와 있다. 그들은 매각 물건의 낙찰자에게 대출 관련 명함을 나누어 주며 영업을 한다. 법원에 가면 부담스럽게 생각하지 말고 명함을 많이 받아 두기 바란다. 대출 한도에 대해 가장 정확하게 알고 있으므로 입찰하기 전에 그들에게 문의하면 된다. 나중에 낙찰받게 되면 고객이 될 가능성이 있기 때문에 대부분의 대출 상담사들은 친절히 설명해 줄 것이다.

하지만 단순히 "대출이 얼마나 나오나요?"라고 질문해서는 안 된다. 앞에서 여러 가지 조건에 따라서 대출 가능 금액이 달라진다는 것을 이야기했다. 같은 물건이라도 채무자의 조건에 따라 한도가 다르고, 어느 지역의 물건이냐에 따라서도 대출 기준이 달라질 수 있다. 따라서 다음과 같이 매각 물건과 본인에 대한 자세한 정보를 포함하여 문의해야 좀 더 정확한 답변을 얻을 수 있다.

입찰 전 대출 가능 금액 문의 시 제공해야 할 정보
매각 물건의 종류(사건 번호), 감정가와 예상 입찰가,
본인의 소득 및 부채 현황과 보유 부동산,
원하는 대출 금액

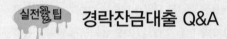

## 경락잔금대출 Q&A

**Q. 대출 상담사가 아닌 주거래 은행에 문의하면 안 되나요?**

A. 경락잔금대출을 모든 은행에서 전문적으로 취급하는 것은 아니다. 은행마다 다르고, 지점 별로도 다르다. 그리고 주거래 은행이라고 해서 더 나은 조건으로 대출이 되는 것도 아니다. 같은 물건을 담보로 대출받는다고 해도 경락잔금대출을 취급하는지의 여부에 따라 대출 금액과 이율에 상당한 차이가 있다. 따라서 주거래 은행보다는 대출 상담사들이 소개하는 은행 중에서 가장 좋은 조건을 제시하는 곳을 선택해 대출을 받는 것이 좋다.

**Q. 방이 많은 다가구 물건은 대출을 얼마나 받을 수 있나요?**

A. 소액임차인을 보호하기 위한 최우선변제권에 대해 제2장에서 설명했다. 매각 후 후순위 임차인의 최우선변제금액을 가장 먼저 배당해 주게 되면 은행이 선순위더라도 빌려준 돈을 모두 회수하지 못할 수도 있다. 따라서 대출 한도에서 최우선변제금액을 제하고 대출해 주는데, 이를 '방 공제'라 한다.(일반적으로 아파트, 다세대 주택을 담보로 대출받을 때 MCI나 MCG와 같은 보증 보험에 가입하면 방 공제를 하지 않고 최대 대출 한도까지 실행된다. 단, 횟수에 제한이 있다.)

다가구는 여러 가구가 한 건물에 거주하지만, 가구별로 구분 소유할 수 없는 주택을 말한다. 방 공제는 방이 많은 다가구에 미치는 영향이 더욱 커서 대출이 낙찰 금액의 30%도 안 되는 경우도 있다. 그렇다면 방 공제를 하지 않고 다가구 담보 대출을 받으려면 어떻게 해야 할까? 이때 활용할 수 있는 것이 바로 '신탁 대출'이다. 신탁 대출은 부동산을 신탁 회사에 담보로 제공(부동산 명의가 신탁 회사로 이전)하고 대출을 받는 것인데, 이에 관한 세부적인 절차와 장단점은 대출 상담사에게 문의하면 자세히 안내해 줄 것이다.

**Q. 물건을 많이 낙찰받아도 계속 대출을 받을 수 있나요?**

A. 총부채 상환 비율에 따른 대출 규제로 인해 계속해서 대출을 받을 수는 없다. 담보 대출은 개인마다 일정 금액(일반적으로 2 ~ 3건) 이상으로는 실행되지 않는다. 개인 대출이 불가능

하여 더 이상 투자를 할 수 없게 된 투자자들은 대부분 사업자 대출을 받는다. 지속적으로 많은 물건을 낙찰받아 투자하려면 부동산 매매 또는 임대사업자를 내서 대출받거나 일반 사업자를 위한 대출을 활용할 수도 있다.

### Q. 소득이 없는 사람은 대출이 안 되나요?

A. 전업주부나 무직자와 같이 소득 증빙이 어려운 사람들은 대출에 대한 부담감이 클 수밖에 없다. 그러나 소득이 없다고 무조건 대출이 안 되는 것은 아니다. 은행에서는 국민연금 및 건강보험료 납부 내역을 통한 '인정 소득'과 신용 카드 사용 내역을 통한 '신고 소득'을 소득으로 인정하여 대출을 실행해 준다.

국민연금 월 납부액 40만 원, 건강보험료는 14만 원, 신용 카드 사용 금액은 1년에 2,100만 원 정도면 연소득 5천만 원으로 인정이 된다. 일정한 금액 이상 지출하는 것은 돈을 갚을 능력이 있다고 판단하는 것이다. 따라서 소득이 없는 전업주부라도 본인 명의의 신용 카드(체크 카드도 가능)를 이용해 생활비 등을 결제하는 것이 대출받는 데 유리하다.

## 낙찰 후 수익 3 step

step 1 잔금 납부

### step 2 명도

많은 사람들이 명도에 부담감을 갖고 있다. 필자 역시 처음에는 마찬가지였다. 첫 낙찰을 받자마자 임차인을 만나러 갔던 그날의 기억이 생생하다. 무슨 말을 해야 할지, 상대방이 어떻게 반응할지 아무 것도 모르는 상황에서 심장이 얼마나 쿵쾅거렸는지 모른다. 하지만 지금까지 명도를 하면서 법적으로 끝까지 갔던 물건은 하나도 없다. 상대방을 이해하고 배려하다 보면 대부분 원만하고 쉽게 해결되었다. 그러니 시작하기도 전에 너무 부담을 갖거나 걱정할 필요는 없다.

잔금 납부　　　　　명도　　　　　임대 및 매매

## 낙찰자와 점유자 모두에게 유리한 '원만한 합의'

　요즘은 인터넷을 통한 정보 공유가 매우 원활하고 경매 관련 업체들도 많기 때문에 매각 부동산의 점유자들도 본인의 입장에 대해 잘 알고 있다. 채무자(소유자) 및 임차인이 인디넷이나 주변의 공인중개사무소, 법무사에 조언을 구할 때 돌아오는 답변은 거의 비슷하다. "무조건 버틴다고 되는 것이 아닙니다. 강제집행까지 버틸 수 있겠지만, 낙찰자가 작심하고 소송을 진행하면 강제집행 비용도 점유자가 지급해야 합니다. 그러니 적당한 선에서 합의하세요!"라고 말이다. 따라서 낙찰자뿐 아니라 대부분의 점유자도 '원만한 합의'를 원한다.

　그렇다면 무엇을 합의해야 할까? 낙찰자가 원하는 것은 낙찰받은 부동산에서 점유자가 나가는 것이고, 점유자가 원하는 것은 대부분 돈이다. 좀 더 구체적으로 말하자면, 낙찰자는 최소한의 비용으로 되도록 빨리 점유자를 내보내려 하고, 점유자는 이사비 명목으로 돈을 조금이라도 더 많이 받으려고 한다. 이러한 이유로 명도 합의에서의 핵심은 이사 날짜와 이사비에 대한 서로의 의견을 조율하는 것이다.

명도를 하면서 최후의 수단인 강제집행까지 진행하는 경우는 많지 않지만, 대체로 강제집행 비용을 기준으로 합의금(이사 비용)이 책정되므로 대략 어느 정도 소요되는지 알아 둘 필요가 있다. 집행 수수료와 노무비 등을 계산해 보면 평당 7만 원 정도인데, 만약 30평 아파트라면 집행 비용이 약 210만 원이 된다.

그렇다면 적정한 명도 비용은 얼마일까? 사실 명도 비용이 정해져 있는 것은 아니다. 물건마다 다르고, 투자자의 성향에 따라서도 달라진다. 그러나 대략이나마 기준이 있어야 상황에 맞게 대처할 수 있다.

필자는 강제집행 비용 및 보관비, 명도 기간 동안의 대출 이자와 기회비용 등을 고려해 명도 비용을 평당 10만 원 정도로 책정한다. 물론 법대로만 한다면 소유권 이전 후 이사하기까지의 부당 이득금과 강제집행 비용까지 청구할 수도 있겠지만, 보이지 않는 기회비용을 고려하고 스트레스를 받지 않으려면 합의점을 찾는 것이 좋다. 행복하게 살기 위해서 시작한 경매가 아니던가. 점유자의 입장에서도 만족할 만한 금액을 제시하면 명도는 매우 쉽게 해결된다.

그렇다고 무조건 평당 10만 원으로 정해 놓은 것은 아니다. 점유자의 상황이나 이사 날짜, 물건의 가격에 따라 기준 금액에서 조정한다. 만약 30평 아파트가 3억 원이면 최대 300만 원 한도 내에서 조정하지만, 같은 면적이라도 가격이 10억 원이라면 이자와 기회비용 등이 더 커지는 것을 고려해 평당 15 ~ 20만 원, 즉 최대 450 ~ 600만 원까지 책정하기도 한다. 이처럼 필자의 경험에서 비롯된 명도 비용 산정 방법을 참고해서 구체적인 상황에 맞게 현명한 판단을 내리기 바란다.

# 원만한 합의를 위한 대화법

명도를 하기 위해서는 가장 먼저 상대방(점유자)을 파악해야 하는데, 낙찰자는 입찰 전에 경매 서류를 분석하면서 점유자에 대한 기본적인 정보를 미리 알아 두게 된다.

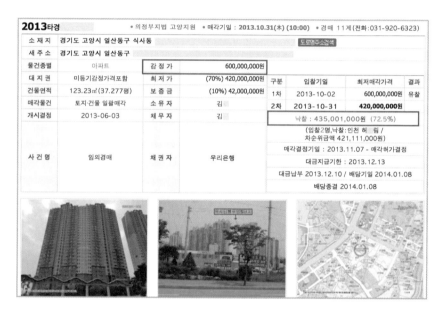

| 첫 낙찰 아파트 |

이 아파트는 필자가 처음으로 낙찰받았던 물건이다. 전용 면적이 37평이고 감정가가 6억 원인 아파트를 약 4억 3,500만 원에 낙찰받았다. 첫 낙찰인 데다가 평수나 금액이 컸기 때문에 더 떨리고 두려웠다.

권리분석에서 특별한 것은 없었다. 그런데 임차보증금 1억 9천만 원을 전혀 배당받지 못하는 임차인이 있었다. 대항력이 없어 인수해야 하는 것은 아니었지만, 소유자나 채무자보다 훨씬 더 명도에 대한 저항이 클 거라 생각했다. 점유자가 누구인지 파악했으니 다음은 무엇을 해야 할까?

투자자의 성향에 따라 명도 방법도 조금씩 다르다. 먼저 낙찰자의 입장을 정리한 내용증명부터 보내는 사람도 있고, 직접 점유자를 찾아가는 사람도 있다. 찾아가는 시기도 각자 다르다. 낙찰받고 바로 가기도 하고, 매각허가결정이 확정된 후 방문하는 낙찰자도 있다. 또한 개별적인 상황이나 상대방에 따라서도 대처 방법이 달라지기 때문에 정답은 없지만, 이 사례를 참고한다면 명도에 대한 막연한 두려움은 사라질 것이다.

## 1. 첫 대면 – 점유자의 저항감을 최소화하라

필자는 일반 물건을 낙찰받은 경우에는 되도록 빨리 찾아가는 편이다. 점유자의 성향이 어떤지, 앞으로의 계획과 낙찰자에게 바라는 것이 무엇인지를 파악해야 서로에게 도움이 되는 방향으로 빠른 합의를 이끌어 낼 수 있기 때문이다. 그리고 이사할 곳을 이미 정해 놓고 이사비를 받기 위해 낙찰자를 기다리고 있는 점유자가 생각보다 많다.

처음으로 아파트를 낙찰받은 필자는 그날 바로 방문했다. 오후 3시쯤이어서 집에 사람이 없을 가능성이 컸지만, 초보 투자자의 패기로 무작정 찾아가서 벨을 눌렀다. 아무 응답이 없었다. 문을 두드려 보기도 하고 벨을 몇 번 더 눌러 보았지만 마찬가지였다. 40분을 더 기다리다가 계속 있을 수는 없어서 다음과 같은 메모를 적었다.

"낙찰자 대리인입니다. 낙찰 후 절차와 관련하여 의논할 사항이 있어서 방문했습니다. 연락 주시기 바랍니다. 010−○○○○−○○○○"

현관문에 붙이고 돌아오기 전에 마지막으로 벨을 눌렀다. 그런데 갑자기 문이 덜컥 열리더니 문틈으로 담배 연기와 냄새가 확 새어 나왔다. 예상치 못한 일이라 나는 무척 당황했다.

**임차인:** "자고 있는데 누구요? 무슨 일인데 자는 사람을 깨우는 거요?"

자고 있었다는 것은 거짓말이었다. 집 안 가득한 담배 연기를 보니 깨어 있었고, 내가 벨을 누르고 밖에 서 있는 것을 보고 있었던 것이 틀림없다.

**팔콘:** "안녕하세요. 낙찰자 대리인입니다. 다름이 아니라 낙찰 후 절차와 관련해서 의논할 것도 있고, 잘못 알고 계시는 것이 있으면 도와 드리려고 왔습니다."

점유자를 대면하는 일이 처음이라 목소리가 떨렸고, 손바닥에서는 땀이 배어나왔다.

**임차인:** "의논할 게 뭐가 있어요? 그리고 낙찰됐다고 바로 넘어가는 것도 아니고 항고도 할 수 있다고 하던데, 왜 이렇게 일찍 찾아온 거요?"

**팔콘:** "물론 항고하실 수는 있지만, 특수물건도 아닌 일반 물건에서 특별한 사유 없이 항고가 받아들여지지 않습니다. 항고한다고 해

도 공탁금을 걸어야 하고, 항고가 기각되면 그 돈을 몰수당합니다. 이렇게 잘못된 정보로 해결하려고 하시면 더 큰 손해를 볼수도 있습니다. 그래서 제가 일찍 와서 도움을 드리려고 하는 겁니다."

**임차인**: "뭘 도와줄 수 있는데요?"

**팔콘**: "사장님. 흔히들 잘못 알고 있는 것이 한 가지 더 있습니다. 경매가 되면 낙찰자에게 당연히 이사비를 받을 수 있다고 생각하는데요. 예전과는 달리 민사 집행법으로 인해 낙찰자가 인도명령을 신청해 인용되면 바로 강제집행이 가능할 뿐만 아니라 점유기간에 따른 부당 이득금도 점유자에게 청구할 수 있습니다. 낙찰자 입장에서는 이사비를 지급할 의무도, 그리고 이유도 없습니다."

**임차인**: "그래서요?"

**팔콘**: "이 일을 하면서 집이 낙찰되기 전에 미리 이사할 곳을 정해 놓은 경우를 많이 보았습니다. 만약 사장님 역시 그러시다면 저희가 도움을 드릴 수 있습니다. 빨리 집을 비워 주시면 그만큼 낙찰자도 이자 비용과 기회비용 등을 아낄 수 있으니 대신 이사비를 챙겨드릴 수 있습니다. 사장님과 낙찰자 모두에게 좋은 일 아니겠습니까? 그래서 되도록 빨리 말씀을 전해 드리려고 일찍 왔습니다."

**임차인**: "흠~ 일단 알겠습니다. 연락처 하나 주세요. 제가 연락드리지요."

이렇게 첫 대면을 마치고 집으로 돌아왔다. 긴장을 많이 했지만, 그래도 할 말은 다 하고 왔고, 상대방에 대해서도 좀 더 파악할 수 있었다. 첫 대면에서 가장 중요하게 생각한 것은 점유자가 낙찰자와 명도에 대해 느끼는 저항감을 최소한으로 하는 것이었다. 이를 위해 낙찰자가 아닌 대리인으로 대화를 시도했고(삼자 화법), 점유자에게 도움을 주기 위해 방문했다는 점을 강조하면서 낙찰자로서의 의사를 분명하게 전달했다.

## 2. 두 번째 대면 - 이사비 협상

이틀 뒤 임차인으로부터 연락이 왔다. 다음 날 법원 앞에서 만나 다시 의논하자고 했다. 약속한 대로 법원 앞에서 만나 인사를 나누고 이야기를 시작했다.

**팔콘**: "사장님. 오늘 법원에 무슨 일이 있으셨나요?"

**임차인**: "주인에게 못 받은 임차보증금을 어떻게든 받고 싶어서 소송을 제기해놓았습니다."

**팔콘**: "그러셨군요."

**임차인**: "단도직입적으로 말하겠습니다. 이사비 때문에 이렇게 뵙자고 했습니다. 제가 주변에 친분이 있는 부동산 중개업소 사장님에게 물어보니 이사비로 500만 원은 받을 수 있다고 하던데요."

**팔콘**: "500만 원이요? 무슨 근거로 그렇게 많이 받을 수 있다고 하던가요? 강제집행을 해도 그것보다는 적게 듭니다."

강제집행 비용 등을 따져서 300만 원 정도로 이사비를 합의해야겠다고 생각하고 있었는데, 역시나 상대방은 더 큰 금액을 요구했다. 그렇지만 잔금을 납부하기도 전에 명도한다면 스트레스도 받지 않고 더 빨리 매도할 수도 있으니 터무니없는 금액은 아니라고 생각했다. 그리고 보증금 전액을 배당받지 못하는 임차인의 사정도 고려할 필요가 있었다.

**임차인**: "저도 빨리 정리하고 싶으니 500만 원만 주시면 바로 비워 드리겠습니다."

**팔콘**: "집을 바로 비워 주시는 경우 저희가 최대로 책정한 금액이 300만 원입니다. 사장님의 안타까운 사정을 보면 저도 도와드리고 싶지만요."

**임차인**: "그러면 400만 원이라도 주세요. 낙찰자에게 제 사정을 잘 좀 전해 주세요."

**팔콘**: "일단 의뢰인께 전달하겠습니다. 이것은 점유자 유의 사항입니다. 통상 내용증명으로 보내는데, 오늘 만났으니 직접 드립니다. 읽어 보시고 궁금하신 점이 있으면 연락주세요."

합의를 하더라도 점유자에게 법적인 절차 및 유의 사항을 담은 문서를 전달하는 이유는 말보다 문서가 상대방을 압박하는 데 효과적이기 때문이다. 보다 빠른 합의를 이끌어 내기 위해서도, 합의한 내용을 제대로 이행하도록 하기 위해서도 중요하게 생각하는 절차다. 다음 문서는 실제로 필자가 임차인에게 주었던 것이다.

# 점유자 유의 사항

\* 부동산 경매에 있어서 점유인들이 부정확한 지식과 오해에서 여러 가지 문제가 발생되는 경우가 많아 다음과 같이 주요 내용을 알려드리니 참고하시기 바랍니다

## 1. 이사 가기

가. 소유자나 세입자 모두 소유권 이전과 동시에 주택을 비워야 하나 세입자인 경우 배당 받기 이전에 새집을 구하기가 어려운 현실 때문에 통상 배당기일까지 집을 비우고 있습니다

나. 세입자가 배당금을 수령하려면 반드시 낙찰자의 인감이 첨부된 명도확인서가 필요 합니다

## 2. 각종 공과금 부담 책임

가. 모든 공과금은 수익자 부담의 원칙에 따라 사용한 사람의 책임이며 이사하는 날까지 의 비용은 모두 거주하는 사람들이 부담하여야 합니다

나. 흔히 경매 들어간 집의 경우 거주자들이 과도하게 사용하여 체납금액이 누적되는 경 우가 있는데, 낙찰자는 소유권 이전 받은 날 이후 사용분만 부담하므로 그 이전 사용 분은 사용자의 책임으로 한전, 수도국, 도시가스에서 계속 관리, 청구되고 재산이 있을 경우 압류되거나 향후 주택 소유시 연체 금액이 정리되지 않을 경우 가스, 전기, 수도 가 공급되지 않게 됩니다

## 3. 주택이나 기물의 파손, 훼손, 분실

가. 경매로 인수한 주택에 파손, 훼손, 분실이 있는 경우 현 점유자는 이에 대한 민사적, 형 사적 책임을 지게 됩니다.

나. 정당하게 법원 매각으로부터 취득한 부동산에 관하여 내부에 귀속된 싱크대, 냉장고, 샤시, 보일러, 신발장, 욕조, 변기(비데포함), 현관문, 베란다, 마루바다 등과 같이 벽 이나 콘크리트에 부착되어 있던 것들을 종물 또는 부합물로서 민법 제358조 "저당권 의 효력은 저당부동산에 부합된 물건과 종물에 미친다"라는 조항과 동법 제100조"종물 은 주물의 처분에 따른다"라는 조항과 대법원 판례 83마469"등기부상의 표시 없는 부 합물, 종물에 대한 경락허가결정에 따라 모두 적법하게 경락인이 소유권을 취득 한다" 는 조항에 근거 모두 낙찰자의 소유입니다

다. 따라서, 부동산 명도시 부동산에 예속된 부속물을 하나라도 손괴, 적출 또는 소유 이 동할 경우 "기물 손괴죄, 절도죄, 강제집행면탈죄"등으로 처벌 될 수 있습니다

## 4. 이사비 지급 여부

가. 흔히 경매당한 소유자나 세입자들이 이사비를 언급하는 경우가 많은데 낙찰자가 이사비를 부담해야할 법적 근거는 없습니다. 새로운 민법이 적용되기 전 사람을 내보내려면 소송진행 관계로 많은 시간(6개월~1년)과 비용이 들다보니 소송보다 당사자간 합의를 통한 해결 과정에서 이사비라는 것이 발생하였는데 2002.7월 새 민사집행법 시행으로 지금은 1개월이면 인도명령을 통한 강제집행이 가능하고 비용도 저렴하여 더 이상 이사비를 통한 해결이 불필요하게 되었습니다.

나. 정당한 권리 없는 불법점유인(주택 소유권 이전 이후에 거주하는 사람들/세입자도 소유권 이전 된 이후부터는 불법점유인에 해당됨)이 소유자에 대하여 부당하게 금전을 요구하거나 또는 부당한 요구 사항을 강요하는 경우 이는 "공갈, 협박죄"에 해당하며 정당한 권원 없이 주택을 비워주지 않을 경우 "주거침입, 퇴거불응, 권리행사방해죄"에 해당되어 형사적으로 처벌을 받습니다.

* 별지 1 점유자 명도 불이행에 따른 집행 형법

## 5. 명도 지연에 따른 책임

가. 점유자(세입자 또는 전 소유자)가 정당한 권리 없이 집을 비워주지 않을 경우 형사 문제에 기인한 "부당이득죄"와 별도로 민사책임을 지게 됩니다. 강제 집행이 있을 경우 그 비용 및 월세(주택점유 사용료=현재 전세금*연 20%/12개월)를 부담하여야 하고 명도지연에 따른 별도의 손해 배상을 책임지게 됩니다.

나. 이러한 비용은 점유인의 급여, 가재도구, 예금, 동산, 부동산 등에 대한 차압이나 배당금을 압류하여 충당하게 됩니다

## 6. 부동산 명도의 인정

부동산을 명도함에 있어서 완전하게 인정되려면

가. 제반 공과금의 정산
나. 해당 주택의 변경, 훼손, 분실 비품의 원상복구
다. 소유물의 완전한 반출
라. 관련 쓰레기 및 폐기물 처리
마. 주택 내,외부 열쇠의 인도

등이 처리 되었을 경우 유효하고 적법한 명도로 인정되는 것입니다
낙찰자에게 연락 없이 임의로 집을 비우거나 열쇠를 제 3자에게
맡기거나 일정 장소에 보관하는 경우 등은 적법한 인도로 인정 받지 못합니다

**\* 위 사항을 유의하시고, 낙찰자와의 원만한 협의가 이루어지기를 바랍니다.**

## 3. 명도 마무리 - 점유자를 배려하면 웃으며 헤어질 수 있다

**팔콘:** "사장님, 안녕하세요. 제가 의뢰인에게 특별히 부탁드렸습니다. 잔금 납부 전에 집을 비워 주신다면 400만 원을 드리기로 이야기되었습니다."

**임차인:** "아~ 네. 고맙습니다. 그러면 다음 주 월요일에 이사할 테니 그날 오후 2시쯤에 오시면 될 것 같습니다."

**팔콘:** "네. 알겠습니다. 그날 뵙겠습니다."


이사 당일에 갔더니 쓰레기만 조금 남아 있을 뿐 모든 짐이 빠진 상태였다. 약속한 이사비를 주고 나서 솔직하게 얘기를 나눠 보니 가족들은 이미 이사를 갔고, 임차인 본인만 이사비를 조금이라도 더 받기 위해 남아 있었던 것을 알 수 있었다. 임차인은 혼자 남아 쓰던 이불과 간단한 가재도구만 차에 옮겨 싣고, 고맙다고 연신 인사하며 그 집을 떠났다.

이 아파트는 43평이었기 때문에 만약 강제집행을 한다면 300만 원 정도의 비용이 들었을 것이다. 그러나 잔금 전에 명도가 끝나서 대출이자와 기회비용을 아낄 수 있었으니 100만 원을 더 준 것이 그리 아깝지 않았다. 두렵기만 했던 첫 명도는 원만한 합의를 거쳐 낙찰받고 3주 만에 끝났다. 그 후 월세로 임대하다가 1년이 지나 5억 원에 매도하며 첫 낙찰 물건의 투자를 마무리했다.

이후에 수많은 물건을 낙찰받고 명도를 경험했지만, 명도는 결코 두려워할 대상이 아니었다. 상대방에 대한 배려와 예의를 갖추면서 원만한 합의를 시도한다면 어려움 없이 명도를 잘 마무리할 수 있을 것이다.

**참고✓** 내용증명

필자의 명도 사례와는 달리, 직접 점유자와 대면하지 않고 내용증명과 몇 번의 연락만으로 명도를 끝내는 경우도 있다. '내용증명'은 우체국에서 우편물의 내용을 증명해주는 것인데, 명도에서 유용하게 활용할 수 있다. 점유자에게 의사를 전달하고 압박을 가해 합의를 이끌어내는 데 유용할 뿐 아니라, 발송한 내용증명은 증거 자료로 활용할 수도 있다.

---

## 내 용 증 명

발신: 인천광역시 연수구 ○○동 ○○아파트 ○○○-○○○
발신인: 박○○

수신: 경기도 고양시 덕양구 ○○동 ○○○아파트 ○○○-○○○○
수신인: 최○○

발신인은 2018년 ○월 ○○일 의정부지방법원 고양지원에서 진행된 2017타경○○○○호 사건에서 상기 부동산을 낙찰받았습니다. 발신인 본인은 명도에 따른 절차를 아래와 같이 진행하고자 하며, 따라서 본 내용증명을 보내드리오니 현명하고 신중한 판단을 하시기 바랍니다.

- 아 래 -

1. 귀하는 대항력이 없는 임차인으로서 소유권이전일로부터 보증금 없는 임료 상당의 금액을 지급할 법적의무가 있습니다. 따라서 본인은 소유권이전일로부터 해당 부동산을 인도받을 때까지 귀하에게 매월 300만 원(감정가 3억 원*1%)의 임료를 청구할 것이며, 지급받지 않을 시 부당이득반환 소송을 제기할 것입니다.

2. 귀하가 법원에서 배당금을 지급 받으시기 위해서는 낙찰자의 명도확인서 및 인감증명서가 반드시 필요하며, 본인에게 해당부동산의 인도가 이루어지지 않을 경우에는 위 서류를 발급해 드릴 수 없고 귀하는 배당금을 수령할 수 없게 됩니다.

3. 경매낙찰 부동산의 잔금 완납일 이후 결정되는 배당기일 이전까지 수신인 및 수신인의 세대주/세대원 및 동거인 등 점유자 전원이 상기 부동산에서 퇴거하고 발신인에게 명도 후 새로운 곳으로 이주하실 수 있도록 구체적인 계획(이삿날짜 확정, 이주할 주택 물색 및 계약 등) 수립을 서둘러주시기 바랍니다.

4. 본인은 귀하와 원만하게 명도협의가 되기를 바랍니다. 본 내용증명 수신 후, 7일 이내에 연락이 없을 시 협의의사 없음으로 간주하고 소유권이전 즉시 귀하를 상대로 부동산인도명령에 따른 강제집행을 신청하고 강제집행에 따른 비용 일체 역시 귀하에게 청구할 것입니다. 그러나 이 부분은 원만한 합의가 이루어지지 않았을 경우를 가정한 것이오니 오해 없으시기 바라며, 내용증명 수신 후 합의가 이루어지면 모든 절차는 마무리될 것입니다. 따라서 발송된 내용증명에 기분 상하지 마시고 연락주시기 바라오며, 귀댁의 건강과 건승을 기원합니다.

2018년 ○월 ○○일
발신인: 박○○
연락처: 010-○○○○-○○○○

# 명도를 위한 법적인 절차

## 1. 인도명령은 잔금 납부와 동시에 신청하자

아무리 좋게 합의하려고 해도 막무가내로 버티는 점유자가 있다면 결국은 강제집행을 신청할 수밖에 없다. 강제집행을 하려면 이전에 인도명령* 결정문을 받아야 하는데, 합의와는 상관없이 낙찰 잔금을 납부하자마자 바로 신청해 두는 것이 좋다. 합의를 진행하다가 잘 되지

---

\* 인도명령
점유자가 부동산을 비워 낙찰자에게 넘겨주도록 하는 법원의 명령을 말한다.

않아 뒤늦게 신청하면 시간이 더 지체되기 때문이다.

보통 법무사가 잔금 납부 및 소유권 이전 업무를 하면서 인도명령을 같이 신청해 주는데, 혹시 모르니 미리 확인하기 바란다.(낙찰 후 6개월 이내에 신청해야 하고, 대상자는 대항력 없는 임차인, 채무자, 소유자, 말소기준 권리보다 후순위인 자로 점유의 권한이 없는 사람들이다.)

---

## 부동산 인도명령 신청

**사건 번호**: 2017 타경 ○○○○호 부동산 임의 경매

**신청인(매수인)**: ○○○
경기도 고양시 일산서구 일산동 ○○○번지 ○○○동 ○○○호

**피신청인(임차인)**: ○○○
경기도 고양시 일산동구 백석동 ○○○번지 ○○○동 ○○○호

위 사건에 관하여 신청인(매수인)은 201○년 ○월 ○일에 매각 대금을 완납하고 별지 목록 기재 부동산에 대해 소유권을 취득한 후 임차인 ○○○에게 당해 부동산을 인도해 줄 것을 요구했으나 이에 불응하고 있으므로, 귀원 소속 집행관으로 하여금 임차인의 위 부동산에 대한 점유를 풀고 이를 매수인에게 인도하도록 하는 명령을 해 주시기를 바랍니다.

201○년 ○월 ○일
매수인: ○○○ (인)
연락처: 010-○○○○-○○○○

**○○지방법원 귀중**

---

| 인도명령 신청서 예시 |

## 2. 법적 절차는 합의의 수단으로 활용하자

인도명령 신청에서 강제집행까지는 통상 4주 정도의 시간이 소요된다.(법원 집행관에게 찾아가서 부탁하면 집행 날짜를 조금 더 앞당길 수도 있다.) 명도를 거부하던 점유자라도 강제집행 날짜가 임박하면 기세가 꺾여 협상을 원하는 경우가 일반적이다. 따라서 강제집행 신청을 했더라도 항상 대화의 창을 열어 놓고 합의로 마무리할 수 있도록 한다. 인도명령 및 강제집행과 같은 법적 절차는 그 자체가 목적이기 보다는 원만한 합의를 이끌어내기 위한 효과적인 수단으로 활용된다는 것을 기억해 두자.

**KEY POINT**

꼭 기억해야 할 낙찰 후 절차
1. '대금 납부 기한'은 낙찰일로부터 약 6주 후이다.
2. '인도명령'은 잔금 납부 시 신청하자.
3. 원만한 합의를 위한 '적정한 명도 비용'은 강제집행 비용에 이자와 기회 비용을 더한 금액을 기준으로 정한다.

## 낙찰 후 수익 3 step

step 1 잔금 납부

step 2 명도

## step 3  임대 및 매매

    경매의 꽃은 명도라고 흔히들 이야기한다. 그만큼 명도가 부담스러운 일로 여겨졌기 때문이다. 하지만 명도 자체가 수익에 큰 영향을 미치는 것은 아니고, 인도명령을 통한 법적인 절차가 마련되어 그 부담도 크게 줄었다. 필자는 경매의 진정한 꽃은 '매도'라고 생각한다. 노력해서 투자한 것에 대한 결실을 맺는, 경매 투자의 목적인 '수익'을 결정하는 핵심적인 단계가 바로 매도이기 때문이다.

**잔금 납부**　　　　**명도**　　　　**임대 및 매매**

솔직히 임대 또는 매도를 쉽게 하는 최선의 방법은 일반적인 시세보다 '낮은 가격'에 내놓는 것이다. 너무 당연한 말이라 실망했을 수도 있지만, 일단 싸면 팔린다. 그런데 싸게 팔기 위해서는 먼저 싸게 낙찰받아야 한다. 처음에 낮은 가격에 낙찰받아야 매도 가격을 낮출 수 있고, 부동산 중개수수료는 더 올려서 적극적으로 홍보가 되게 할 수도 있다.

하지만 초보 투자자들은 이처럼 가장 중요한 사실을 간과하고, 단지 낙찰받고 싶다는 초조함으로 인해 거의 마지노선에 가까운 가격에 입찰하는 경우가 많다. 높은 가격에 낙찰받고 나면 모든 것이 어려워진다. 중개수수료나 명도 비용도 줄여야 하고, 다달이 나가는 이자 때문에 빨리 팔아야 한다는 부담이 생긴다. 더군다나 손해를 입지 않으려면 싼 가격에 내놓을 수도 없다. 경험을 쌓는 것도 중요하지만, 투자를 하는 가장 큰 목적은 수익을 내는 것임을 잊어서는 안 된다.

# 내 집 잘 팔리게 만드는 노하우

일단 낙찰을 받았다면 그다음부터는 원하는 가격에 빨리 매도하기 위해 최선을 다해야 한다. 매도 가격이 낮을수록 유리한 것은 사실이지만, 가격이 조금 더 높더라도 쉽게 거래되는 물건들이 있다. 지금부터 내 집을 잘 팔리게 만드는 노하우에 대해 알아보자.

## 1. 매도시기에 따라 가격을 조정한다

상품이나 서비스의 수요가 많고 적음에 따라 성수기와 비수기를 구분하는데, 부동산 거래에서도 마찬가지다. 이사하려고 새로운 집을 찾는 사람들이 많은 성수기에는 거래가 활발하므로 더 높은 가격에 임대하거나 매도할 수 있고, 반대로 비수기에는 가격을 낮춰야 계약이 성사될 것이다. 따라서 매도하는 시기가 언제인지에 따라 수익에 많은 영향을 미친다.

| 부동산 시장의 성수기와 비수기 |

부동산 시장에서 가장 수요가 많은 시기는 회사 입사나 학생들의 개학을 앞두고 있는 상반기 초(12월 중순 ~ 2월 초순)와 후반기 초(8월 중순 ~ 9월 초순)이다. 일반적인 성수기와 비수기는 아니지만, 지역의 개발 호재나 공급 물량의 변화 등에 따라서도 수요는 달라진다. 예를 들면, 신규 분양 물량이 많은 아파트는 공급보다 수요가 적어 비수기와 같은 결과가 나타나므로 입주 시기를 피해 매도하는 계획을 세워야 한다.

필자는 입찰 전부터 매도시기를 고려한다. 통상적으로 낙찰에서 명도까지 소요되는 약 3개월을 기준으로 잡고, 낙찰 후 3개월이 지난 매도시기가 성수기인지 아니면 비수기인지를 미리 따져 보고 입찰한다. 성수기라면 시세대로, 비수기라고 예상되면 그보다 조금 더 낮게 매도가격을 책정한다.

## 2. 빈집이 유리하다

일반 매매 부동산은 빈집보다 사람이 살고 있는 집의 거래가 대부분이다. 보통 기존 거주자는 이사 오는 사람의 잔금이나 보증금을 받고 나가야 하는 경우가 많아 사람이 살고 있는 상태에서 매물로 소개되는 것이 흔하기 때문이다. 그래서 사람이 살고 있는 집이 빈집보다 거래가 더 잘 될 거라고 생각하는 사람들이 많다.

하지만 경매 부동산은 명도를 빨리 끝내고 빈집 상태에서 매물로 내놓는 것이 좋다. 명도를 진행하면서 집을 잘 보여 주는 것을 조건으로 협상하기도 하지만 제대로 지켜지지 않는 경우가 많고, 경매로 나온 집은 대체로 상태가 좋지 않은 편이다. 사람과 짐이 전부 나가서 공실이면 언제든지 집을 보여 줄 수 있을 뿐 아니라 더 넓고 정돈되어 있는 느낌을 주므로 거래하기가 훨씬 수월하다.

## 3. 집의 첫 인상을 깨끗하게 만든다

초보 시절, 낙찰받은 집을 매물로 내놓기 전에 청소를 하려고 하는데 친한 친구가 "야~ 청소해 놓는다고 잘 나가는 게 아니야. 괜히 고생할 필요 없어."라고 말렸다. 당시에 나보다 부동산 투자 경험이 많았던 친구의 말이라 잠시 망설였지만, 그래도 이왕이면 깨끗한 게 더 좋을 것 같아서 주말에 가족 모두를 동원하여 열심히 청소했다. 좋은 향기가 나도록 방향제를 두고, 현관에는 예쁜 슬리퍼도 갖다 놓았다. 과연 효과가 있을까 반신반의했는데, 집을 본 중개사무소 사장님의 반응이 너무 좋았다. 경매 물건을 이렇게 깨끗하게 정돈해서 내놓는 사람이 흔치 않다며 칭찬했다. 그리고 얼마 지나지 않아 그 집을 처음 본 사람과 바로 매매계약을 했다.

사람 사이의 관계에서도 첫인상이 중요하듯이, 부동산의 첫인상도 잠재적 매수인의 구매 결정에 많은 영향을 미친다. 퀴퀴한 냄새가 나고 지저분한 집은 다른 장점들을 제대로 보이지 않게 만들고, 오히려 겉으로 드러나지 않는 부분에도 하자가 있을 것 같은 느낌을 준다. 많이 지저분한 집이라면 직접 힘들이지 말고 청소 대행업체를 이용하는 것도 방법이다. 시간을 절약할 수 있을 뿐 아니라 들이는 비용에 비해 뛰어난 효과를 볼 수 있다.

## 4. 인테리어로 가치를 높인다

청소는 기본이지만, 지어진 지 오래된 집의 경우에는 수리를 고민하게 된다. 수리를 해서 좀 더 높은 가격에 매도할 것인가, 아니면 사는 사람이 직접 수리하도록 공사비만큼 더 싸게 내놓을 것인가를 말이다. 필자는 다음과 같이 3가지 경우를 구분해 수리 여부를 결정한다.

첫 번째, '대형 아파트'는 거의 수리하지 않는다. 평수가 큰 집은 공사비 대비 인테리어 효과가 크게 나타나지 않기 때문이다. 그리고 대형 아파트를 구매하는 사람들은 대체로 경제적인 여유가 있어서 본인이 원하는 스타일로 직접 꾸미고 싶어 한다. 따라서 대형 아파트는 수리하기보다 가격을 조금 낮게 조정해서 매도하는 것을 추천한다.

두 번째, '소형 아파트'는 인테리어를 하면 빨리 매도할 수 있다. 하지만 주변 매물의 가격이 크게 차이가 나지 않기 때문에 수리를 하더라도 시세보다 훨씬 더 높은 금액으로 매도하기는 쉽지 않다. 그냥 공사비를 들인 만큼 올려 받을 수 있다고 생각하면 된다. 그러므로 그 지역에 매물이 많이 나와 있다면 수리해서 다른 집보다 빨리 거래될 수 있도록 하는 것이 좋다.

세 번째, '다세대 및 단독 주택'은 인테리어 효과를 극대화할 수 있다. 아파트와는 달리, 물건마다 면적이나 구조가 다양하고 지어진 시기도 각각 달라서 시세가 일정하게 정해져 있지 않기 때문이다. 특히 오래된 빌라들이 밀집해 있는 지역의 주택을 차별화된 인테리어로 가치를 끌어올려 높은 가격에 매도하는 사례가 많다. 세금 계산 시 공사비를 비용으로 공제받을 수 있는 부동산 임대 · 매매사업자들은 수리를 적극 활용한다.

| 인테리어로 새롭게 탈바꿈한 낡은 반지하 빌라 |

# 매물 등록 방법 1: 공인중개사에 의뢰

낙찰에서 명도, 청소 및 수리까지 거쳐 이제 물건을 내놓는 일만 남았다. 가장 일반적인 방법은 공인중개사에 의뢰하는 것인데, 원하는 가격에, 빨리 계약을 성사시키려면 나름의 요령과 노력이 필요하다.

필자는 임장할 때 친절하게 설명해 준 중개사무소를 잘 기억해 두었다가 낙찰을 받게 되면 그곳에 일차적으로 중개를 의뢰한다.(임장 시 방문한 사무소의 명함들을 잘 챙기고, 명함에 사무소에 대한 설명을 간단히 메모해 두면 편리하다.) 처음 방문에 친절하게 대해 준 곳은 중개를 진행할 때도 여러 가지로 신경을 많이 써 주는 것을 수차례 경험했기 때문이다. 하지만 믿음직한 중개사무소 한두 군데에만 매물을 내놓고 나서 시간이 지나도 매매가 되지 않는다면 고민이 생길 것이다. '계속 기다려야 하나? 아니면 다른 중개사무소에도 매물을 내놓아야 하나?'라고 말이다.

## 1. 빨리 거래하려면 여러 곳에 내놓는 것이 유리하다

"여러 군데 내놓으면 이 사람 저 사람이 찝쩍대서 가격만 내려가고 계약도 잘 안 돼요. 그러니 우리에게만 의뢰하세요. 잘 중개해 드릴게요." 중개사무소에 가면 종종 듣게 되는 말이다. 맞는 말일까? 결론부터 말하면, 빨리 계약을 성사시키고 싶다면 여러 곳에 중개를 의뢰해야 한다.

요즘에는 '공동 중개 정보망'이 잘 갖춰져 있어서, 영업력이 매우 뛰어난 사무소(매물과 고객을 많이 보유하고 있는 사무소)가 아니라면 대체로 의뢰받은 물건을 서로 공유하여 공동 중개를 한다. 이때 공동 중개 시스템에 올라와 있는 매물이 계약되면 매도인에게 그 물건을 직접 의뢰받은 사무소와 매수인을 연결한 사무소에서 중개수수료를 받게 된다. 만약 한 중개사무소에서 매도인과 매수인의 계약을 동시에 진행하면 수수료를 양쪽에서 받지만, 매도인은 A 사무소에서 매수인은 B 사무소에서 각각 중개해 하나의 물건을 계약하게 되면 한쪽에서만 받을 수 있다.

　매도인(낙찰자)의 입장에서 보면 한 사무소에만 의뢰하나 여러 곳에 내놓으나 어차피 공동 중개가 되는 것은 마찬가지다. 그렇지만 중개사의 입장에서는 똑같이 공동 중개망에 올라와 있더라도 본인이 직접 매도인에게 의뢰받은 물건을 그렇지 않은 물건보다 더 적극적으로 중개하려고 할 것이다. 매도인과 매수인 모두에게 수수료를 받을 수 있으니 말이다. 따라서 매도인은 빠른 계약을 위해 여러 사무소에 중개를 의뢰해 내 물건이 다른 매물보다 더 많이 소개되도록 하는 것이 좋다.

## 2. 단골 중개사무소를 만들고 싶다면 몇 군데만 의뢰하자

　그렇다고 본인의 입장만을 고집할 수는 없다. 임장 시 홀대하던 다른 이들과는 달리 친절하고 상세하게 안내해 준 중개사라면 그에 대한 예의는 지켜야 할 것이다. 그리고 경매 투자자라면 한 번의 거래로 끝나지 않을 것이다. 향후 다시 중개를 의뢰하고 도움을 받게 될 수도 있으므로 좋은 관계를 유지하는 것이 좋다. 필자는 처음에는 되도록 "사장님! 여기저기 다 내놓으면 더 빨리 계약될 수도 있지만, 사장님께서 워낙 친절하게 잘 응대해 주셔서 일단 이곳에만 믿고 맡기겠습니다.

그러니 잘 부탁드립니다."라고 의뢰한다. 그러면 상대방도 고마운 마음과 신뢰를 갖고 더 적극적으로 진행한다.(어느 정도 시간이 지나도 거래가 안 되면 미리 이야기하고 몇 군데에 더 내놓으면 된다.)

중요한 것은 그 후의 관계이다. 서로 좋은 감정을 유지하며 거래를 진행했기 때문에 언제든지 도움을 구하기가 쉽다. 만약 그 지역에 다른 경매 물건이 나오면 더 이상 임장을 가지 않더라도 전화 통화 한 번으로 궁금한 정보를 파악할 수 있는 것이다. 이 사무소의 입장에서도 내가 낙찰받으면 다시 중개하게 될 거라는 믿음이 있기 때문에 누구보다 자세하고 정확하게 설명해 준다. 서로에게 이득이 되는 관계를 마다할 사람은 없다.

## 3. 내 물건을 우선순위로 만들려면 전단지를 활용하자

몇 군데 매물을 내놓기로 했다면 전단지를 만들어서 돌리는 것도 좋은 방법이다.(그냥 종이로 만들면 쉽게 버릴 수 있으니 코팅을 하는 것이 더 좋다.) 중개사들은 보통 업무 일지에 물건을 기재해 놓고 중개하는데, 다음과 같이 상세한 정보가 담긴 전단지를 주면 기억하기 쉬울 뿐 아니라 방문한 고객에게 물건을 소개하기도 편리하다.

| 아파트 매매 광고 전단지(앞면/뒷면) |

# 매물 등록 방법 2: 직거래

과거와는 달리 부동산 정보 공유나 거래를 위한 방법들이 다양하게 있다. 공인중개사무소에 의뢰하면 수수료가 발생하지만, 직거래를 통하면 그 비용을 줄이거나 없앨 수 있다. 유용한 직거래 방법 몇 가지를 살펴보자.

## 1. 부동산 앱에 매물 등록

시대가 변함에 따라 부동산 거래에도 새로운 방법들이 많이 생겨났다. 특히 부동산 앱 시장이 급성장하고 있는데, 대표적인 앱으로는 '직방', '다방', 그리고 '피터팬의 좋은방 구하기' 등이 있다.

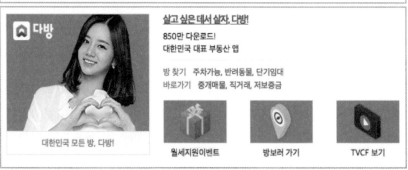

| 대표적인 부동산 거래 앱 |

이들은 스마트폰 앱으로 설치할 수도 있고, 인터넷 사이트로도 이용할 수 있어 접근성 및 휴대성이 뛰어나 매우 편리하다. 그리고 집의 구조 및 사진, 주변 입지와 가격 정보 등이 상세하게 제공되기 때문에 본인에게 맞는 조건의 집을 구하기 위해 일일이 발품을 팔며 돌아다녀야 하는 수고를 덜 수 있다. 부동산 앱의 이러한 장점으로 인해 이용자 수가 늘어나고 있는 만큼 집을 내놓는 입장에서도 내 집을 여러 사람에게 더 쉽게 광고할 수 있게 되었다.

특히 젊은 연령층의 이용자가 많다 보니, 고가의 대형 주택 매매보다는 가격이 낮은 소형 매물(빌라나 주거용 오피스텔 등)의 임대차 위주로 거래가 되고 있다. 부동산 앱에서는 직거래뿐 아니라 공인중개사를 통한 계약도 가능하다.

## 2. 현수막 광고

현수막을 제작하여 잘 보이는 곳에 걸어 두는 방법도 생각보다 효과가 좋다. 필자는 공매를 통해 여주에 있는 아파트 네 채를 동시에 낙찰받은 적이 있는데, 그때 현수막 광고를 보고 연락한 매수인에게 한 채를 매도했다. 직거래였기 때문에 현수막을 제작하는 데 든 비용 이외에 수수료는 없었다. 제작비는 현수막의 크기에 따라 다른데, 몇 만 원 정도로 그리 비싸지 않다. 인터넷으로 주문하면 원하는 디자인을 선택해서 쉽고 저렴하게 만들 수 있다. 현수막은 아무 곳에나 마음대로 달 수 있는 것은 아니다. 해당 지자체에서 정한 장소에, 신청한 순서에 따라 설치가 가능하므로 현수막 광고를 하고 싶다면 미리 알아보고 신청하는 것이 좋다.

| 부동산 매매 현수막 |

### 3. 블로그나 맘 카페에 게시

집을 구하기 위해 일차적으로 인터넷 검색을 하는 사람들이 많이 있다. 직접 현장에 나가서 알아보는 것보다 정확하지는 않지만, 관심이 있고 궁금한 물건에 대한 정보를 쉽고 편리하게 얻을 수 있기 때문이다. 이러한 수요자들에게 내 물건이 검색이 되도록 하는 방법이 '블로그'를 이용하는 것이다. 블로그에 설명과 함께 집의 사진이나 동영상을 찍어서 올리면 그 게시물을 보고 연락을 해오는 경우가 종종 있다.

그리고 공인중개사를 통해 매물을 내놓았을 때도 블로그는 도움이 된다. 보통 낮 시간에 주부들이 집을 보러 다니는 경우가 많은데, 저녁에 퇴근한 남편과 상의할 때 그냥 말로 설명하는 것보다 블로그 글을 보여 주면서 이야기하면 편리하다. 남편의 입장에서도 직접 본 것처럼 자세하게 집에 대한 정보를 알 수 있기 때문에 계약을 결정하기 쉽다.

해당 지역의 활성화된 '맘 카페'도 유용하게 활용할 수 있다. 맘 카페에서는 다양한 정보들을 주고받고 있는데, 부동산 매물에 대한 정보 역시 공유된다. 여기에 매물 게시글을 올리면 생각보다 많은 연락이

온다. 집을 결정하는 데 주도적인 역할을 하는 주부들이 모인 공간이고, 지역도 한정적이므로 광고 효과가 크게 나타난다.

공인중개사에 의뢰하는 것이 일반적이었던 과거와는 달리 요즘에는 매물을 알리는 방법이 다양하다. 지금까지 설명한 것 외에도 앞으로 여러 가지 새로운 방법들이 생길 것이다. 부동산 투자는 임대나 매매를 해야 비로소 수익을 얻을 수 있다. 원하는 수익을 쉽고 빠르게 얻고자 한다면 본인이 할 수 있는 최대한의 노력을 다해야 한다. 적극적으로 다양한 방법을 시도해 보기 바란다.

## KEY POINT

### 임대 및 매매를 잘 하는 방법

1. 매도시기에 따라 가격을 조정한다.
2. 빈집이 유리하다.
3. 집의 첫 인상을 깨끗하게 만든다.
4. 인테리어로 가치를 높인다.
5. 공인중개사에 의뢰하는 것뿐 아니라 직거래 방법도 적극 활용한다.

부동산 경매 이렇게 쉬웠어?
단 24시간 만에 2,700만 원 수익내기

물건 검색부터 입찰, 그리고 낙찰 후 매도하기까지 경매 투자의 전 과정을 살펴보았으니, 이제 이 단계별 과정을 활용해 필자가 수익을 낸 사례를 이야기하려고 한다.

## [경매 실전 step 1 ~ 3] 물건 검색 및 분석, 조사

**2014타경** · 의정부지법 고양지원 · 매각기일 : 2015.06.23(火) (10:00) · 경매 11계 (전화:031-920-6323)

| 소재지 | 경기도 파주시 와동동 | | 도로명주소검색 | | | | |
|---|---|---|---|---|---|---|
| 새 주소 | 경기도 파주시 금바위로 | | | | | | |
| 물건종별 | 아파트 | 감정가 | 230,000,000원 | 구분 | 입찰기일 | 최저매각가격 | 결과 |
| 대지권 | 54.085㎡(16.361평) | 최저가 | (70%) 161,000,000원 | | 2015-04-14 | 230,000,000원 | 변경 |
| 건물면적 | 84.454㎡(25.547평) | 보증금 | (10%) 16,100,000원 | 1차 | 2015-05-19 | 230,000,000원 | 유찰 |
| 매각물건 | 토지·건물 일괄매각 | 소유자 | 김 현 | 2차 | 2015-06-23 | 161,000,000원 | |
| 개시결정 | 2014-11-27 | 채무자 | 김 현 | 낙찰 : 207,000,000원 (90%) | | | |
| 사건명 | 임의경매 | 채권자 | 강서농협 | (입찰13명,낙찰:인천 서구 허 림 / 차순위금액 203,899,990원) | | | |
| | | | | 매각결정기일 : 2015.06.30 – 매각허가결정 | | | |
| | | | | 대금지급기한 : 2015.07.28 | | | |
| | | | | 대금납부 2015.07.28 / 배당기일 2015.09.08 | | | |
| | | | | 배당종결 2015.09.08 | | | |

2015년 6월에 경기도 파주시의 아파트를 2억 700만 원에 낙찰받았다. 해당 지역은 새로운 아파트 단지들이 즐비하게 들어서 있는 곳으로 경매 물건이 많이 나오기도 하고, 앞으로 발전 가능성이 있을 거라 생각했다. 이런 곳은 한 번

• **임차인현황** ( 말소기준권리 : 2009.06.23 / 배당요구종기일 : 2015.02.19 )

| 임차인 | 점유부분 | 전입/확정/배당 | 보증금/차임 | 대항력 | 배당예상금액 | 기타 |
|---|---|---|---|---|---|---|
| 김ㅇ인 | 주거용 | 전 입 일 : 2004.06.14<br>확 정 일 : 미상<br>배당요구일 : 없음 | 미상 | | 배당금 없음 | |
| 기타사항 | ☞ 조사외 소유자 점유<br>☞ 현장 방문시 아무도 만나지 못하였고,주민등록표에는 소유자와 그 배우자가 세대주로 등재되어 있으므로 점유관계 등은 별도의 확인요망,임차인으로 조사한 사람은 주민등록등재자이나, 소유자의 배우자임.<br>☞ 김ㅇ인 : 이 사건 채무자겸소유자의 배우자임 | | | | | |

• **등기부현황** ( 채권액합계 : 452,025,812원 )

| No | 접수 | 권리종류 | 권리자 | 채권금액 | 비고 | 소멸여부 |
|---|---|---|---|---|---|---|
| 1(갑2) | 2004.06.24 | 소유권이전(매매) | 김 현 | | | |
| 2(을3) | 2009.06.23 | 근저당 | 강서농협<br>(까치산역지점) | 266,400,000원 | 말소기준등기 | 소멸 |
| 3(갑3) | 2014.07.15 | 가압류 | 경기신용보증재단 | 180,879,938원 | 2014카단101042 | 소멸 |
| 4(갑4) | 2014.11.27 | 임의경매 | 강서농협 | 청구금액:<br>231,120,959원 | 2014타경 | 소멸 |
| 5(갑5) | 2014.12.17 | 가압류 | 농협은행 | 4,745,874원 | 2014카단1148 | 소멸 |

투자해 보면 비슷한 방법으로 계속해서 수익을 낼 수 있기 때문에 관심을 가지게 되었다.

경매 정보지를 통해 권리분석을 해 보았다. 이 물건은 말소기준권리를 비롯해 모두 매각으로 소멸하며 소유자(임차인 현황에 나온 김ㅇ인은 소유자의 배우자)가 점유하고 있었기 때문에 낙찰자가 인수해야 할 권리가 전혀 없었다. 권리분석이라고 할 것도 없이 아주 쉬운 물건이었다.

　이 아파트는 2층이라는 단점 때문에 다른 물건에 비해 경쟁자가 적을 것이라 예상했다. 그런데 막상 임장을 가 봤더니, 2층이지만 앞에 막히는 것이 없어 답답하지 않고 햇빛도 잘 들었다. 그길로 아파트 바로 앞 중개사무소 두 곳에 들러 문의한 결과 2억 4천만 원 정도에 매도가 가능할 것이라는 사실을 알 수 있었다.

## [경매 실전 step 4] 입찰가 산정 및 입찰

| | | | | | | |
|---|---|---|---|---|---|---|
| 15-<br>아파트 | 경기도 파주시<br>[대지권 54.085㎡, 건물 84.454㎡] | 1503호 | 240,000,000<br>168,000,000<br>218,790,000 | 낙찰<br>(70%)<br>(91%) | 2015.06.03<br>(10:00) | |
| 14-<br>아파트 | 경기도 파주시<br>[대지권 54.085㎡, 건물 84.454㎡] | 1004호 | 236,000,000<br>165,200,000<br>206,550,000 | 낙찰<br>(70%)<br>(88%) | 2015.01.14<br>(10:00) | |
| 14-<br>아파트 | 경기도 파주시<br>[대지권 54.085㎡, 건물 84.454㎡] | 704호 | 240,000,000<br>168,000,000<br>218,780,000 | 낙찰<br>(70%)<br>(91%) | 2014.12.23<br>(10:00) | |
| 13-<br>아파트 | 경기도 파주시<br>[대지권 54.085㎡, 건물 84.454㎡] | 506호 | 235,000,000<br>164,500,000<br>208,999,000 | 낙찰<br>(70%)<br>(89%) | 2014.09.23<br>(10:00) | |
| 14-<br>아파트 | 경기도 파주시<br>[대지권 54.085㎡, 건물 84.454㎡] | 1305호 | 243,000,000<br>170,100,000<br>218,100,000 | 낙찰<br>(70%)<br>(90%) | 2014.08.06<br>(10:00) | |

입찰가를 산정하기 위해 동일 번지 매각 사례를 검색했다. 분명 다른 투자자들도 입찰하기 전에 이전 낙찰가를 찾아서 입찰가를 결정할 것이므로 매각 사례의 금액보다 조금 높게 쓴다면 낙찰 가능성이 높아질 것이다. 동일 번지 물건들 중 중간층의 낙찰가가 2억 원 초반이어서 2층인 해당 물건도 비슷한 가격에 입찰한다면 낙찰받을 수 있을 거라 생각했다.

그래서 필자는 입찰 가격을 2억 700만 원으로 정했다. 여기에 취득세를 더하면 약 2억 1천만 원이 되고, 임장 시 조사한 시세(2억 4천만 원)에 비해 3천만 원 정도 낮은 가격이므로 몇몇 비용을 제하고도 1 ~ 2천만 원의 수익을 얻을 수 있을 거라고 예상했다.

## [낙찰 후 수익 step 1 ~ 3] 잔금 납부, 명도 및 매매

입찰 당일 12명을 제치고 낙찰받았다. 감정가의 80% 정도의 대출을 받았고, 최종 투자 금액은 약 5천만 원이었다. 낙찰 부동산에 점유하고 있던 소유자와는 2개월 뒤에 이사하기로 합의했고, 이사하던 날 소유자의 안타까운 사정을 고려해 이사비 명목으로 100만 원을 주었다. 수리가 필요 없는 집이라 명도가 끝나자마자 중개사무소에 매매를 의뢰했는데, 그다음 날 바로 매수자를 만났다.

검색에서부터 매매하기까지 이 물건을 처리하기 위해 실제로 투입한 시간은 총 24시간도 걸리지 않았다. 물건지에 방문한 횟수는 3회였고, 5천만 원을 투자해서 2개월 만에 세전 2,700만 원의 수익을 얻을 수 있었다. 다른 투자 물건에 비해 큰 수익은 아니지만 들인 시간과 수고에 비해 2,700만 원은 매우 큰돈이다.

필자의 경험담에서 알 수 있듯이 권리분석과 명도가 쉬운 물건으로도 충분히 수익을 낼 수 있다. 경매 투자는 어렵고 위험하다는 잘못된 인식으로 인해 시작조차 하지 않는 사람들이 많아 안타깝다.

직장 생활을 하면서도 충분히 투자할 수 있고, 투자로 얻은 수익은 삶을 더욱 여유 있고 안정되게 만들어 준다. 사는 게 팍팍하다고 불평만 하지 말고, 조금만 노력해 보자. 경매 투자, 절대 어렵지 않다.

| 내역 | 금액(단위: 원) |
|---|---|
| 낙찰 가격 | 2억 700만(대출 80%) |
| 총 투자 비용 | 2억 1,300만 = 낙찰가 + 취득세(300만) + 중개비(130만) + 이사비(100만) + 이자(70만) |
| 실제 투입 금액 | 약 5천만 |
| 매도 가격 | 2억 4천만 |
| 세전 수익 | 약 2,700만 |

| 파주 아파트 투자 내역서 |

## 손 안 대고 코 풀기
## 경매 취하해주고 500만 원 벌기

일반적으로는 낙찰을 받고 소유권을 이전한 후에 임대나 매매를 통해 수익을 얻게 된다. 하지만 낙찰받고 나서 잔금을 내기도 전에 수익을 낼 수도 있다. 이런 기회는 경매가 '취하'되거나 '취소'되는 경우에 생기는데, 어떻게 수익이 발생하는지 사례를 통해 살펴보자.

이 물건은 경기도 일산의 아파트다.(당시 시세 약 2억 7천만 원) 감정가인 2억 4,400만 원보다 조금 높은 2억 5,010만 원에 낙찰받았는데, 차순위 입찰 금액과는 근소한 차이였다.

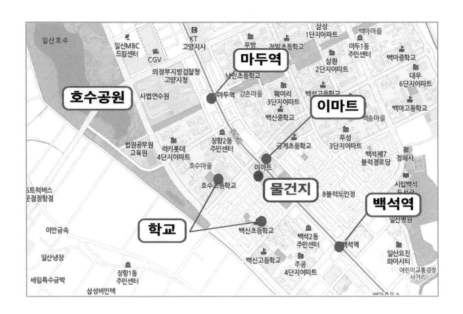

위치는 마두역과 백석역의 정중앙이다. 교통이 편리하고 대형 마트와 같은 편의 시설들이 가까워서 신혼부부들이 선호할 만한 곳이다. 주변에 녹지가 많아서 쾌적하지만, 대로변이라 소음이 조금 있는 것은 단점이었다.

아파트에서 직접 찍은 사진을 보면, 막고 있는 고층 건물이 없어 조망이 좋다. 단독 주택 단지와 넓은 공원을 내려다볼 수 있고, 멀찍이 백석 와이시티와 한강도 보인다. 남향의 한강 조망 아파트를 2억 원대에 낙찰받은 것이다.

### 낙찰 후 서류 열람 및 내용증명 발송

낙찰받고 며칠 후, 서류를 열람하기 위해 법원에 방문했다.

**팔콘:** "계장님. 매각 물건 관련 서류 열람하러 왔습니다."
**계장:** "안녕하세요. 이 사건 채권자가 낙찰 다음 날 취하서를 제출한다고 하던데요. 낙찰자에게 연락한다고 했는데, 알고 계신가요?"
**팔콘:** "네? 전 연락받은 일이 없는데요."

이게 뭔가 싶었지만, 법원에서 나온 뒤 우체국에 들러 명도를 위한 내용증명을 보내고 집으로 돌아왔다. 일단 매각허가결정이 내려졌기 때문에 낙찰 후의 절차는 그대로 진행해야겠다는 생각이었다.

### 소유자 측과의 첫 대화

발송한 지 5일 후에 모르는 번호로 전화가 왔다. 소유자일 거라 짐작하고 전화를 받았다.

**소유자 측:** "안녕하세요. 낙찰자 대리인이시죠?"
**팔콘:** "네."
**소유자 측:** "저는 소유자로부터 사건을 의뢰받은 변호사입니다. 다름이 아니라 소유자가 채무를 변제했고, 오늘 채권자가 취하서를 제출했습니다."
**팔콘:** "그래요? 채무를 변제하셨는지 확인하지 못했지만, 저희는 매각허가결정

을 받았기 때문에 잔금 기일이 잡히면 바로 납부할 계획입니다."

**소유자 측:** "그러시군요. 사실 의뢰인이 채무 변제를 다 했는데도 카드 회사에서 업무 처리가 미숙해 집행 정지를 바로 신청하지 않았습니다. 그래서 일이 꼬이게 되어 낙찰받으신 분께 양해를 부탁드리려고 합니다."

**팔콘:** "이 물건은 단기 매도로 2 ~ 3천만 원의 수익을 예상하고 낙찰받았습니다. 천만 원을 주신다면 취하 동의서를 작성해 드리겠습니다."

**소유자 측:** "의뢰인께 전하겠습니다."

통화를 하면서 안 사실은 채무자(소유자)는 낙찰 전에 채무 변제를 했지만, 채권자가 낙찰 후에 취하서를 제출했다는 것이다. 관련 사항에 대해 좀 더 자세히 알아볼 필요가 있었다.

### 경매 취하와 취소

부동산 경매에서 '취하'는 돈을 갚았으니(혹은 돈을 언제까지 갚기로 합의했으니) 경매 진행을 멈춰달라고 요청하는 절차를 말한다. 취하는 경매 신청 채권자만 가능하고, 소유자나 채무자는 신청할 수 없다. 그리고 낙찰자가 매각 대금을 납부하기 전까지만 취하가 가능하다. 중요한 것은 매각허가결정 후에 취하를 하려면 낙찰자의 취하 동의서가 필요하다는 점이다. 이러한 이유로 소유자 측에서 연락을 했던 것이다.

그렇다면 동의를 하지 않고, 매각 대금을 납부해 버리면 낙찰자가 해당 물건을 소유할 수 있을까? 문제는 소유자가 경매 '취소'를 신청할 수도 있다는 것이다.

취소는 취하와는 달리 소유자나 채무자가 단독으로 신청하는 것이다. 그런데 해당 사건과 같은 '강제경매'에서는 채무자가 취소를 신청하려면 절차가 다소 복잡하다. 따라서 소유자 측에서는 취소보다는 취하로 빨리 마무리하길 원할 것이다.

그렇다면 낙찰자의 입장에서 최선의 선택은 무엇일까? 만약 취하에 동의하지 않아 소유자가 취소를 신청하면 시간은 걸리겠지만, 결국 경매가 취소될 것은 분명하다.(일단 경매가 정지되면 낙찰자는 대금 납부도 할 수 없고, 취소 절차가 끝날 때까지 입찰보증금도 찾지 못하게 된다.) 따라서 시간을 끌지 말고 적정한 금액에 합의를 보는 것이 소유자뿐 아니라 낙찰자에게도 유리하다.

## 취하 동의 및 합의

**소유자 측:** "의뢰인에게 말씀 전달했습니다."

**팔콘:** "네. 뭐라고 하시던가요?"

**소유자 측:** "천만 원은 너무 크다고 하시네요. 300만 원에 합의해 주시면 안 되겠습니까?"

**팔콘:** (먼저 제시했던 금액의 반도 안 되는 금액이다. 협상할 때는 원하는 금액보다 높게 제시한 후 점차 조정해 나가야 한다.) "300만 원이요? 이 물건 지금 당장 매도해도 2천만 원은 벌 수 있습니다. 그런데 너무한 거 아닙니까?"

**소유자 측:** "사장님. 의뢰인이 취소 신청을 하면 낙찰자 분께서는 투자금도 묶이시고 기회비용도 날리실 텐데, 잘 합의하시는 게 서로에게 좋지 않겠습니까?"

**팔콘:** "낙찰자도 이 물건을 낙찰받기 위해서 시간과 공을 들였으니 그만한 대가는 있어야 한다고 생각합니다. 이쪽에서도 양보해서 700만 원에 합의해 드리겠습니다."

**소유자 측:** "그러시면 조금만 더 양보해 주세요. 500만 원이면 어떠십니까? 물론 원하시는 금액은 아니겠지만, 더 이상은 저도 의뢰인을 설득하기 어렵습니다."

**팔콘:** "흠~ 소유자 사정도 있고, 변호사님께서 이렇게 부탁하시니 그 금액에 합의하겠습니다. 대신 지금 바로 500만 원을 송금해 주시기 바랍니다."

결국 500만 원으로 합의해서 취하 동의를 해 주었다. 더 욕심을 부려 봤자 서로에게 득 될 것이 없었다. 낙찰받은 후에 명도와 대출, 그리고 매도를 거치지도 않고 몇 번의 통화만으로 500만 원의 수익을 얻었다. 일반 직장인의 한두 달 월급에 해당하는 큰돈을 짧은 시간 내에 힘들이지 않고 번 것이다. 그것도 고맙다는 인사를 들으면서 말이다.

투자를 하다 보면 이와 같이 예상치 못한 일도 종종 발생하게 된다. 그러나 당황하지 말고 상황을 잘 파악해서 침착하게 대처한다면 뜻밖의 수익을 얻을 수도 있다. 이것이 바로 경매 투자를 해야 하는 또 한 가지 이유다.

# 제5장

# 차별화된 수익을 내는 고수의 노하우

1. 쉬우면서 돈 되는 물건을 찾는 방법
2. 단기에 큰 수익 내는 상가 투자
3. 세금은 줄이고, 수익은 높이는 방법

①

# 쉬우면서 돈 되는
# 물건을 찾는 방법

지금까지 경매 투자의 전 과정을 단계별로 알아보았다. 제3장에서는 물건을 검색하고 선택하는 방법에 대해 다루었는데, 배운 내용을 토대로 실제로 입찰해 보면 낙찰받기가 쉽지만은 않을 것이다. 좋은 물건이다 싶으면 수십 명씩 입찰하고, 낙찰 가격은 너무 높아서 큰 수익을 거두기 힘들어 보인다.

앞의 지도에 표시된 경매 물건을 보면, 초등학교와 하천이 인접해 있고, 서울의 더블 역세권에 위치하고 있다. 더군다나 매각되는 아파트는 수요가 많은 30평대이고, 로열층에 남향이라 이론적으로 매우 좋은 물건이다. 그렇다면 과연 매각 결과는 어떻게 되었을까?

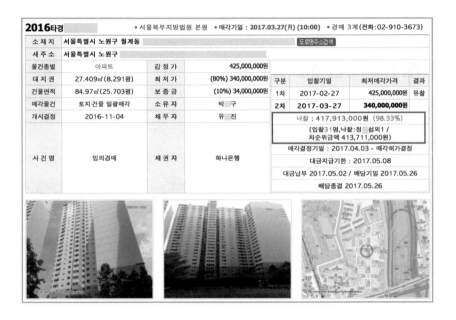

| 2016타경 | | ◆서울북부지방법원 본원 | ◆매각기일 : 2017.03.27(月) (10:00) | ◆경매 3계 (전화:02-910-3673) | | | | |
|---|---|---|---|---|---|---|---|---|
| 소재지 | 서울특별시 노원구 월계동 | | | 도로명주소검색 | | | | |
| 새 주 소 | 서울특별시 노원구 | | | | | | | |
| 물건종별 | 아파트 | 감 정 가 | 425,000,000원 | | | | | |
| 대 지 권 | 27.409㎡(8.291평) | 최 저 가 | (80%) 340,000,000원 | 구분 | 입찰기일 | 최저매각가격 | 결과 | |
| 건물면적 | 84.97㎡(25.703평) | 보 증 금 | (10%) 34,000,000원 | 1차 | 2017-02-27 | 425,000,000원 | 유찰 | |
| 매각물건 | 토지·건물 일괄매각 | 소 유 자 | 박　구 | 2차 | 2017-03-27 | 340,000,000원 | | |
| 개시결정 | 2016-11-04 | 채 무 자 | 유　진 | 낙찰 : 417,913,000원 (98.33%) | | | | |
| 사 건 명 | 임의경매 | 채 권 자 | 하나은행 | (입찰31명,낙찰:정　섬외1 / 차순위금액 413,711,000원) | | | | |
| | | | | 매각결정기일 : 2017.04.03 - 매각허가결정 | | | | |
| | | | | 대금지급기한 : 2017.05.08 | | | | |
| | | | | 대금납부 2017.05.02 / 배당기일 2017.05.26 | | | | |
| | | | | 배당종결 2017.05.26 | | | | |

　감정가가 425,000,000원인 이 물건은 2차 매각기일에 31명이 입찰했고, 낙찰 가격은 417,913,000원이다. 거의 감정가에 준하는 가격에 낙찰되었다. 이렇게 경쟁이 심한 이유는 내 눈에 좋아 보이는 물건은 다른 사람 눈에도 마찬가지이기 때문이다. 그리고 경쟁이 치열할 것을 예상한 입찰자들은 낙찰받기 위해 높은 가격을 써야 했을 것이다.

　어떤 분야든 경쟁이 심한 곳에서는 큰 수익을 얻을 수 없다. 과거와는 달리 경매 투자도 대중화되었다. 하지만 이 경매 시장 안에서도 경쟁이 덜한, 차별화된 수익을 얻을 수 있는 영역은 분명 있다. 특수물건도 그중 한 부분일 것이다. 필자가 이번 장에서 이야기하고자 하는 것은 쉬운 일반 물건이더라도 남들과는 조금 다른 관점으로 특징을 찾아 낸다면 낙찰률과 수익률을 모두 높일 수 있다는 점이다. 매번 패찰을 거듭하는 이들을 위해 차별화된 물건을 선택하는 몇 가지 노하우를 살펴보겠다.

# 역발상으로 물건을 선택하자

## 1. 저층이나 탑층

로열층은 누구나 좋아하는 물건이다. 그에 비해 저층이나 탑층은 꺼리는 게 사실이다. 1층은 외부에 쉽게 노출되고, 탑층은 겨울에는 춥고 여름에는 더울 거라는 인식이 있다. 그래서 통상적으로 중간층보다 가격이 저렴하다. 하지만 필자에게는 경쟁이 덜한 저층과 탑층에 투자해 만족할 만한 수익을 낸 사례들이 있다.

| 저층 아파트 |

이 물건은 일산에 있는 1층 아파트다. 감정가 393,000,000원인 물건을 367,000,000원에 낙찰받아 1년 동안 월세로 임대한 뒤에 매도했다. 필자가 이 아파트에 입찰했던 이유는 다음의 스카이 뷰 사진에서 ①번 위치에 있는 물건이었기 때문이다.

앞 동에 의해서 일조권이 저해됨
사람들과 차량이 지나다니는 1층

일조권 + 개인 생활을 보장받을 수 있는 1층

남향이었고, 1층이지만 전면에 가리는 건물이 없어서 하루 종일 빛이 잘 들어왔다. 그리고 단지 내 사람들이 지나다니지 않는 곳이라 사생활이 노출될 위험도 적었으며, 큰 도로가 없어 조용했다. 하지만 만약 이 경매 물건이 ②번 위치였다면 투자하지 않았을 것이다. 사람과 차량의 통행이 많아서 불편하고, 앞 동에 가려져 빛도 잘 들어오지 않기 때문이다. 이처럼 같은 1층 아파트이더라도 단점이 보완된 물건을 찾을 수 있다면 투자를 망설일 이유가 없다.

| | | | | | | | |
|---|---|---|---|---|---|---|---|
| **2015타경** | | ● 인천지방법원 본원 ● 매각기일 : 2016.01.27(水) (10:00) ● 경매 11계(전화:032-860-1611) | | | | | |
| 소재지 | 인천광역시 연수구 송도동 | | | 도로명주소검색 | | | |
| 새 주 소 | 인천광역시 연수구 | | | | | | |
| 물건종별 | 아파트 | 감정가 | 780,000,000원 | **구분** | **입찰기일** | **최저매각가격** | **결과** |
| 대 지 권 | 142.849㎡(43.212평) | 최저가 | (70%) 546,000,000원 | 1차 | 2015-12-23 | 780,000,000원 | 유찰 |
| 건물면적 | 180.5㎡(54.601평) | 보증금 | (10%) 54,600,000원 | 2차 | 2016-01-27 | **546,000,000원** | |
| 매각물건 | 토지·건물 일괄매각 | 소유자 | 박 수 | 낙찰 : 603,000,000원 (77.31%) | | | |
| 개시결정 | 2015-05-06 | 채 무 자 | 박 수 | (입찰4명,낙찰:인천 박 철 / 차순위금액 571,369,000원) | | | |
| 사 건 명 | 임의경매 | 채 권 자 | 오케이저축은행(양도인:농협 은행) | 매각결정기일 : 2016.02.03 - 매각허가결정 | | | |
| | | | | 대금지급기한 : 2016.03.08 | | | |
| | | | | 대금납부 2016.03.07 / 배당기일 2016.04.11 | | | |
| | | | | 배당종결 2016.04.11 | | | |

15층 중 15층

| 탑층 아파트 |

이번에는 탑층 투자 사례다. 15층 중 15층인 송도 아파트로 감정가는 780,000,000원이었고, 낙찰 가격은 603,000,000원이다. 저층과 마찬가지로 탑층 물건도 투자자들이 크게 눈여겨보지 않는 경우가 많다.

하지만 같은 아파트 단지의 여러 동 중에서 가장 남쪽에 있는 이 물

전면 동의 탑층

바다 뷰가 나옴

건은 앞에 시야를 가리는 5층 이상의 건물이 없었다. 그래서 후면에 위치해 빛이 가리는 동의 로열층보다 오히려 겨울철에 따뜻했다. 또한 이 집에서는 시원하게 펼쳐진 바다가 보였다. 이러한 장점으로 인해 로열층보다 시세가 낮지도 않았지만, 누군가는 제대로 알아보지도 않고 단지 탑층이라는 이유만으로 흘려보냈을 것이다. 실제로 이 물건은 2년 동안 전세로 임대한 후에 비과세로 매도했는데, 순수익이 1억 원 이상이었다.

## 2. 대형 평수

다음은 건물의 전용 면적이 137.139㎡(41.485평)이고, 분양 평수는 52평인 대형 물건이다. 6억 원에 감정평가된 일산의 아파트인데 483,000,000원에 낙찰받았다. 면적이 크고 가격도 낮지 않으므로 초보 투자자들은 특히 부담을 느낄 것이다.

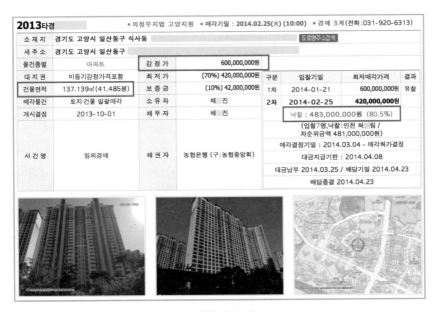

| 대형 아파트 |

일반적으로 사람들이 생각하는 대형 평수의 기준은 40평대다. 많은 투자자들이 40평이 넘는 대형보다는 수요가 많은 중소형 아파트를 선호한다. 50평이 넘는 아파트가 큰 물건인 것은 사실이다. 하지만 필자가 강조하고 싶은 것은 중소형과 대형을 판단하는 기준이 상대적이라는 점이다.

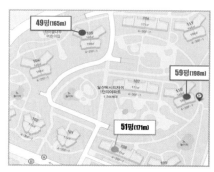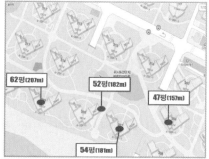

| 낙찰받은 물건 단지(좌)와 같은 지역의 다른 아파트 단지(우) |

낙찰받은 아파트 단지 지도를 보면 모두 대형 평형으로 구성되어 있다. 그리고 주변의 다른 아파트 단지 역시 마찬가지다. 이 지역에서 50평은 기준이 되는 평형이지, 특별히 큰 면적이 아니었다. 투자자 입장에서 일반적인 기준으로 보면 대형 아파트라 경쟁이 덜하지만, 이 지역의 수요자 입장에서는 크게 부담이 되는 면적이 아니기 때문에 거래가 수월하다. 실제로 이 물건은 잔금을 납부하기도 전에 매도계약을 했다. 따라서 단순히 평수만을 보고 판단할 것이 아니라 해당 물건의 수요자들이 그 평수를 어떻게 받아들이는지 알아보고 상대적인 기준에 따라 투자를 결정해야 한다.

## 3. 거래 사례가 없는 희소한 물건

어떤 지역을 대표하거나 구별하게 하는 표지, 즉 랜드마크인 부동산은 누구나 좋아할 만한 물건이지만, 쉽게 매물을 내놓지 않아서 거래 사례가 거의 없다. 이런 물건은 주변의 공인중개사무소에서도 정확한 가격을 파악하지 못해 시세를 조사하기 힘들다. 또한 대부분의 초보투자자들은 거래 사례가 없는 이유가 잘 팔리지 않기 때문이라고 지레짐작하고 입찰을 포기하는 경우가 많다. 다음 사례를 보자.

| 2015타경 | | ● 의정부지법 고양지원 ● 매각기일 : 2016.09.27(火) (10:00) ● 경매 8계(전화:031-920-6318) | | | | | | |
|---|---|---|---|---|---|---|---|---|
| 소 재 지 | 경기도 고양시 | | | | 도로명주소검색 | | | |
| 새 주 소 | 경기도 고양시 | | | | | | | |
| 물건종별 | 아파트 | 감 정 가 | 900,000,000원 | | | | | |
| 대 지 권 | 미등기감정가격포함 | 최 저 가 | (70%) 630,000,000원 | 구분 | 입찰기일 | | 최저매각가격 | 결과 |
| 건물면적 | 218.66㎡(66.145평) | 보 증 금 | (10%) 63,000,000원 | 1차 | 2016-05-03 | | 900,000,000원 | 유찰 |
| 매각물건 | 토지·건물 일괄매각 | 소 유 자 | 김 영 | | 2016-06-07 | | 630,000,000원 | 변경 |
| 개시결정 | 2015-10-16 | 채 무 자 | 김 영 | 2차 | 2016-09-27 | | 630,000,000원 | |
| 사 건 명 | 임의경매 | 채 권 자 | 에프에스케이엔1512 유동화전문 유한회사(변경 전 :신한은행) | 낙찰 : 850,070,000원 (94.45%) (입찰10명,낙찰:인천 연수 치 희 / 차순위금액 810,050,000원) 매각결정기일 : 2016.10.04 - 매각허가결정 대금지급기한 : 2016.11.10 대금납부 2016.11.08 / 배당기일 2016.12.13 배당종결 2016.12.13 | | | |

● 매각물건현황( 김정원 : 유한감정평가 / 가격시점 : 2015.10.27 / 보존등기일 : 2010.12.06 )

| 목록 | 구분 | 사용승인 | 면적 | 이용상태 | 감정가격 | 기타 |
|---|---|---|---|---|---|---|
| 건물 | 20층중 20층 | 10.10.29 | 218.66㎡ (66.14평) | 방4, 거실, 가족실, 주방검식당, 욕실3, 드레스룸, 파우더룸, 테라스2 등 | 765,000,000원 | ● 열병합발전에 의한 지역난방설비 ● 지하주차장 |
| 토지 | 대지권 | | ● 대지권미등기이나 감정가격에 포함 평가됨 | | 135,000,000원 | |

| 거래 사례가 거의 없는 펜트하우스 |

경매 정보에 나온 일산의 아파트는 전용 면적이 약 66평인 대형이고, 9억 원에 감정평가된 고가의 물건이다. 앞에서 대형 물건의 사례를 이야기했지만, 이 아파트를 낙찰받은 이유는 단순히 대형이라서가

아니고 20층 중 20층인 '펜트하우스'였기 때문이다.

당시 단 1채가 매물로 나와 있었는데, 가격이 12억 원이고 거래는 되지 않고 있었다. 워낙 희소하고 거래 사례도 없어서 적정한 입찰 가격을 책정하는 것이 쉽지 않았다. 하지만 분명 그 지역의 랜드마크인 펜트하우스를 찾는 수요자가 있을 것이고, 적어도 손해를 볼 일은 없다고 믿었기 때문에 감정가에 가까운 금액에 낙찰받았다. 결과는 어땠을까? 명도 후 1개월 만에 약 1억 원의 수익을 얻고 마무리했다.

## 오래전에 감정평가된 물건은 신건에 입찰하자

부동산 시장이 상승장인 경우에는 현재 시세보다 감정평가된 가격이 더 낮은 물건들이 있는데, 특히 오래전에 감정평가가 되어 크게 저평가된 물건을 찾는다면 좋은 기회가 된다. 시세가 많이 오르면 '이제는 다시 가격이 내려가지 않을까?'하는 불안감을 갖고 주저하는 사람들이 있기 때문에 경쟁이 덜한 편이다. 그리고 신건보다 유찰되어 가격이 떨어진 물건 위주로 검색하는 사람들이 많은데, 저평가된 물건은 신건에 낙찰받아도 수익이 나기 때문에 유찰되기를 기다리다가는 남의 물건이 되기 십상이다.

다음 사례는 서울 강남구의 15평(전용 면적) 아파트다. 감정가가 8억 8,200만 원이었는데, 입찰 당시의 시세는 10억 8천만 원이었다. 이 물건을 지인 4명과 함께 공동 투자하여 신건에 입찰했고, 낙찰가는 9억 5천만 원이었다. 빈집이라 명도를 할 필요가 없었고, 낙찰 후 1개월 만에 1억 원의 시세 차익을 거두었다. 만약 한 번 유찰된 후에 입찰하려고 했다면 이 물건에 투자할 기회가 아예 사라졌을 것이다.

| 현재 시세에 비해 낮게 감정평가된 물건 |

　이처럼 현재 시세에 비해 낮게 감정평가된 물건을 쉽게 찾을 수 있는 방법은 다음과 같다. 유료 정보 사이트의 특수물건 검색 조건에서 '감정평가일로부터 1년이 지난 물건'이라는 항목을 선택하는 것이다. 이러한 조건의 물건 중에서 현재 시세에 비해 저평가된 것이 있다면 신건일 때부터 관심을 갖고 조사해 보자.

| 특수물건 검색 조건 – 감정평가일로부터 1년이 지난 물건 |

# 여러 물건이 한꺼번에 나온 개별매각에서
# 기회를 노리자

경매 물건을 검색해 보면 사건 번호 하나에 물건 번호가 여러 개인 '개별매각' 사건이 있다. 다음의 물건은 수원시에 있는 오피스텔인데, 물건 번호만 달리하여 한 건물의 27개 호실이 한꺼번에 경매로 진행되었다.

| 관련<br>물건번호 | < | 21<br>낙찰 | 22<br>낙찰 | 23<br>낙찰 | 24<br>낙찰 | 25<br>낙찰 | 26<br>낙찰 | 27<br>낙찰 | | |
|---|---|---|---|---|---|---|---|---|---|---|

**2013타경**  · 수원지방법원 본원 · 매각기일 : 2015.02.13(금) (10:30) · 경매 9계 (전화 : 031-210-1269)

| 소재지 | 경기도 수원시 팔달구 인계동 | | | 도로명주소검색 | | | |
|---|---|---|---|---|---|---|---|
| 새 주소 | 경기도 수원시 팔달구 | | | | | | |
| 물건종별 | 오피스텔 | 감 정 가 | 950,000,000원 | 구분 | 입찰기일 | 최저매각가격 | 결과 |
| 대 지 권 | 32.3㎡(9.771평) | 최 저 가 | (24%) 228,095,000원 | | 2014-04-18 | 950,000,000원 | 변경 |
| 건물면적 | 138.65㎡(41.942평) | 보 증 금 | (10%) 22,810,000원 | 1차 | 2014-09-25 | 950,000,000원 | 유찰 |
| 매각물건 | 토지·건물 일괄매각 | 소 유 자 | 에이티건설(주) | 2차 | 2014-10-31 | 665,000,000원 | 유찰 |
| 개시결정 | 2013-01-29 | 채 무 자 | 에이티건설(주) | 3차 | 2014-12-03 | 465,500,000원 | 유찰 |
| | | | | 4차 | 2015-01-14 | 325,850,000원 | 유찰 |
| | | | | 5차 | **2015-02-13** | **228,095,000원** | |
| 사 건 명 | 임의경매 | 채 권 자 | 유더블유제칠차유동화전문유한회사 | 낙찰 : 407,999,999원 (42.95%) | | | |
| | | | | (입찰8명,낙찰:이  자 /<br>차순위금액 339,190,000원) | | | |
| | | | | 매각결정기일 : 2015.02.23 - 매각허가결정 | | | |
| | | | | 대금지급기한 : 2015.04.01 | | | |
| | | | | 대금납부 2015.03.31 / 배당기일 2015.05.14 | | | |
| | | | | 배당종결 2015.05.14 | | | |

| 오피스텔 27개 호실이 한꺼번에 나온 개별매각 사건 |

이 오피스텔에 투자하고 싶다면 어떤 호수를 선택할지 고민해야 할 것이다. 보통은 상대적으로 좋다고 생각되는 물건에 더 많은 사람이

몰리고, 다른 호수에 비해 단점이 있는 물건은 경쟁이 덜할 거라고 예상할 수 있다. 그런데 꼭 그렇지만은 않다. 조건이 더 좋은 호수는 경쟁이 심할 거라 생각하고 입찰하지 않았는데, 다른 투자자들 역시 같은 생각으로 선택하지 않은 것이다. 즉 좋은 물건인데도 입찰자가 아무도 없는 경우가 더러 있다.

| 낙찰가가 2천만 원 차이가 나는 비슷한 조건의 물건 |

그리고 이 두 물건을 보면, 나란히 붙어 있는데다(613호와 614호) 면적과 다른 조건도 같다. 따라서 감정가뿐 아니라 시세도 동일한데, 실제 낙찰 가격은 약 2천만 원 차이가 난다.

**2013타경** (11)  • 수원지방법원 본원 • 매각기일 : 2014.12.03(水) (10:30) • 경매 9계 (전화:031-210-1269)

| 소재지 | 경기도 수원시 팔달구 인계동 | | 6층 609호 | 도로명주소검색 | | | |
|---|---|---|---|---|---|---|---|
| 새 주 소 | 경기도 수원시 팔달구 인계동 | | 6층 609호 | | | | |
| 물건종별 | 오피스텔 | 감 정 가 | 89,000,000원 | | | | |
| 대 지 권 | 6.43㎡(1.945평) | 최 저 가 | (49%) 43,610,000원 | 구분 | 입찰기일 | 최저매각가격 | 결과 |
| 건물면적 | 27.63㎡(8.358평) | 보 증 금 | (10%) 4,370,000원 | | 2014-04-18 | 89,000,000원 | 변경 |
| 매각물건 | 토지·건물 일괄매각 | 소 유 자 | 에이티건설(주) | 1차 | 2014-09-25 | 89,000,000원 | 유찰 |
| 개시결정 | 2013-01-29 | 채 무 자 | 에이티건설(주) | 2차 | 2014-10-31 | 62,300,000원 | 유찰 |
| | | | | 3차 | 2014-12-03 | 43,610,000원 | |
| | | | | | 낙찰 : 72,530,000원 (81.49%) | | |
| | | | | | (입찰13명,낙찰:윤ㅁㅁ갑 / 차순위금액 70,770,000원) | | |
| 사 건 명 | 임의경매 | 채 권 자 | 유더블유제칠차유동화전문유한회사 | | 매각결정기일 : 2014.12.10 - 매각허가결정 | | |
| | | | | | 대금지급기한 : 2015.01.16 | | |
| | | | | | 대금납부 2015.01.16 / 배당기일 2015.05.14 | | |
| | | | | | 배당종결 2015.05.14 | | |

| 유찰된 전 회차보다 높은 가격에 낙찰 |

또 다른 호수를 살펴보자. 물건 번호 11번은 2차까지 유찰되었는데, 3차에 2차 최저매각가격보다 1천만 원 높은 72,530,000원에 낙찰되었다. 대부분 2차에서 매각된 다른 호수들보다 조건이 나빠서가 아니라, 여러 호수가 한꺼번에 나오다 보니 이렇게 아무도 입찰하지 않고 흐르는 물건이 생기는 것이다. 만약 이 물건을 2차에 최저가로 입찰했다면 단독으로 1천만 원 낮은 가격에 낙찰받았을 것이다. 지금까지 살펴본 사례들처럼 여러 물건이 동시에 진행되는 사건을 눈여겨보면 좋은 기회를 잡을 수 있다.

## 물건 사진을 자세히 보고 특이사항을 찾자

경매 정보 화면에서는 해당 물건에 대한 여러 장의 사진을 볼 수 있다. 서류 내용들을 분석하느라 사진을 소홀히 보고 넘어가는 경우가 있는데, '물건 사진'만 잘 살펴보더라도 남들이 놓치는 가치 있는 물건을 찾을 수 있다.

### 1. 복층

이 사례는 경기도 남양주에 새로 지어진 아파트로 감정가는 772,000,000원이었다. 전용 면적이 45평이고 탑층이었는데, 법원에서 제공하는 물건 사진을 자세히 보니 특이한 점이 있었다. 바로 상부층과 하부층이 있는 복층 구조의 아파트였던 것이다. 해당 지역의 다른 물건들은 별로 관심이 가지 않았지만, 이 물건은 눈여겨보고 있었다. 하지만 결국 취하가 되어 입찰하지 못했다. 복층은 선호도가 매우 높으므로 낙찰만 받았더라면 좋은 투자가 되었을 것이다.

| 2016타경 | | | ● 의정부지법 본원 ● 매각기일 : 2017.01.12(木) (10:30) ● 경매 8계 (전화:031-828-0328) | | | | | |
|---|---|---|---|---|---|---|---|---|
| 소 재 지 | 경기도 남양주시 별내동 | | | | 도로명주소검색 | | | |
| 새 주 소 | 경기도 남양주시 | | | | | | | |
| 물건종별 | 아파트 | 감 정 가 | 772,000,000원 | 구분 | 입찰기일 | 최저매각가격 | 결과 | |
| 대 지 권 | 100.231㎡(30.32평) | 최 저 가 | (100%) 772,000,000원 | | 2017-01-12 | **772,000,000원** | 취하 | |
| 건물면적 | 151.777㎡(45.913평) | 보 증 금 | (10%) 77,200,000원 | 본사건은 취하(으)로 경매절차가 종결되었습니다. | | | | |
| 매각물건 | 토지·건물 일괄매각 | 소 유 자 | 이  민 | | | | | |
| 개시결정 | 2016-03-03 | 채 무 자 | 이  민 | | | | | |
| 사 건 명 | 강제경매 | 채 권 자 | 유  복 | | | | | |

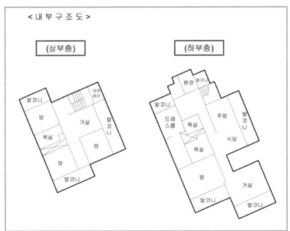

| 복층 구조의 아파트 |

## 2. 2개 호실로 나뉜 구조

| 2015타경 | | • 인천지방법원 본원 • 매각기일 : 2017.05.18.(木) (10:00) • 경매 7계(전화:032-860-1607) | | | | | |
|---|---|---|---|---|---|---|---|
| 소재지 | 인천광역시 남동구 구월동 | | | **3층 301호** | 도로명주소검색 | | |
| 물건종별 | 다세대(빌라) | 감정가 | 142,000,000원 | | | | |
| 대지권 | 43.625㎡(13.197평) | 최저가 | (49%) 69,580,000원 | 구분 | 입찰기일 | 최저매각가격 | 결과 |
| 건물면적 | 72.08㎡(21.804평) | 보증금 | (20%) 13,920,000원 | 1차 | 2016-12-29 | 142,000,000원 | 유찰 |
| 매각물건 | 토지·건물 일괄매각 | 소유자 | 신 대 | 2차 | 2017-02-03 | 99,400,000원 | 유찰 |
| 개시결정 | 2015-10-23 | 채무자 | 신 대 | 3차 | 2017-03-10 | 69,580,000원 | 낙찰 |
| 사건명 | 임의경매 | 채권자 | 에이피제4비유동화전문유한회사(양도인:농협은행) | 낙찰 103,440,000원(72.85%) / 22명 / 미납<br>(차순위금액:100,009,000원) | | | |
| | | | | 4차 | 2017-05-18 | **69,580,000원** | |
| | | | | 낙찰 : 104,790,000원 (73.8%) | | | |
| | | | | (입찰13명,낙찰:인천 김 림 /<br>차순위금액 103,105,000원) | | | |
| | | | | 매각결정기일 : 2017.05.25 - 매각허가결정 | | | |
| | | | | 대금지급기한 : 2017.06.23 | | | |
| | | | | 대금납부 2017.06.08 / 배당기일 2017.07.21 | | | |
| | | | | 배당종결 2017.07.21 | | | |

**호별배치도**

출입문 표시
제301호

출입문 표시
제302호

본건 제3층 제301호는 출입문이 301호와 302호로
각각 나뉜 후 구분되어 출입 및 사용되고 있음.

| 2개 호수로 나뉜 다세대 주택 |

이 물건은 인천 남동구에 있는 전용 면적 21평의 다세대 주택이다. 감정가는 142,000,000원이었고, 3차에 2차 최저가를 넘긴 103,440,000원에 낙찰되었다. 이 빌라 역시 물건 사진에서 특이사항을 발견할 수 있었다. 경매는 301호 1개 호실이 진행되었지만, 현황상

2개의 호실로 나뉘어 사용되고 있었던 것이다. 이런 물건은 한 채를 통째로 임대하는 것보다 두 세대로 나누어 임대하면 수익률이 훨씬 높다. 2차까지 유찰되었지만, 3차에 22명이나 입찰에 참가했다. 2차에 단독으로 입찰하지 않은 것이 아쉬움으로 남는다.

## 임장을 통해 숨겨진 장점을 찾자

실제로 임장을 가서 보면 온라인상으로 조사한 것과는 다른 점을 발견하게 되는 경우가 있다. 그것은 단점일 수도 있고, 반대로 장점일 수도 있다.

| **2016타경** | | ● 인천지방법원 본원 ● 매각기일 : 2016.08.08(月) (10:00) ● 경매 13계 (전화:032-860-1613) | | | | | | |
|---|---|---|---|---|---|---|---|---|
| 소 재 지 | 인천광역시 연수구 송도동 | | 2층 203호 | 도로명주소검색 | | | | |
| 새 주 소 | 인천광역시 연수구 | | | 2층 203호 | | | | |
| 물건종별 | 아파트 | 감 정 가 | 701,000,000원 | | | | | |
| 대 지 권 | 80.604㎡(24.383평) | 최 저 가 | (70%) 490,700,000원 | 구분 | 입찰기일 | | 최저매각가격 | 결과 |
| 건물면적 | 146.705㎡(44.378평) | 보 증 금 | (10%) 49,070,000원 | 1차 | 2016-06-27 | | 701,000,000원 | 유찰 |
| 매각물건 | 토지·건물 일괄매각 | 소 유 자 | 최　자 외 1명 | 2차 | 2016-08-08 | | 490,700,000원 | |
| 개시결정 | 2016-02-16 | 채 무 자 | 이　우 | 낙찰: 602,880,000원 (86%) | | | | |
| 사 건 명 | 임의경매 | 채 권 자 | 한국주택금융공사 업무수탁기관 한국스탠다드차타드제일은행 | (입찰13명,낙찰:인천 / 차순위금액 598,410,000원) | | | | |
| | | | | 매각결정기일 : 2016.08.12 - 매각허가결정 | | | | |
| | | | | 대금지급기한 : 2016.09.12 | | | | |
| | | | | 대금납부 2016.09.09 / 배당기일 2016.10.13 | | | | |
| | | | | 배당종결 2016.10.13 | | | | |

| 2층 아파트 |

이 물건은 인천 연수구에 있는 2층 아파트다. 앞에서도 말했지만, 일반적으로 저층 물건은 선호도가 떨어진다. 필자 역시 2층인데다 대형 아파트라서 처음에는 크게 관심을 두지 않았다. 하지만 임장을 다녀온 후 생각이 바뀌었다.

| 필로티 구조의 아파트 |

그 이유는 사진과 같이 1층 공간이 개방되어 있는 필로티 구조 아파트의 2층이었기 때문이다. 1층의 단점은 외부에 사생활이 노출될 수 있다는 점이고, 장점은 층간 소음 문제가 없다는 것이다. 그런데 이 물건은 1층의 단점은 보완하면서 장점은 그대로 지닌 2층이었다. 낙찰받은 후 현재는 임대 중이며 적당한 시기가 되면 매도할 계획이다.

이와 같이 임장을 통해 숨겨진 장점을 발견하는 경우가 종종 있다. 지하상가라고 설명되어 있으나 1층에 가까운 물건도 있고, 저층이라 주저했으나 아파트 단지 내에 조경 공사가 잘 되어 있어서 5층 이하가 오히려 선호되는 곳도 있다. 그리고 지어진 지 오래되어 낡았을 거라 생각했는데 현관문부터 새시까지 전부 수리가 되어 있는 집을 본 적도 있다. 그러니 온라인상으로 좋아 보이지 않는다고 해서 그냥 지나치지 말기 바란다. 다른 사람들도 비슷하게 생각하기 때문에 경쟁이 덜할 뿐 아니라 물건의 가치에 비해 낮은 가격에 낙찰받을 가능성이 크다.

> **참고✓ 필로티(pilotis)**
>
> 건축물의 1층은 벽면 없이 하중을 견디는 기둥으로만 설치된 개방형 구조이고, 2층 이상부터 방을 만드는 방식을 말한다. 사생활 노출 문제로 아파트에서는 1층을 선호하지 않기 때문에 아예 1층 공간을 비워 두기도 하고, 비상 주차 공간으로 사용하기도 한다. 필로티 구조의 건물은 1층이 층수에서 제외되어 건축법상 높이 제한 규정을 피할 수 있으므로 최근 다세대 주택이나 오피스텔 건축에 널리 적용되고 있다.

## 경매뿐 아니라 공매에도 투자하자

공매*는 경매에 비해 관련 정보를 얻기가 좀 더 어렵고, 명도를 위해 인도명령이 아닌 명도소송이라는 법적 절차를 거쳐야 한다는 이유로 부담스러워 하는 사람들이 많다. 그러다 보니 경매보다 경쟁이 덜하고 낙찰 가격도 낮은 편이다. 하지만 세금 체납으로 압류된 재산이 매각된다는 것만 다를 뿐 권리분석 방법은 경매와 동일하다. 그리고 명도소송과 강제집행보다는 대부분 합의로 명도가 마무리된다. 특히 공

---

* 공매
세금 체납으로 인해 압류된 재산을 한국 자산 관리 공사에서 강제로 처분하는 것을 말한다. 온라인 공매 시스템인 온비드(www.onbid.co.kr)에서 물건을 검색하고 입찰할 수 있다.

매는 직접 법원에 가야 하는 경매와는 달리 컴퓨터나 스마트폰을 통해
입찰이 가능하다. 따라서 평일 오전에 시간을 낼 수 없는 직장인들에
게도 유용한 투자 방법이다.

| 경매와 공매가 동시에 진행된 물건 |

이 사례는 하나의 부동산이 경매와 공매로 동시에 진행된 경우다. 서울 구로구에 있는 아파트인데, 2차에 8명이 입찰하여 373,300,000원에 낙찰되었다. 그런데 매각허가결정이 내려졌다가 다시 기각되었다.

경매만 아는 투자자들은 물건에 무슨 문제가 있어서 기각된 거라 생각했을 것이다. 그러나 경매와 공매가 동시에 진행되어 매각된 물건은 먼저 낙찰 대금을 납부한 쪽이 해당 부동산에 대한 권리를 갖게 되고 다른 쪽의 절차는 중지된다. 이러한 사실을 알고 있는 투자자는 경매 정보를 통해 권리분석을 모두 마치고 경매 낙찰 가격을 주시한다. 그리고 이후에 진행되는 공매에서 그 가격보다 더 낮은 가격에 입찰하는 것이다.

실제로 이 물건은 공매 입찰자가 경매 낙찰가보다 1천만 원 이상 낮은 가격에 낙찰받았다.(경매 낙찰가 373,300,000원/공매 낙찰가 360,380,000원) 그리고 공매 낙찰자가 먼저 대금을 납부해 경매는 기각

| ▌ 상세입찰결과 | | | |
|---|---|---|---|
| 물건관리번호 | | | |
| 재산구분 | 압류재산(캠코) | 담당부점 | 서울지역본부 |
| 물건명 | 서울 구로구　　　 제101동 제13층 제1303호 | | |
| 공고번호 | 201604-02386-00 | 회차 / 차수 | 026 / 001 |
| 처분방식 | 매각 | 입찰방식/경쟁방식 | 최고가방식 / 일반경쟁 |
| 입찰기간 | 2016-07-04 10:00 ~ 2016-07-06 17:00 | 총액/단가 | 총액 |
| 개찰시작일시 | 2016-07-07 11:00 | 집행완료일시 | 2016-07-07 11:24 |
| 입찰자수 | 유효 9명 / 무효 2명(인터넷) | | |
| 입찰금액 | 360,380,000원/ 357,790,000원/ 356,720,000원/ 355,000,000원/ 351,090,000원/ 347,500,000원/ 346,787,000 원/ 343,990,000원/ 343,100,000원 | | |
| 개찰결과 | 낙찰 | 낙찰금액 | 360,380,000원 |
| 감정가 (최초 최저입찰가) | 381,000,000원 | 최저입찰가 | 342,900,000원 |
| 낙찰가율 (감정가 대비) | 94.59% | 낙찰가율 (최저입찰가 대비) | 105.1% |

| 경매보다 1천만 원 낮은 가격에 공매 낙찰 |

이 된 것이다. 어떤 투자자들은 일부러 경매와 공매가 같이 진행되는 사건을 찾기도 한다. 이 사례에서 알 수 있듯이 경매뿐 아니라 공매도 같이 활용하면 더욱 기회의 폭을 넓힐 수 있다.

지금까지 필자의 투자 경험을 바탕으로 쉬우면서도 차별화된 물건을 찾는 노하우에 대해 설명했다. 하나가 아닌 여러 가지 노하우를 동시에 접목한다면 더 좋은 결과를 얻을 수 있을 것이다. 이 글을 읽는 투자자 스스로도 노력해서 꾸준히 차별화된 방법을 찾아내고 투자하기 바란다.

**KEY POINT**

### 경쟁이 덜한 차별화된 물건을 선택하는 방법

1. 역발상으로 물건을 선택하자.
2. 오래전에 감정평가된 물건은 신건에 입찰하자.
3. 여러 물건이 한꺼번에 나온 개별매각에서 기회를 노리자.
4. 물건 사진을 자세히 보고 특이사항을 찾자.
5. 임장을 통해 숨겨진 장점을 찾자.
6. 경매뿐 아니라 공매에도 투자하자.

# 단기에 큰 수익 내는 상가 투자

주거용 물건은 가격을 파악하기가 쉽고 공실의 위험이 적으며 환금성이 높은 부동산이기 때문에 초보 투자자가 접근하기에 부담이 적다. 이러한 이유로 경매에 입문하는 단계인 독자들을 위해 이 책에서는 주거용 경매 물건에 투자하는 방법을 집중적으로 다루었다. 그런데 주거용 부동산은 매매 가격이 일반적인 시세에 따라서 정해지므로 (보유하고 있는 동안에 시세가 많이 오른다면 몰라도) 단기에 매도하여 큰 수익을 내기가 쉽지는 않다.

하지만 '상가'는 주거용 물건보다 매매 가격이 유동적인 부동산이다. 따라서 짧은 시간 내에 큰 수익을 얻고 싶다면 상가에도 관심을 갖기 바란다. 상가 투자의 가장 큰 장점은 다음과 같다.

**첫 번째,** 고정된 시세가 아닌 월세 임대 가격에 따라 매매가가 정해지기 때문에 큰 수익을 낼 수 있다.

**두 번째,** 시세 차익뿐 아니라 월세 수익도 얻을 수 있으므로 매매하기까지 즐기면서 기다릴 수 있다.

이와 같은 장점에도 불구하고 대부분의 초보 투자자들은 상가 투자가 어렵다고 생각한다. 그러나 임차인의 대항력을 판단하는 기준이 조금 다른 것 외에 주거용 경매 물건의 권리분석 및 투자 방법과 크게 다르지 않다. 앞에서 설명한 단계별 경매 투자 방법을 그대로 적용하면 된다. 필자의 사례를 통해 전체적인 흐름을 살펴보고, 상가 투자의 매력을 확인해 보자.

## 시세 차익과 월세 수익, 두 마리 토끼를 모두 잡다 (지하상가 투자 사례)

### [경매 실전 step 1 ～ 3] 물건 검색 및 분석, 조사

상가도 주거용 부동산과 마찬가지로 본인이 거주하거나 잘 아는 지역을 기준으로 투자를 시작하는 것이 유리하다. 다음은 필자가 살고 있는 송도의 공매 물건을 검색하다가 발견한 80평 지하상가다.

| 인천 송도 지하상가 공매 정보 |

동네 물건이어서 계속 관심을 갖고 지켜보다가 입찰하기로 결정했는데 그 이유는 다음과 같다.

**첫 번째,** 일반적으로 지하상가는 사람들이 잘 쳐다보지 않으므로 경쟁이 덜할 것이다.

**두 번째,** 공매는 경매보다 경쟁이 덜하고 낙찰가율이 낮은 편이다.

**세 번째,** 최초 감정가에 비해 1억 원이나 낮은 가격에 진행되는 사건이었다.

| 회/차 | 입찰번호 | 개찰일시 | 최저입찰가 | 입찰결과 | 낙찰가 | 낙찰가율 |
|---|---|---|---|---|---|---|
| 008/001 | 0074 | 16.08.26 10:30 | 201,000,000 | 유찰 | - | - |
| 005/001 | 043 | 16.05.27 10:30 | 313,391,439 | 유찰 | - | - |
| 002/001 | 048 | 16.02.19 10:30 | 313,391,439 | 유찰 | - | - |
| 011/001 | 039 | 15.11.27 10:30 | 313,391,439 | 유찰 | - | - |
| 008/001 | 065 | 15.08.28 10:30 | 313,391,439 | 유찰 | - | - |
| 005/001 | 075 | 15.05.29 10:30 | 313,391,439 | 유찰 | - | - |
| 002/001 | 060 | 15.02.27 11:00 | 313,391,439 | 유찰 | - | - |
| 012/001 | 056 | 14.12.26 11:00 | 313,391,439 | 유찰 | - | - |
| 011/001 | 011 | 14.11.28 11:00 | 201,000,000 | 취소 | - | - |

| 감정가보다 1억 원 낮은 최저 입찰가 |

이 물건의 최초 감정가는 313,391,439원이었는데, 아무도 입찰하지 않고 계속해서 유찰되다 보니 공매 집행 기관에서 최저 입찰 가격을 감정가보다 1억 원이나 낮은 201,000,000원에 진행하고 있었다. 일단 가격에 있어서는 만족스러웠다.

| 등기부등본 – 갑구와 을구에 설정된 권리가 전혀 없음 |

다음으로 권리분석을 해 보니 경매보다 더 단순했다. 소유자가 단순 처분을 위해 공매 집행 기관에 의뢰한 물건이라 인수되는 권리가 전혀 없었다.(공매는 세금 체납에 의해 진행될 수도 있고, 단순 매각을 위해서 진행되는 경우도 있다.) 또한 점유하고 있는 사람이 없는 공실이었으므로 아무 걱정할 필요 없이 낙찰만 받으면 되는 물건이었다. 즉 권리분석 자체가 필요 없었다.

평소 친하게 지내던 중개사무소를 방문해 시세를 물어보니 월세를 적어도 150~200만 원은 받을 수 있을 거라고 했다. 일단 송도에는 지하상가가 거의 없을 뿐더러 바로 근처에 있는 지하상가와 그 옆의 지하상가 모두 월세 200만 원에 임대하고 있다는 정보도 얻을 수 있었다.

## [경매 실전 step 4] 입찰가 산정 및 입찰

해당 물건의 경우 동일 번지 낙찰 사례 및 기타 참고할 수 있는 자료가 전혀 없었다. 이러한 이유로 입찰가 산정에서 가장 중요하게 생각한 점은 '다른 사람들은 이 물건을 어떻게 바라보고 입찰할 것인가?' 라는 것이었다. 이 물건은 3억 원에 진행될 때 계속해서 유찰이 되었다. 이번에는 2억 원에 진행되고 있지만 그래도 관심을 갖는 사람이 많지는 않을 거라고 생각해서 최저가를 쓰려고 했다. 하지만 나와 비슷한 생각을 하는 사람이 없지는 않을 것 같아서 최저가보다 2,000만 원 더 높게 쓰기로 결정했다.

• 입찰 이력 정보

| 회/차 | 입찰번호 | 개찰일시 | 최저입찰가 | 입찰결과 | 낙찰가 | 낙찰가율 |
|---|---|---|---|---|---|---|
| 011/001 | 0039 | 16.11.25 10:30 | 201,000,000 | 낙찰 | 223,509,000 | 111.20% |
| 008/001 | 0074 | 16.08.26 10:30 | 201,000,000 | 유찰 | - | |
| 005/001 | 043 | 16.05.27 10:30 | 313,391,439 | 유찰 | - | |
| 002/001 | 048 | 16.02.19 10:30 | 313,391,439 | 유찰 | - | |
| 011/001 | 039 | 15.11.27 10:30 | 313,391,439 | 유찰 | - | |
| 008/001 | 065 | 15.08.28 10:30 | 313,391,439 | 유찰 | - | |
| 005/001 | 075 | 15.05.29 10:30 | 313,391,439 | 유찰 | - | |
| 002/001 | 060 | 15.02.27 11:00 | 313,391,439 | 유찰 | - | |
| 012/001 | 056 | 14.12.26 11:00 | 313,391,439 | 유찰 | - | |
| 011/001 | 011 | 14.11.28 11:00 | 201,000,000 | 취소 | - | |

　　결과는 단독 낙찰이었다. 그렇다고 2,000만 원을 더 쓴 것에 대해 아쉬움은 없었다. 수익에 대한 확신이 있었기 때문에 가격 차이는 크게 중요하지 않았다.

## [낙찰 후 수익 step 1 ~ 3] 잔금 납부, 명도 및 매매

　　공실이어서 명도를 거치지 않고 바로 임대로 내놓았는데, 낙찰받고 2개월 만에 만화 카페를 하려는 임차인과 보증금 3천만 원에 월세 180만 원으로 임대계약을 맺었다. 낙찰가의 80%를 대출하고, 취·등록세 및 기타 비용을 포함해 6천만 원을 투자했는데, 그중 3천만 원은 임대보증금으로 회수했다. 최종적으로 3천만 원을 투자해서 매월 약 130만 원(이자 제외)의 월세 수익을 받게 되었다.

| 임대하기 전(공실)과 후(만화 카페)의 지하상가 |

이렇게 임대 세팅을 한 후 바로 매매를 의뢰했고, 4개월 정도 월세를 받다가 3억 3천만 원에 매도했다. 단기에 1억 원의 차익을 얻었을 뿐 아니라 월세라는 보너스까지 받으면서 마무리한 것이다. 이와 같이 상가 중에서도 권리분석이 간단하며 쉽게 투자할 수 있고, 작은 투자금으로 큰 차익을 남길 수 있는 물건들이 많이 있다.

| 내역 | 금액(단위: 원) |
|---|---|
| 낙찰 가격 | 223,509,000(대출 80%) |
| 총 투자 비용 | 2억 3,670만 = 낙찰가 + 취득세(1,020만) + 기타(300만) |
| 실제 투입 금액 | 2,790만(보증금 3,000만/월세 180만 임대) |
| 매도 가격 | 3억 3,000만 |
| 실제 수익 | 차익 약 1억 + 매월 월세 수익 130만(이자 제외) |

| 송도 지하상가 투자 내역서 |

필자가 지금까지 처리했던 상가나 토지, 공장 모두 특별한 권리가 있거나 어려운 물건이 아니었다. 단지 남들보다 조금 더 관심을 가지고 꾸준히 물건을 검색하며 임장을 다녔던 것이 성공적인 투자 결과로 이어졌다. 경매는 노력하는 만큼의 성과를 얻을 수 있는 투자 분야다. 꾸준한 관심과 노력으로 경매에 임한다면 분명 원하는 바를 이룰 수 있을 것이다.

# 상가건물 임대차보호법

## 1. 상가 임차인의 대항력과 우선변제권

앞의 지하상가는 권리분석이 필요 없는 투자 사례였지만, 일반적으로 임차인이 있는 경매 물건이라면 주거용 물건과 마찬가지로 임차인의 권리를 따져봐야 한다. 주거용 부동산의 임차인을 위해 '주택 임대차보호법'이 있듯이 상가 임차인을 보호하기 위한 '상가건물 임대차보호법'이 마련되어 있는데, 이에 대해 모든 것을 알고 이해하기는 어렵다. 상가의 임대인이나 임차인이 권리를 행사하는 데 기초가 되는 내용이므로 중요하기는 하지만, 우리는 경매 투자자 입장에서 꼭 필요한 것만 알아도 충분하다. 즉 인수해야 하는 임차인의 권리가 있는지의 여부만 판단하면 된다. 이를 판단하기 위해 기억해 둬야 할 상가 임대차보호법은 다음의 2가지다.

**첫 번째, '사업자 등록일'로 대항력을 판단한다.**
**두 번째, 임차인의 권리 행사는 '환산 보증금'에 따라 달라진다.**

주거용 부동산은 전입신고일을 기준으로 대항력 여부를 판단하지만, 상가의 경우에는 '사업자 등록일'이 그 기준이 된다. 즉 말소기준권리보다 사업자 등록일이 빠르면 대항력이 있고, 늦으면 대항력이 없다.

'환산 보증금'은 월세를 보증금으로 환산하여 원래의 보증금에 더한 금액을 말하는데, 상가의 임차인은 환산 보증금이 얼마인가에 따라 행사할 수 있는 권리가 달라진다.

## 환산 보증금 계산식
## 환산 보증금 = 보증금 + (월세 × 100)

예시) 임대 보증금 5,000만 원, 월세 300만 원 계약 시
　　환산 보증금 = 5,000만 + (300만 × 100) = 3억 5,000만 원

| 구분 | 개정 전<br>(2018년 1월 26일부터) | 개정 후<br>(2019년 4월 2일부터) |
|---|---|---|
| 서울특별시 | 6억 1,000만 원 이하 | 9억 원 이하 |
| 과밀억제권역 및 부산광역시 | 5억 원 이하 | 6억 9,000만 원 이하 |
| 광역시(과밀억제권역, 군 지역, 부산광역시 제외), 세종시, 파주시, 안산시, 화성시, 용인시, 김포시, 광주시 | 3억 9,000만 원 이하 | 5억 4,000만 원 이하 |
| 그 밖의 지역 | 2억 7,000만 원 이하 | 3억 7,000만 원 이하 |

| 상가 임대차보호법 적용 대상(기준: 환산 보증금) |

　위의 표는 상가 임대차보호법이 적용되는 대상을 나타낸 것인데, 환산 보증금이 해당 지역 기준 금액에 해당되는 임차인이어야 한다. 예를 들어, 대전에서 보증금 5,000만 원, 월세 300만 원에 임차계약한 대항력 있는 임차인이 있다고 해 보자. 이 임차인의 환산 보증금은 3억 5,000만 원이므로 5억 4,000만 원 이하에 해당되어 상가 임대차보호법과 관련한 모든 권리(우선변제권 포함)를 행사할 수 있다.

　그런데 만약 환산 보증금이 기준 금액을 초과한 경우라면 우선변제권을 가질 수 없다. 주거용 물건과 마찬가지로 우선변제권이 없으면 해당 경매 절차에서 배당을 받을 수 없으므로 대항력은 있으나 우선변제권이 없는 임차인의 보증금은 낙찰자가 인수해야 한다. 따라서 상가

투자 시에는 임차인의 대항력과 함께 환산 보증금에 따른 우선변제권의 유무도 반드시 확인해야 한다.

## 2. 상가 소액임차인의 최우선변제금액

상가 임차인도 소액임차보증금은 최우선으로 보장받을 수 있다. 그런데 중요한 것은 소액임차보증금 범위에 해당하는지의 여부를 판단하는 기준 역시 환산 보증금이라는 점이다.

| 담보 물권 설정 일자 | 지역 | 임차보증금 범위 | 최우선변제 금액 한도 |
|---|---|---|---|
| 2010. 7. 26. ~2013. 12. 31. | 서울특별시 | 5,000만 원 이하 | 1,500만 원 |
| | 수도권 중 과밀억제권역, 인천광역시 | 4,500만 원 이하 | 1,350만 원 |
| | 광역시(과밀억제권역, 군 지역 제외), 용인시, 안산시, 김포시, 광주시 | 3,000만 원 이하 | 900만 원 |
| | 기타 지역 | 2,500만 원 이하 | 750만 원 |
| 2014. 1. 1. ~2018. 1. 25. | 서울특별시 | 6,500만 원 이하 | 2,200만 원 |
| | 수도권 중 과밀억제권역, 인천광역시 | 5,500만 원 이하 | 1,900만 원 |
| | 광역시(과밀억제권역, 군 지역 제외), 용인시, 안산시, 김포시, 광주시 | 3,800만 원 이하 | 1,300만 원 |
| | 기타 지역 | 3,000만 원 이하 | 1,000만 원 |
| 2018. 1. 26. ~현재 | 서울특별시 | 6,500만 원 이하 | 2,200만 원 |
| | 수도권 중 과밀억제권역, 인천광역시 | 5,500만 원 이하 | 1,900만 원 |
| | 부산광역시(기장군 제외) | 3,800만 원 이하 | 1,300만 원 |
| | 부산광역시 기장군 | 3,000만 원 이하 | 1,000만 원 |
| | 광역시(과밀억제권역, 군 지역 제외), 용인시, 안산시, 김포시, 광주시 | 3,800만 원 이하 | 1,300만 원 |
| | 세종시, 파주시, 화성시 | 3,000만 원 이하 | 1,000만 원 |
| | 기타 지역 | 3,000만 원 이하 | 1,000만 원 |

| 상가 건물 소액임차인의 범위와 최우선변제금액 |

앞에서 예로 들었던 대전 상가 임차인의 보증금은 5,000만 원이었다. 하지만 월세가 300만 원이므로 환산 보증금은 3억 5,000만 원이다.(근저당권 설정일(담보 물권 설정일)이 2018년 1월 26일 이후인 것으로 가정) 표를 보면 대전의 소액임차보증금 한도는 3,800만 원인데, 임차인의 환산 보증금은 이를 초과한 3억 5,000만 원이므로 최우선변제를 받지 못한다.

월세를 따지지 않고 보증금만으로 판단하는 주택과는 달리 상가는 환산 보증금이 최우선변제권 적용의 기준이 되기 때문에 실제로 보장받는 소액임차인은 거의 없는 것이 현실이다. 이로 인해 소액임차인 보호의 실효성에 대해 문제가 제기되고 있지만, 상가 경매 투자자의 입장에서는 환산 보증금이 우선변제권 및 최우선변제권의 취득 여부를 결정한다는 것을 인지하고 임차인 권리분석에 활용하면 된다.

**KEY POINT**

**상가 임차인 권리분석, 이것은 꼭 기억하자!**
1. '사업자 등록일'로 대항력을 판단한다.
2. 임차인의 권리 행사는 '환산 보증금'에 따라 달라진다.

# ③
# 세금은 줄이고,
# 수익은 높이는 방법

　부동산 투자로 수익을 얻으면 당연히 따라붙는 것이 바로 '세금'이다. 사실 세금을 내기 전까지는 진정한 수익을 확정지을 수 없다. 세금이야말로 부동산 투자의 완성 단계인 것이다. 그런데 세금은 아는 만큼 아낄 수 있다. 모르면 내지 않아도 될 돈을 줘야 한다.

## 부동산 정책의 흐름을 놓치지 마라

　우리나라 경제는 부동산 시장의 영향을 크게 받기 때문에 정부는 적극적으로 부동산 정책을 추진한다. 정부는 경기가 침체되면 부동산 시장을 활성화하는 방향으로, 반대로 경기가 과열 조짐을 보이면 부동산 시장을 규제하는 정책을 펼친다.

최근 몇 년간을 살펴보면, 부동산 시장의 활성화를 위해 2014년부터 주택 양도소득세 중과세 제도가 폐지되었고, 준공 후 미분양 주택을 취득해 5년간 임대하면 향후 양도소득 금액의 50~100%를 감면하는 안을 발표하기도 했었다. 또한 2014년에는 한시적으로 1가구 1주택자의 주택을 매수한 사람이 다시 그 주택을 매도할 때 매도 기간에 상관없이 비과세 혜택을 받을 수 있게 했다. 2015년에는 2년이 지나야 일반 세율을 적용하던 것을 1년만 지나도 가능하도록 했다. 하지만 부동산 시장이 과열 양상을 보이자 2018년에는 조정대상지역, 투기 지역, 투기 과열 지역을 선정했고, 세부적으로는 비과세 규정에서 거주 요건을 다시 부활시키는 등 강한 규제 정책을 펼치고 있다.

부동산 정책, 특히 세금과 관련한 정책은 지속적으로 변화하므로 언제 사고팔고, 얼마나 보유하는지에 따라 세금은 크게 차이가 날 수밖에 없다. 따라서 부동산 정책이 어떻게 변화하는지 끊임없이 주시하면서 투자해야만 세금을 아끼고 수익은 더 늘릴 수 있다.

# 1. 한시적 부동산 정책을 활용해 비과세 혜택을 받은 사례

| 2013- | | 입찰시간 : 2013-11-18 10:00~ 2013-11-20 17:00 | | 조세정리팀 (☎ 053-760-5055) | |
|---|---|---|---|---|---|
| 소재지 | **대구 남구** 도로명주소검색 | | | | |
| 물건용도 | 단독주택 | 위임기관 | 양주시청 | 감정기관 | 프라임감정평가법인(주) |
| 세부용도 | | 집행기관 | 한국자산관리공사 | 감정금액 | 446,894,880 |
| 물건상태 | 낙찰 | 담당부서 | 대구경북지역본부 | 감정일자 | 2013-08-13 |
| 공고일자 | 2013-09-04 | 재산종류 | 압류재산 | 배분요구종기 | 2013-09-30 |
| 면적 | 건물 248.1m², 대 317.4m² | | | 처분방식 | 매각 |
| 명도책임 | 매수자 | 부대조건 | | | |
| 유의사항 | 감정서상 임차인이 있는 것으로 조사된바, 임차인의 대항력 여부 등에 관하여 사전조사 후 입찰 바람 | | | | |

**입찰 정보(인터넷 입찰)**

| 회/차 | 대금납부(납부기한) | 입찰시작 일시~입찰마감 일시 | 개찰일시 / 매각결정일시 | 최저입찰가 | 결과 |
|---|---|---|---|---|---|
| 042/001 | 일시불(낙찰금액별 구분) | 13.10.21 10:00 ~ 13.10.23 17:00 | 13.10.24 11:00 / 13.10.28 10:00 | 446,895,000 | 유찰 |
| 043/001 | 일시불(낙찰금액별 구분) | 13.10.28 10:00 ~ 13.10.30 17:00 | 13.10.31 11:00 / 13.11.04 10:00 | 402,206,000 | 유찰 |
| 044/001 | 일시불(낙찰금액별 구분) | 13.11.04 10:00 ~ 13.11.06 17:00 | 13.11.07 11:00 / 13.11.11 10:00 | 357,516,000 | 유찰 |
| 045/001 | 일시불(낙찰금액별 구분) | 13.11.11 10:00 ~ 13.11.13 17:00 | 13.11.14 11:00 / 13.11.18 10:00 | 312,827,000 | 유찰 |
| 046/001 | 일시불(낙찰금액별 구분) | 13.11.18 10:00 ~ 13.11.20 17:00 | 13.11.21 11:00 / 13.11.25 10:00 | 268,137,000 | 낙찰 |

| ☞ 낙찰 결과 | | | | | |
|---|---|---|---|---|---|
| 낙찰금액 | 292,750,000 | 낙찰가율(감정가격 대비) | 65.51% | 낙찰가율(최저입찰 대비) | 109.18% |
| 유효입찰자수 | 1명 | 입찰금액 | 292,750,000원 | | |

| 1가구 1주택자의 주택 낙찰로 양도소득세 비과세 혜택 |

대구 남구의 주택이 공매로 나왔는데, 감정가 446,894,880원인 물건을 단독으로 292,750,000원에 낙찰받았다. 그리고 6개월 후에 약 3억 9천만 원에 매도했다. 만약 지금이라면 70% 세율이 적용되어 약 6천 800만 원의 양도소득세를 내야 할 것이다. 하지만 당시(2014년)에는 '1가구 1주택자의 주택 매입 후 매도 시 비과세 규정'을 한시적으로 시행하고 있었다. 해당 물건은 1가구 1주택에 해당하는 사람의 주택이었기 때문에 단기간에 약 1억 원의 수익을 얻었지만 양도소득세를 전혀 내지 않았다. 이처럼 변화하는 부동산 정책을 잘 활용하면 절세의 기회를 잡을 수 있다.

## 2. 2021년 6월부터 적용되는 부동산 세금

| 구분 | 과세표준 | 일반 지역 | | 조정대상지역 (2021. 6. 1. ~) | |
|---|---|---|---|---|---|
| | | 세율 | 누진 공제 | 2주택 | 3주택 |
| 2년 이상 보유 (주택 1년) | 1,200만 원 이하 | 6% | 0원 | 26% | 36% |
| | 4,600만 원 이하 | 15% | 108만 원 | 35% | 45% |
| | 8,800만 원 이하 | 24% | 522만 원 | 44% | 54% |
| | 1억 5천만 원 이하 | 35% | 1,490만 원 | 55% | 65% |
| | 3억 원 이하 | 38% | 1,940만 원 | 58% | 68% |
| | 5억 원 이하 | 40% | 2,540만 원 | 60% | 70% |
| | 10억 원 이하 | 42% | 3,540만 원 | 62% | 72% |
| | 10억 원 초과 | 45% | 6,540만 원 | 65% | 75% |
| 단기 보유 | 1년 미만 | 주택, 입주권 : 70%, 분양권 : 70% | | | |
| | 2년 미만 | 주택, 입주권 : 60%, 분양권 : 60% | | | |
| | 2년 이상 | 주택, 입주권 : 기본세율, 분양권 : 60% | | | |

| 주택 양도소득세 세율(2021년 기준) |

부동산 세금은 매입부터 매도할 때까지 각 단계별로 적용된다. 우선 매입할 때는 취득세를, 보유할 때는 재산세와 종합부동산세를 납부해야 한다. 그리고 임대 수익에 대해 종합소득세를 내고, 매도 시에는 양도소득세를 내야 한다. 이 중에서도 가장 부담이 큰 세금은 양도소득세(양도세)다.

8 · 2 부동산 대책으로 2018년 4월 1일부터 양도세 중과가 시행되었고, 2021년 6월부터 세금 정책이 더욱 강화되었다. '조정대상지역' 내의 주택을 2주택 이상 '다주택자'가 양도하면 양도세 기본 세율에 20~30% 가산되고, 3년 이상 보유 시 적용받던 장기보유특별공제도

소유 및 실제 거주 기간에 따라 나뉘어지게 되었다. 기존에는 5년 이상 임대하면 양도세 중과 배제에 장기보유특별공제, 종합부동산세 합산 배제 혜택을 받을 수 있었지만, 2018년 4월부터는 준공공임대로 등록하고 8년 이상 임대해야만 세제 혜택을 받을 수 있다.

| 지역 구분 | 조정대상지역 |
|---|---|
| 서울 | 전 지역 |
| 경기 | 과천, 성남, 하남, 광명, 구리, 안양, 광교지구, 용인, 수원, 의왕, 고양, 남양주, 화성, 군포, 부천, 안산, 시흥, 오산, 광주, 의정부, 김포 |
| 인천 | 중, 동, 미추홀, 연수, 남동, 부평, 계양, 서 |
| 세종 | 세종 |

※ 대상 지역 중 일부 읍면리 제외

| 조정대상지역 |

※ 조정대상지역: 주택 가격 상승률이 물가 상승률의 2배 이상이거나 청약 경쟁률이 5 대 1 이상인 지역 등을 말한다. 양도세 중과뿐 아니라 분양권 전매 제한, 1순위 청약 자격 강화 등의 규제를 받는다.


# 5가지 절세의 기술

초보 투자자가 수시로 변화하는 부동산 정책의 흐름을 파악해 투자에 적용하기는 그리 쉬운 일이 아니다. 또한 부동산 세금에 대해 자세히 다루려면 한 권의 책으로도 모자랄 것이다. 이 책에서는 복잡한 내용은 제외하고, 현재 적용할 수 있는 기본적인 절세의 노하우를 이야기하려 한다. 이를 참고해 물건별로 절세 전략을 잘 세워서 수익을 극대화할 수 있기를 바란다.

# 1. 세금을 줄이는 공동명의 활용

**2013타경**    ● 의정부지법 고양지원    ● 매각기일 : 2013.10.31(木) (10:00)    ● 경매 11계 (전화:031-920-6323)

| 소재지 | 경기도 고양시 일산동구 식사동 | | | 도로명주소검색 | | | |
|---|---|---|---|---|---|---|---|
| 새 주소 | 경기도 고양시 일산동구 | | | | | | |
| 물건종별 | 아파트 | 감 정 가 | 600,000,000원 | | | | |
| 대 지 권 | 미등기감정가격포함 | 최 저 가 | (70%) 420,000,000원 | 구분 | 입찰기일 | 최저매각가격 | 결과 |
| 건물면적 | 123.23㎡(37.277평) | 보 증 금 | (10%) 42,000,000원 | 1차 | 2013-10-02 | 600,000,000원 | 유찰 |
| 매각물건 | 토지·건물 일괄매각 | 소 유 자 | 김 | 2차 | 2013-10-31 | 420,000,000원 | |
| 개시결정 | 2013-06-03 | 채 무 자 | 김 | 낙찰 : 435,001,000원 (72.5%) | | | |
| 사 건 명 | 임의경매 | 채 권 자 | 우리은행 | (입찰2명,낙찰:인천 허 림 / 차순위금액 421,111,000원) 매각결정기일 : 2013.11.07 - 매각허가결정 대금지급기한 : 2013.12.13 대금납부 2013.12.10 / 배당기일 2014.01.08 배당종결 2014.01.08 | | | |

필자는 이 아파트를 435,001,000원에 낙찰받아서 1년간 월세로 임대한 후 5억 원에 매도했다. 이때 양도세를 얼마나 냈을까? 먼저 주택을 매도한 금액에서 매입한 금액(낙찰가)과 필요경비[*]를 뺀 '양도차익'을 구해야 한다. 이 아파트의 양도차익은 약 5,800만 원(=매도가 5억 − 매입가 4억 3,500만 − 필요경비 700만)이다. 여기에서 장기보유특별공제(3년 이상 보유 시)와 기본 공제(1인당 1년에 1번 250만 원 공제)를 제하면 '과세표준 금액'이 된다. 보유 기간이 3년 미만이므로 양도차익 5,800만 원에서 기본 공제인 250만 원만 빼면 과세표준은 5,550만 원이다. 앞에서

---

**\* 필요경비**

부동산을 사고파는 데 소요되는 비용을 말한다. 필요경비로 인정되는 대표적인 항목은 취득세, 법무사 수수료와 중개수수료, 그리고 수리비 중에서 새시 공사, 보일러 교체, 발코니 확장 등에 들어간 지출이다.

제시한 양도세 세율 표를 보면, 과세표준이 4,600만 원 초과 8,800만 원 이하일 때의 세율은 24%(누진 공제액 522만 원)이다. 따라서 양도세는 810만 원(=5,550만×0.24 - 522만)이 된다.

그런데 만약 단독이 아닌 '공동명의'로 낙찰받았다면 세금이 얼마나 나왔을지 살펴보자. 이때 양도세는 공동명의인 각각에게 나누어 부과된다. 단독 명의일 때의 양도차익 5,800만 원을 반으로 나눈 2,900만 원에서 기본 공제 250만 원을 뺀 2,650만 원이 각자의 과세표준이므로 세율은 15%(누진 공제액 108만 원)가 적용된다. 따라서 공동명의일 때의 양도세는 1인당 약 290만 원(=2,650만×0.15 - 108만)이고, 두 명의 세금을 모두 합쳐도 약 580만 원만 지불하면 되는 것이다.

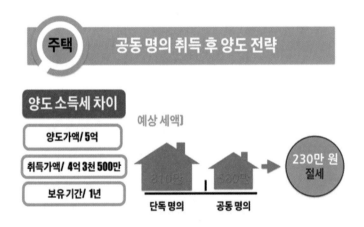

양도소득세 계산 방법

양도차익 = 양도 금액 - 매입 금액 - 필요경비

과세표준 = 양도차익 - 장기보유특별공제 - 기본 공제

양도소득세 = 과세표준 × 세율

## 2. 일시적 1세대 2주택을 활용한 비과세 전략

양도세 비과세보다 더 좋은 절세 방법은 없을 것이다. 비과세 혜택을 받을 수 있는 방법 중 가장 관심을 가져야 하는 것은 '1세대 1주택'인 사람이 2년 이상 보유한 주택을 매도하는 경우이다.(조정대상지역 내에서는 2년 거주 요건이 추가되었다.) 하지만 '일시적 2주택'의 기준을 적용하면 2주택자도 비과세 혜택을 받을 수 있다. 일시적 2주택이란 현재 소유하여 거주하고 있는 집이 있는 상태에서 새로 이사할 집을 매입해 일시적으로 2주택이 된 것을 말한다. 이때 부득이하게 2주택이 되었으므로 일정한 요건을 갖추면 1세대 1주택과 마찬가지로 비과세 혜택이 주어진다.

예를 들어, 2020년 1월에 A주택을 취득하고 1년이 지난 2021년 2월에 B주택(비조정지역)을 매입하면 일시적 2주택이 된다. 그리고 A주택을 2년 이상 보유(조정대상지역에서는 2년 이상 거주)하고, B주택 취득 후 3년 이내에 A주택을 양도하면 양도차익이 있더라도 양도세를 전혀 내지 않아도 된다.

기본 요건 이외의 구체적인 내용은 생략하겠다. 고가주택 등 기타 예외적인 사항들이 있으므로 더 자세히 알아보고 본인의 상황에 맞게 적용하기 바란다.

## 3. 양도시기 조절 - 양도세 절세

양도세 절세에 있어서 가장 기본적인 방법은 적절한 양도시기를 결정하는 것이다. 예를 들어, 2019년 1월 5일에 매입한 주택을 2021년 1월에 매도한다고 하자.(매입가 3억 원, 매도가 3억 6,500만 원, 과세표준 금액 6천만 원으로 가정) 이때 양도 주택의 잔금 지급일을 2021년 1월 4일로 하면 보유 기간이 2년 미만이므로 60%의 세율이 적용된다.(이해를 돕기 위해 조정대상지역 및 보유 주택 수에 따른 양도세 중과는 없는 것으로 가정) 따라서 양도세로 내야 할 금액은 3,600만 원(=6천만×0.6)이다. 그런데 2021년 1월 6일을 잔금 지급일로 하면 2년 이상 보유한 것이 되므로 기본 세율인 24%가 적용되어 918만 원(=6천만×0.24 - 522만)을 내면 된다. 잔금을 이틀 후에 지급하는 것만으로도 양도세를 2,682만 원이나 줄일 수 있는 것이다.

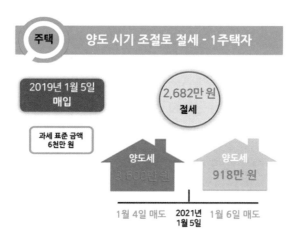

## 4. 양도시기 조절 – 재산세 절세

양도시기를 잘 정하면 양도세뿐 아니라 '재산세'도 아낄 수 있다. 재산세는 토지, 건축물, 주택, 선박 및 항공기 등을 보유한 사람에게 1년에 두 번(7월과 9월) 부과되는 지방세다. 과세표준(=시가 표준액×공정시장 가액 비율)에 세율을 곱해 계산하는데, 간단히 1억 원에 10만 원 정도의 재산세가 나온다고 생각하면 된다.

중요한 것은 재산세 부과의 기준일이 매년 '6월 1일'이라는 점이다. 이 날짜를 기준으로 부동산을 소유한 사람이 재산세를 내야 한다. 6월 1일 이전(6월 1일 포함)에 소유권이 이전되면 부동산을 양수한 자(매수인)가 재산세를 내고, 6월 2일 이후(6월 2일 포함)에 이전되면 양도한 자(매도인)가 내야 한다. 소유권은 잔금을 치르는 날부터 인정이 되므로 부동산을 매도하려면 잔금 날짜를 6월 1일 이전으로 해야 재산세를 내지 않을 수 있다.

---

**참고✓ 양도차익과 양도차손 합산**

부동산 투자를 하면서 항상 수익(양도차익)만 얻는 것은 아니다. 매입한 가격보다 더 낮은 가격에 매도하게 되면 손해(양도차손)를 볼 수도 있다. 그렇지만 양도차손을 잘 활용하면 양도세를 줄일 수 있다. 양도세는 양도차익과 양도차손을 합산해 과세되기 때문이다. 만약 같은 해에 두 채의 부동산을 매도했는데, A부동산의 양도차익이 1천만 원이고 B부동산의 양도차손 역시 1천만 원이라면 서로 합산되어 양도세가 0원이 된다.

---

## 5. 임대사업자 등록으로 거주 주택 비과세

월세를 받기 위해 소형 오피스텔이나 빌라 등을 낙찰받아 2주택 이상을 소유하고 있는데 거주하던 집을 매도하게 되었다고 해 보자. 이때 비과세 혜택을 받을 수 있는 방법은 거주 주택 이외의 나머지를 임대 주택으로 등록하는 것이다. 임대 주택으로 등록된 부동산은 보유 주택 수로 산정되지 않으므로 거주 주택은 1세대 1주택 비과세 혜택을 받을 수 있기 때문이다. 주의할 점은 거주 주택이 비과세 혜택을 받으려면 2년 보유뿐 아니라 2년 거주 요건도 반드시 갖춰야 한다는 것이다. 여러 채의 주택을 보유하고 있으면서 양도차익이 큰 물건을 매도할 때 이러한 제도를 활용하면 큰 절세 효과를 누릴 수 있다.

단, 임대 주택으로 등록한 부동산은 임대 의무 기간 내에 매도할 수 없으며, 개인에서 사업자로 전환됨으로써 국민연금과 건강보험료 등의 부담이 늘어날 수 있으므로 신중하게 따져 보고 결정하기 바란다.

**KEY POINT**

### 세금을 줄이는 5가지 방법

1. 공동명의를 활용한다.
2. 일시적 1세대 2주택도 비과세 혜택을 받을 수 있다.
3. 양도시기를 잘 조절해서 양도세를 줄인다.
4. 양도시기 조절로 재산세도 줄일 수 있다.
5. 임대 주택 등록 시 거주 주택 비과세 혜택을 활용하자.

# 자가 마련 및 비과세 전략

충분히 공부하고 투자할 준비가 되어 있는 많은 사람들이 선뜻 투자를 시작하지 못한다. 그 이유는 좋은 부동산을 선별할 자신이 없고, 혹시나 팔리지도 않을 집을 덜컥 낙찰받아 고생할까봐 두렵기 때문이다. 필자도 처음에는 마찬가지였다. 그래서 그런 두려움을 극복하기 위해 했던 방법이 '안 팔리면 내가 들어가서 살면 되지~'라고 생각하면서 내 집 마련을 목표로 입찰하는 것이었다. 부동산에 대해 잘 모르더라도 본인이 거주하고 싶은 집을 고르면 실패할 확률이 줄어든다. 그리고 실제로 거주하면서 비과세 혜택을 받으면 양도세를 내지 않아도 되기 때문에 입찰 가격을 조금 더 높게 쓸 수 있어 낙찰받을 가능성이 크다. 자가 마련을 위한 투자의 또 다른 장점은 다음과 같다.

하나, 매도에 대한 부담감이 적어지므로 입찰하는 데 두려움이 덜하고, 경매 투자의 한 사이클을 경험해 봄으로써 초보 투자자의 심리적인 벽을 넘을 수 있게 해 준다.
둘, 경매를 통해 시세보다 낮은 가격에 본인이 거주할 집을 마련할 수 있고, 이후 매도 시 시세 차익을 기대할 수 있다.
셋, 임대가 아닌 본인 소유의 집에 거주한다는 만족감을 얻을 수 있다.

## 첫 번째 아파트

필자는 지금까지 실거주 목적으로 3채의 아파트를 낙찰받았다. 그중 처음으로 낙찰받은 것이 다음의 아파트다.

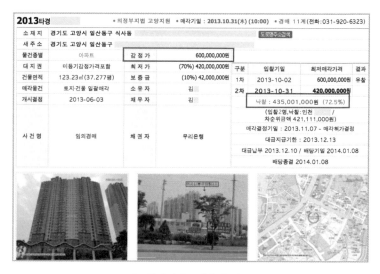

| 고양시 아파트 경매 정보 |

지은 지 얼마 안 된 감정가 6억 원의 아파트를 435,001,000원에 낙찰받았다. 필자의 첫 낙찰 물건이었는데, 혹시라도 매매가 안 되면 실거주를 할 생각이었다. 이 물건을 낙찰받을 당시에는 필자 역시 입찰에 대한 두려움이 컸던 시기였는데, 내 집 마련을 생각하고 입찰하면서 그 부담이 크게 줄었다.

낙찰 후 매도와 임대를 동시에 의뢰했는데, 월세계약이 먼저 되었다. 그래서 월세로 임대하고 1년이 지난 후 다시 매도를 의뢰해 매매가 5억 원에 계약을 마무리했다. 이 아파트에 실제로 거주하진 않았지만, 낙찰에서부터 임대 및 매도까지 전 과정을 처리해 볼 수 있어서 경매 투자에 대한 확신을 가질 수 있었다.

| 내역 | 금액(단위: 원) |
|------|------|
| 낙찰 가격 | 4억 3,500만(대출 3억 2천만) |
| 총 투자 비용 | 4억 4,500만 = 낙찰가 + 기타 경비(1천만) |
| 매도 가격 | 5억 |
| 세전 수익 | 5,500만 |

| 고양시 아파트 투자 내역서 |

## 두 번째 아파트

| **2014**타경 | | ● 인천지방법원 본원 ● 매각기일 : 2015.04.21.(火) (10:00) ● 경매 14계 (전화:032-860-1614) | | | | | |
|---|---|---|---|---|---|---|---|
| 소 재 지 | 인천광역시 연수구 송도동 | | | | 도로명주소검색 | | |
| 새 주 소 | 인천광역시 연수구 | | | | | | |
| 물건종별 | 아파트 | 감 정 가 | 440,000,000원 | 구분 | 입찰기일 | 최저매각가격 | 결과 |
| 대 지 권 | 83.962㎡(25.398평) | 최 저 가 | (70%) 308,000,000원 | 1차 | 2015-03-17 | 440,000,000원 | 유찰 |
| 건물면적 | 114.701㎡(34.697평) | 보 증 금 | (10%) 30,800,000원 | 2차 | 2015-04-21 | **308,000,000원** | |
| 매각물건 | 토지·건물 일괄매각 | 소 유 자 | 이 철 | 낙찰 : 417,800,000원 (94.95%) | | | |
| 개시결정 | 2014-09-29 | 채 무 자 | 송 혁 | (입찰13명,낙찰:인천 / 차순위금액 411,996,000원) | | | |
| 사 건 명 | 임의경매 | 채 권 자 | 예가람저축은행, 김 진 | 매각결정기일 : 2015.04.28 - 매각허가결정 | | | |
| | | | | 대금지급기한 : 2015.05.29 | | | |
| | | | | 대금납부 2015.05.19 / 배당기일 2015.06.29 | | | |
| | | | | 배당종결 2015.06.29 | | | |
| 관련사건 | 2014타경 (중복) | | | | | | |

| 인천 실거주 아파트1 경매 정보 |

인천의 이 아파트는 낙찰받아 처음으로 실거주했던 집이다. 낙찰 당시 지은 지 약 12년 된 집이었는데, 명도 후 내부를 보니 다음과 같았다.

| 인천 실거주 아파트1 수리 전 |

생각했던 것보다 상태가 좋지 않았다. 부분 수리보다는 전체를 수리하는 것이 집의 가치를 높일 수 있을 거라 생각했다. 그리고 어차피 나와 가족이 거주할 집이었기 때문에 마음에 들게 확 바꾸고 싶었다.

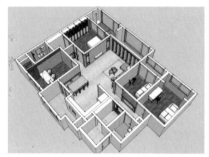

| 인천 실거주 아파트1 인테리어 계획 |

참고로 실거주 목적으로 전체 수리를 하는 데 드는 비용은 평당 100만 원 정도이다.(새시 교체 제외) 이 집은 기본 가구 및 가전 설치비를 포함해서 약 3천만 원이 들었다. 다음 사진은 공사가 완료된 후의 사진이다.

| 인천 실거주 아파트1 인테리어 후 |

요즘은 새 아파트가 인기다. 그런데 어떤가? 오래된 집도 이렇게 깨끗하고 멋지게 탈바꿈할 수 있다. 획일화되지 않은, 나만의 개성과 취향을 반영한 공간을 가진다는 것은 매우 의미 있고 행복한 일이다. 그리고 이렇게 인테리어의 전 과정을 경험해 보면 다른 물건을 낙찰받아서 수리할 때도 큰 도움이 된다.

이 집은 2년을 거주한 뒤 매도했다. '일시적 2주택 비과세 혜택'을 활용해서 양도세를 내지 않고 마무리한 것이다. 편안하고 만족감을 주는 내 집에서 거주했을 뿐 아니라 약 5천만 원의 수익을 얻었다.

| 내역 | 금액(단위: 원) |
|---|---|
| 낙찰 가격 | 4억 1,700만(대출 3억 2천만) |
| 총 투자 비용 | 4억 5,200만 = 낙찰가 + 수리비 및 기타 경비(3,500만) |
| 매도 가격 | 5억 |
| 세전/세후 수익 | 4,800만(비과세) |

| 인천 실거주 아파트1 투자 내역서 |

## 세 번째 아파트

두 번째 물건이 비과세가 되는 시점에 맞춰서 세 번째 아파트를 낙찰받아 수리 후 이사했다. 이 물건 역시 비과세 혜택을 받기 위해 2년이 지난 후 매각했으며, 보유하는 동안 시세가 올라 시세 차익도 거둘 수 있었다.

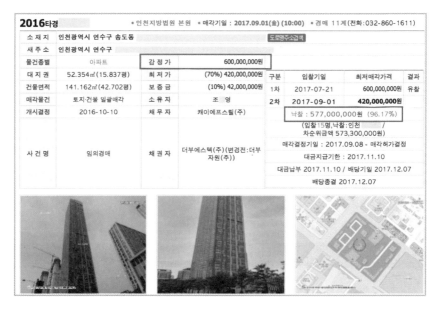

| **2016타경** | | • 인천지방법원 본원 • 매각기일 : 2017.09.01.(金) (10:00) • 경매 11계 (전화:032-860-1611) | | | | | | |
|---|---|---|---|---|---|---|---|---|
| 소 재 지 | 인천광역시 연수구 송도동 | | 도로명주소검색 | | | | | |
| 새 주 소 | 인천광역시 연수구 | | | | | | | |
| 물건종별 | 아파트 | 감 정 가 | 600,000,000원 | | | | | |
| 대 지 권 | 52.354㎡ (15.837평) | 최 저 가 | (70%) 420,000,000원 | 구분 | 입찰기일 | 최저매각가격 | 결과 | |
| 건물면적 | 141.162㎡ (42.702평) | 보 증 금 | (10%) 42,000,000원 | 1차 | 2017-07-21 | 600,000,000원 | 유찰 | |
| 매각물건 | 토지·건물 일괄매각 | 소 유 자 | 조   영 | 2차 | 2017-09-01 | 420,000,000원 | | |
| 개시결정 | 2016-10-10 | 채 무 자 | 캐이에프스틸(주) | 낙찰 : 577,000,000원 (96.17%) | | | | |
| 사 건 명 | 임의경매 | 채 권 자 | 더부에스텍(주)(변경전:더부자원(주)) | (입찰15명,낙찰:인천       /차순위금액 573,300,000원) | | | | |
| | | | | 매각결정기일 : 2017.09.08 - 매각허가결정 | | | | |
| | | | | 대금지급기한 : 2017.11.10 | | | | |
| | | | | 대금납부 2017.11.10 / 배당기일 2017.12.07 | | | | |
| | | | | 배당종결 2017.12.07 | | | | |

| 인천 실거주 아파트2 경매 정보 |

| 인천 실거주 아파트2 인테리어 전후 |

| 내역 | 금액(단위: 원) |
|---|---|
| 낙찰 가격 | 5억 7,700만(대출 5억) |
| 총 투자 비용 | 6억 2,700만 = 낙찰가 + 수리비 및 기타 경비(5,000만) |
| 매도 가격 | 9억 |
| 수익 | 2억 7,300만(비과세) |

| 인천 실거주 아파트2 투자 내역서 |

이처럼 자가 마련 전략과 비과세 혜택을 잘 활용하면 초보 투자자도 부담 없이 투자해서 수익을 낼 수 있고, 삶의 질도 향상시킬 수 있다. 일석이조인 것이다. 반면 전세나 월세를 임대해 살았던 사람들은 계약 갱신 때마다 상승하는 보증금을 마련하거나 다른 집을 구하느라 힘들어 한다. 아직도 투자를 시작하기가 두렵다면 내 집 마련을 목표로 입찰해 보자.

## 내 집 마련은 최선의 투자 전략이다!

## >> 에필로그

# 공부만 하지 말고 바로 실행하라

이미 시중에는 수많은 부동산 투자, 경매 책들이 나와 있다. 그러나 책을 읽고 그 지식을 바탕으로 실제 투자로까지 이어지는 일은 상당히 드물다. 그것은 실전 투자와는 거리가 먼 이론적인 말만 가득한 책 또는 자기 자랑만 늘어놓고 실제 투자 방법은 알려주지 않은 책을 읽었기 때문일 수도 있다. 그래서 필자는 철저히 예비 혹은 초보 경매 투자자의 눈높이에 맞춰, 누구든 이 책을 읽고 곧바로 경매 투자를 실행에 옮길 수 있도록 필수적이고 실용적인 정보만을 담아내려고 노력했다. 여러분은 부동산 박사가 되려고 이 책을 읽는 것은 아닐 테니 말이다.

지금까지 많은 강의를 진행하면서 여러 수강생들을 만나왔는데, 필자가 그들에게 늘 강조하는 이야기는 "경매 공부에서는 실전이 배제되면 안 된다. 가끔은 신중함보다 과감함이 더 필요하기도 하다!"는 것이다. 투자를 잘하려면 과감함과 실행력이 뒷받침되어야 하고, 불안하고 벽이 높아 보이더라도 뛰어넘으려고 노력해야 한다. 더 많은 지식을 갖추고 완벽하게 준비가 되어야만 투자를 해야 한다고 생각하는 사람들은 결코 시작도 하지 못한다.

경매 투자, 사실 알고 보면 단순하다. 수익을 낼 수 있는 물건을 찾아서 꾸준히 입찰하고, 낙찰받아 처리하다가 보면 자산뿐 아니라 실력도 점차 늘게 된다. 그리고 수준이 향상되어 새로운 물건에 도전하고,

또 그에 필요한 공부를 하면서 더욱 발전하게 되는 것이다.

이 책을 끝까지 읽었다면 경매 투자를 위한 기본적인 지식은 모두 갖춘 것이니 두려워하거나 망설이지 말자. 이 책에 나오는 물건과 같이 쉬운 물건만 선택해서 투자하더라도 충분히 만족할 만한 수익을 낼 수 있음을 잊지 않았으면 한다. 가장 중요한 것은 시작과 실행이다.

## 경매는 반드시 노력하는 만큼 성공한다!

한 건만 잘 투자해도 일반 직장인 연봉인 몇천만 원을 쉽고, 빠르게 벌 수 있는 분야가 바로 경매 투자다. 그러나 생각보다 많은 사람들이 중간에 쉽게 포기해버리고 만다. 수많은 초보 투자자들은 두어 번 입찰을 시도해 보고 연이은 패찰에 실망하여 등을 돌린다. "주거용 물건은 경쟁률이 너무 높아 수익을 낼 수 없다.", "경매는 이제 끝물이다."라는 변명으로 스스로를 위안하면서.

무엇이든 거저 얻는 것은 없는 법이다. 어느 분야든 일정한 수준에 도달하고 결실을 맺기까지는 꾸준한 노력이 필요하다. 경매는 꾸준하게 하면 누구나 수익을 낼 수 있고, 반드시 노력 이상의 성과를 얻을 수 있는 분야이다. 일정 수준에 다다르면 그 이전보다 훨씬 쉽고, 여유를 즐기면서 투자할 수 있으니 자기 자신을 의심하지 말고 꾸준히 노력하기 바란다.

## 지금 이 순간에도 누군가는 수익을 올리고 있다

부동산 시장은 끊임없이 변화한다. 정부의 정책이나 대내외적인 여건 등 수많은 변수에 영향을 받으며 상승장이 되기도 하락장이 되기도 한다. 부동산 투자에 있어서 타이밍이 중요한 것도 사실이지만, 경매는 어떠한 시장 상황에서도 유용한 부동산 투자 방법이라 할 수 있다. 구조적인 특성상 경매는 시중 부동산 가격보다 싸게 매입할 수 있는 기회를 제공하기 때문이다.

경제 불황과 정부의 강력한 규제로 인해 부동산 시장을 부정적으로 바라보는 사람들이 많은 지금 이 순간에도 각 지역의 법원에서는 수많은 물건들이 낙찰되고 있고, 낙찰 물건을 통해 누군가는 단 몇 달만에 직장인의 연봉을 훌쩍 넘는 큰 수익을 올리고 있다. '때'가 오길 바라기만 하면 늦는다. 이 책을 읽는 독자 여러분들도 그 대열 속에 한시라도 빨리 참여하길 바란다.

이 책을 집필하기까지 3년이라는 긴 시간이 걸렸다. 조금이라도 '더 좋은 책'을 만들기 위해 여러 차례 수정에 수정을 거듭했다. 그 과정 동안 이 책의 독자인 부동산 투자자들에게 진정으로 필요한 책이 될 수 있도록 큰 틀에서 방향을 잡아 주시고, 조언과 격려를 아끼지 않으셨던 정신적 지주 송사무장님이 계셨기에 오랜 기간 고된 집필 과정을 잘 이겨 내고 독자들에게 실제 도움을 줄 수 있는 좋은 책을 집필할 수 있었다. 이 자리를 빌려 진심으로 감사의 말씀을 드린다. 또한 필자가 놓칠 수 있는 부분을 보완해 주고 세심하게 다듬어 주신 김혜진 편집자님, 이 책이 출간되기까지 모든 총괄을 맡아주신 지혜로 배희원 편집장님, 「서른 살 청년백수 부동산경매로 50억 벌다」의 저자이자 나의 영원한 투자 동반자인 차원희님, 마지막으로 바쁘다는 이유로 많이 놀아주지 못 해 미안한 성현, 소민과 가족들에게 고마운 마음을 전한다.

책을 읽고 여러분이 더 이상의 망설임 없이 경매 투자를 시작하여, 이 순간이 새롭고 더 멋진 삶을 맞이하는 인생의 터닝 포인트가 되길 간절히 바란다.

**신중함과 과감함이 중용을 이룰 때!**

**파이팅팔콘**

도서출판 지혜로

'도서출판 지혜로'는 경제·경영 서적 전문 출판사이며, 지혜로는 독자들을 '지혜의 길로 안내한다'는 의미입니다. 지혜로는 특히 부동산 분야에서 독보적인 위상을 자랑하고 있으며, 지금까지 출간한 모든 책이 베스트셀러 그리고 스테디셀러가 되었습니다.

지혜로는 '소장가치 있는 책만 만든다'는 출판에 관한 신념으로, 사업적인 이윤이 아닌 오로지 '독자를 위한 책'에 초점이 맞춰져 있고, 앞으로도 계속해서 아래의 원칙을 지켜나갈 것입니다.

**첫째, 객관적으로 '실전에서 실력이 충분히 검증된 저자'의 책만 선별하여 제작합니다.**
실력 없이 책만 내는 사람들도 많은 실정인데, 그런 책은 읽더라도 절대 유용한 정보를 얻을 수 없습니다. 독서란 시간을 투자하여 지식을 채우는 과정이기에, 책은 독자들의 소중한 시간과 맞바꿀 수 있는 정보를 제공해야 한다고 생각합니다. 그러므로 지혜로는 원고뿐 아니라 저자의 실력 또한 엄격하게 검증을 하고 출간합니다.

**둘째, 불필요한 지식이나 어려운 내용은 편집하여 최대한 '독자들의 눈높이'에 맞춥니다.**
그렇기 때문에 수많은 독자분들께서 지혜로의 책은 전문적인 내용을 다루고 있지만 가독성이 굉장히 좋다는 평가를 해주고 계십니다.
책의 최우선적인 목표는 저자가 알고 있는 지식을 자랑하는 것이 아닌 독자에게 필요한 지식을 채우는 것입니다. 앞으로도 독자층의 눈높이에 맞지 않는 정보는 지식이 될 수 없다는 생각으로 독자들에게 최대한의 정보를 제공할 수 있도록 편집할 것입니다.

마지막으로 앞으로도 계속 독자들이 **'지혜로의 책은 믿고 본다'**는 생각을 가지고 구매할 수 있도록 초심을 잃지 않고, 철저한 검증과 편집 과정을 거쳐 좋은 책만 만드는 도서출판 지혜로가 되겠습니다.

뉴스 〉 부동산

## 도서출판 지혜로, '돌풍의 비결은 저자의 실력 검증'
송희창 대표, 항상 독자들의 입장에서 생각하고, 독자들에게 꼭 필요한 책만 제작

도서출판 지혜로의 주요 인기 서적들

경제 · 경영 분야의 독자들 사이에서 '믿고 보는 출판사'라고 통하는 출판사가 있다. 3권의 베스트셀러 작가이자 부동산 분야의 실력파 실전 투자자로 알려진 송희창씨가 설립한 '도서출판 지혜로'가 그곳.
출판시장이 불황임에도 불구하고 이곳 도서출판 지혜로는 지금껏 출간된 모든 책이 경제 · 경영 분야의 베스트셀러로 자리매김하는 쾌거를 이룩했다.

송희창 지음 | 308쪽 | 16,000원

# 송사무장의 부동산 경매의 기술

## 수많은 경매 투자자들이 선정한 경매분야 최고의 책!

- 출간 직후부터 10년 동안 연속 베스트셀러를 기록한 경매의 바이블이 개정판으로 돌아왔다!
- 경매 초보도 따라할 수 있는 송사무장만의 명쾌한 처리 해법 공개!
- 지금의 수많은 부자들을 탄생시킨 실전 투자자의 노하우를 한 권의 책에 모두 풀어냈다.
- 큰 수익을 내고 싶다면 고수의 생각과 행동을 따라하라!

송희창 지음 | 456쪽 | 18,000원

# 송사무장의 부동산 공매의 기술

## 드디어 부동산 공매의 바이블이 나왔다!

- 이론가가 아닌 실전 투자자의 값진 경험과 노하우를 담은 유일무이한 공매 책!
- 공매 투자에 필요한 모든 서식과 실전 사례가 담긴, 이 책 한 권이면 당신도 공매의 모든 것을 이해할 수 있다!
- 저자가 공매에 입문하던 시절 간절하게 원했던 전문가의 조언을 되짚어 그대로 풀어냈다!
- 경쟁이 덜한 곳에 기회가 있다! 그 기회를 놓치지 마라!

송희창 지음 | 388쪽 | 18,000원

# 송사무장의 실전경매
(송사무장의 부동산 경매의 기술2)

## 부자가 되려면 유치권을 알아야 한다!
## 경 · 공매 유치권 완전 정복하기!

- 수많은 투자 고수들이 최고의 스승이자 멘토로 인정하는 송사무장의 '완벽한 유치권 해법서'
- 저자가 직접 처리한 다양한 사례들을 통해 독자들이 생생한 간접 경험을 할 수 있도록 하고, 실전에서 바로 응용 가능한 서식과 판례까지 모두 수록!
- 이 책 한 권이면 유치권에 관한 실전과 이론의 완벽 마스터가 가능하다!

서상하 지음 | 356쪽 | 18,000원

## 대한민국 땅따먹기

### 진짜 부자는 토지로 만들어 진다!
### 최고의 토지 전문가가 공개하는 토지 투자의 모든 것!

- 토지 투자는 어렵다는 편견을 버려라! 실전에 꼭 필요한 몇 가지 지식만 알면 누구나 쉽게 도전할 수 있다.
- 경매 초보들뿐만 아니라 경매 시장에서 더 큰 수익을 원하는 투자자들의 수요까지 모두 충족시키는 토지 투자의 바이블 탄생!
- 실전에서 꾸준히 수익을 내고 있는 저자의 특급 노하우를 한 권에 모두 수록!

김태훈 지음 | 352쪽 | 18,000원

## 아파트 청약 이렇게 쉬웠어?

### 가점이 낮아도, 이미 집이 있어도, 운이 없어도 당첨되는 비법은 따로 있다!

- 1년 만에 1,000명이 넘는 부린이를 청약 당첨으로 이끈 청약 최고수의 실전 노하우 공개!
- 청약 당첨이 어렵다는 것은 모두 편견이다. 본인의 상황에 맞는 전략으로 도전한다면 누구나 당첨될 수 있다!
- 사회초년생, 신혼부부, 무주택자, 유주택자 및 부동산 초보부터 고수까지 이 책 한 권이면 내 집 마련뿐 아니라 분양권 투자까지 모두 잡을 수 있다.

신현강 지음 | 280쪽 | 16,000원

## 부동산 투자 이렇게 쉬웠어?

### 부동산 투자의 성공적인 시작을 위한 최고의 입문서

- 기초 다지기부터 실전 투자까지의 모든 과정을 4단계로 알기 쉽게 구성! 시장의 흐름을 이해하고 활용하면 부동산 투자는 쉬워질 수밖에 없다.
- 상승장뿐만 아니라 하락장에서도 수익 내는 방법, 일반 매물을 급매물 가격으로 사는 방법과 같은 투자법 찾기의 정석을 보여준다.
- 20년 투자 경력을 가진 저자가 꾸준하게 수익을 내온 투자 비법을 체계적으로 정리!

# 수도권 알짜 부동산 답사기

## 알짜 부동산을 찾아내는 특급 노하우는 따로 있다!

- 초보 투자자가 부동산 경기에 흔들리지 않고 각 지역 부동산의 옥석을 가려내는 비법 공개!
- 객관적인 사실에 근거한 학군, 상권, 기입, 인구 변화를 통해 각 지역을 합리적으로 분석하여 미래까지 가늠할 수 있도록 해준다.
- 풍수지리와 부동산 역사에 관한 전문지식을 쉽고 흥미진진하게 풀어낸 책!

김학렬 지음 | 420쪽 | 18,000원

---

# 부동산 절세의 기술
(전면개정판)

## 양도세, 종부세, 종합소득세, 임대사업자까지
## 한 권으로 끝내는 세금 필독서

- 6년 연속 세금분야 독보적 베스트셀러가 완벽하게 업그레이드되어 돌아왔다!
- 세금 설계만 제대로 해도 최종 수익률이 달라진다. 부동산 투자자들의 강력 추천도서!
- 실전 투자자의 경험에 현직 세무사의 지식을 더한 소중한 노하우를 그대로 전수받을 수 있는 최고의 부동산 절세 책!

김동우 · 최왕규 지음
420쪽 | 19,000원

---

# 한 권으로 끝내는 셀프 소송의 기술
(개정판)

## 부동산을 가지려면 이 책을 소장하라!
## 경매 특수물건 해결법 모두 공개!

- 내용 증명부터 점유이전금지가처분, 명도소장 등 경 · 공매 투자에 필요한 모든 서식 수록!
- 송사무장이 특수물건을 해결하며 실전에서 사용했던 서식을 엄선하여 담고, 변호사의 법적 지식을 더한 완벽한 책!
- 누구나 쉽게 도전할 수 있는 셀프 소송의 시대를 연 바로 그 책! 이 책 한 권은 진정 수백만 원 그 이상의 가치가 있다!

송희창 · 이시훈 지음
740쪽 | 55,000원